JONN ELLEDGE
Die kleine Enzyklopädie von (fast) allem

GOLDMANN

Buch

Falls Sie sich jemals gefragt haben, was ein Parsec ist, wie sich Sprache entwickelt hat, wie viele Kriege um Kühe geführt wurden oder ob jemals ein großer Strohbock von der schwedischen Polizei an einem geheimen Ort festgehalten wurde, dann brauchen Sie nicht länger zu suchen. Schlagen Sie einfach die kleine Enzyklopädie auf und Sie werden alle Antworten finden – auch auf Fragen, die Sie sich noch nie gestellt haben.

Diese besondere Enzyklopädie enthält Einträge zum Kosmos, zum Planeten des Menschen, zu Vermessungsfragen, zu Geschichte und Politik, zur wundersamen Welt der Natur, zur Freizeit und zu vielen »Kuriositäten«, die sich nirgendwo sonst einordnen lassen.

Wie viele Länder gibt es auf der Welt und warum ist diese Frage schwer zu beantworten? Warum ist Pluto kein Planet mehr und mit welchen anderen Körpern teilt er sich seine neue Bezeichnung »Zwergplanet«? Was waren Jane Austens letzte Worte?

Finden Sie es heraus.

Autor

Jonn Elledge ist freier Journalist und Kolumnist. Er schreibt unter anderem für *The Guardian*, *New Statesman* und *Wired*. In seinem wöchentlichen Newsletter von (fast) allem – dem *Newsletter of (Not Quite) Everything* – versammelt er kuriose, besorgniserregende und unterhaltsame Neuigkeiten. Er lebt im Londoner Osten, wo er viel zu viel Zeit damit verbringt, über die Benennungskonventionen für U-Bahnhöfe nachzudenken.

JONN
ELLEDGE

Die kleine
ENZYKLOPÄDIE
von (fast) allem

Skurriles, unglaubliches und vielleicht
sogar nützliches Weltwissen

Aus dem Englischen
von Dr. Susanne Kuhlmann-Krieg

GOLDMANN

Die englische Originalausgabe erschien 2021 unter dem Titel
»The compendium of (not quite) everything« bei Wildfire,
einem Imprint der Headline Publishing Group, London.

Sollte diese Publikation Links auf Webseiten Dritter enthalten,
so übernehmen wir für deren Inhalte keine Haftung,
da wir uns diese nicht zu eigen machen, sondern lediglich
auf deren Stand zum Zeitpunkt der Erstveröffentlichung verweisen.

Penguin Random House Verlagsgruppe FSC® N001967

1. Auflage
Deutsche Erstausgabe November 2022
Copyright © 2021 der Originalausgabe: Jonn Elledge
The right of Jonn Elledge to be identified as the Author of
the Work has been asserted by him in accordance with the
Copyright, Designs and Patents Act 1988.
Copyright © 2022 der deutschsprachigen Ausgabe: Wilhelm Goldmann Verlag,
München, in der Penguin Random House Verlagsgruppe GmbH,
Neumarkter Str. 28, 81673 München
Umschlag: Uno Werbeagentur, München
Umschlagmotiv: FinePic®, München
Illustrationen: adobeStock: 67 (Comauthor), 271 (Pixel-Shot),
329 (ecco), 355 (klesign); FinePic: 19, 99, 131, 199, 243;
shutterstock: 42/43 (shooarts)
Satz: Satzwerk Huber, Germering
Druck und Bindung: GGP Media GmbH, Pößneck
Printed in Germany
ES · IH
ISBN 978-3-442-17958-9

*Für meine Mutter und Alan, die hingebungsvollsten Eltern,
die man sich wünschen kann, meinen Vater und meine Großväter,
die ihren Spaß an diesem Buch gehabt hätten, und für Agnes,
ohne die es niemand zu Gesicht bekommen hätte.*

INHALT

Einleitung: Ein paar wissenswerte Kleinigkeiten 13

I

Der Kosmos und alles, was es darin gibt 19
Ein paar Schöpfungsmythen 21
Der Big Bang und die Evolution:
   Eher kein Schöpfungsmythos 27
Betrachtungen über die Zeit............................ 31
Betrachtungen über den Raum 33
Das Tempolimit des Universums 36
Über Galaxien 41
Ein paar besonders erwähnenswerte Galaxien 44
Unsere nächsten Nachbarn: Die Sterne und substellaren
   Gebilde im Umkreis von 10 Lichtjahren um die Erde 47
Sonnengötter ohne Zahl 51
Noch nähere Nachbarn: Die Planeten 54
Nicht jeder größere Felsbrocken, der die Sonne umrundet,
   ist ein Planet: Die nicht mehr sieben Zwerge 57
Kurzer Exkurs zu den Zwergplaneten 59
Tiere im All... 64

II

**Der Planet des Menschen und die Linien,
die wir darauf ziehen** 67

Eine Geschichte der Welt, erzählt anhand
   ihrer größten Städte 69
Wie viele Länder gibt es auf der Welt? 72
Die flächenmäßig größten Länder 77
... und die kleinsten Länder 79
Die Länder mit den meisten Einwohnern 81
... und die mit den wenigsten Einwohnern 83
Die ältesten und die jüngsten Länder der Welt 84
Die größten Inseln auf dem Planeten 88
Die am dichtesten bevölkerten Landmassen der Welt: Oder
   warum »nur eine kleine Insel« eine eigennützige Lüge ist .. 91
Einige außergewöhnliche und interessante
   Bezirksnamen in den USA 92
Einige, ehrlich gesagt, nicht sehr außergewöhnliche und
   uninteressante Bezirksnamen in den USA 96

III

Vermessungsfragen 99
Anmerkungen zu großen Zahlen, Teil 1: Alles im Fluss 101
Eine überaus praktische Art, die Welt zu vermessen 107
...und eine nicht so praktische Art, die Welt zu vermessen ... 112
Eine kurze Anmerkung über die Vermessung des Alls 116
Kurzes Intermezzo über Vorsilben 118
Anmerkungen zu großen Zahlen, Teil 2:
   Das große Jenseits 119

Welches Jahr haben wir noch mal?
    Eine Auswahl an Kalendern 123

IV

Geschichte und Politik 131
Ein paar besonders erinnerungswürdige
    Daten der Weltgeschichte 133
Anmerkungen zu den Unabhängigkeitstagen der Welt 136
Eine vollständige Liste von Ländern, die nie von einem
    europäischen Land kolonialisiert wurden 142
Die schlimmsten Gräueltaten der Menschheitsgeschichte..... 144
Einige besonders idiotische Kriege 149
Einige nicht übermäßig idiotische Kriege, die mit idiotischen
    Namen geschlagen sind 156
Der Vierte Reiter naht: Die übelsten Pandemien
    der Menschheitsgeschichte 162
Die tödlichsten Ereignisse aller Zeiten 167
Wichtige Erfindungen aus Frauenhand 169
Ein paar wichtige Dinge, die von den Chinesen
    erfunden wurden 171
Ein paar Dinge, die vermutlich nicht von
    den Chinesen erfunden wurden, diesen aber
    häufig zugeschrieben werden 176
Vergangene afrikanische Zivilisationen 177
Die sieben Weltwunder und warum Sie sie
    (zum größten Teil) nicht mehr sehen können 182
Der Griff nach dem Himmel: Eine Geschichte
    der Welt anhand ihrer höchsten Gebäude 187
Eine kurze Geschichte der gleichgeschlechtlichen Ehe 194

V

Die Welt der Natur 199
Irdische Extreme 201
Die längsten Flüsse der Welt 206
Weißt du, wie viel Krähen fliegen: Die globale
   Populationsgröße verschiedener Arten 210
Anmerkung zum Gefährdungsstatus 213
Etwas über Pinguine 216
Chimären, die es wirklich gibt 222
Die Erde bebt: Wie misst man die Stärke eines Erdbebens? ... 228
Die stärksten Erdbeben seit Beginn der Aufzeichnungen 231
Die tödlichsten Erdbeben der Geschichte 233
Wenn der Wind bläst: Anmerkungen zur Beaufortskala 239

VI

Fragen der Kommunikation 243
Das Problem mit den Sprachen 245
In welchen Sprachen gibt es die meisten Muttersprachler? ... 248
Was sind die beliebtesten Zweitsprachen? 250
Welche Sprachen verzeichnen insgesamt
   die meisten Sprecher? 252
Sprachen von gegenseitiger Verständlichkeit 253
Wenig bekannte Länder: Manche Namen erkennen
   Sie womöglich nicht 256
Tourismus-Werbeslogans aus dem wirklichen Leben 258
Bemerkungen über das Fliegen 261
Fakten zu Flughäfen 264

VII

Freizeit: Kultur, Essen und Sport 271
Ein paar extrem berühmte Leute, von denen Sie
   vermutlich noch nie gehört haben 273
Die größten Film-Franchises der Welt 276
Die größten Filme aller Zeiten 281
Okay, aber was ist mit der Inflation? 284
Eine Liste von Filmen mit dem zeitweiligen Anspruch auf
   den Titel »kommerziell erfolgreichster Film aller Zeiten« .. 286
Filme mit mehr Karten-Verkäufen als jeder Avenger-Film 287
Gestohlene Gemälde 289
Die Musiker mit den höchsten Verkaufszahlen weltweit 295
Fernsehserien von ungewöhnlich langer Laufzeit 299
Handbuch der Pseudonyme 303
Verbannte Schriftsteller im nationalsozialistischen
   Deutschland 307
Ein paar höchst delikate Leckereien 308
Hybride Obst- und Gemüsesorten 310
Bemerkenswerte Geschmacksrichtungen von Eiscreme 313
Besondere Sportarten, die aus der Kombination von zwei sehr
   unterschiedlichen Spiel- und Sportarten entstanden sind .. 318
Anmerkungen zur FIFA Weltmeisterschaft 320
Eine kurze Geschichte der modernen Welt, erzählt durch
   ein paar extrem beliebte Spielsachen 325

VIII

Kuriositäten: Zeug, das nirgendwo sonst hinpasst ... 329
Eine zeitgenössische Weltgeschichte, gespiegelt im
 »Wort des Jahres« des *Oxford English Dictionary* 331
Fahnenstangendiplomatie: Über ein weitgehend
 unbemerktes Wettrüsten 332
Farben des Rauschens 336
Sie halten sich für paranoid? Elf schräge Beispiele
 von Volksglauben aus aller Welt 340
Santa und Co.: Wer bringt die Weihnachtsgeschenke? 342
Die schwedische Stadt, in der immer an Weihnachten der
 Ziegenbock brennt 346
Ein paar Schnipsel: Fragmente aus allen
 möglichen Gebieten 350

IX

Das Ende 355
Ein paar Dinge, die geeignet sind, uns allen den
 Garaus zu machen 357
Einiges von dem, was uns aufgrund des vom Menschen
 verursachten Klimawandels erwartet 363
Vorstellungen vom Leben im Jenseits 367
Letzte Worte quer durch die Jahrhunderte 375

Anmerkungen zu den Quellen 379
Dank 387
Register 389

Einleitung:
Ein paar wissenswerte Kleinigkeiten

Eine meiner weniger selbstzerstörerischen Angewohnheiten besteht darin, meine Tage mit Podcasts oder Hörbüchern in den Ohren auf langen ziellosen Spaziergängen durch die weniger schicken Viertel der Stadt zu vertrödeln und mal hier, mal da herumzugucken. Vor ein paar Jahren stieß ich bei einem dieser Bummel auf etwas, das mich zutiefst amüsierte: ein Doppelhaus, dessen eine Hälfte innerhalb der Grenzen von London stand, die andere außerhalb. Ich war derart entzückt von der Vorstellung, dass irgendwer irgendwo beschlossen hat, die Grenze von Greater London mitten durch ein bestehendes Bauwerk zu legen, dass ich ein Bild davon auf Twitter postete und diese Grenzlinie zu einer der dümmsten erklärte, die ein Mensch je auf einer Karte gezogen hätte.

Die Reaktionen darauf korrigierten diese Zuschreibung augenblicklich. Die Leute überschlugen sich förmlich, mir von Cromatyshire zu erzählen, einer historischen Grafschaft aus 23 Parzellen, die über den Norden Schottlands versprenkelt waren, als sei jemandem ein Teller in Scherben gegangen, und dies aus keinem anderen Grund als dem, dass ein Landbesitzer im 17. Jahrhunderts den König überredet hatte, ihn aufzuwerten. Oder über den Northwest Angle (»Nordwestwinkel«), einen kleinen Zipfel von Minnesota, der an Kanada hängt und vom Rest seines amerikanischen Bundesstaats durch einen großen kalten See getrennt ist – nur weil jemand bei einem Vertragsabschluss 1783 die falsche Karte verwendet hatte.

Und dann wäre da noch Baarle-Hertog, ein belgisches Städtchen, das aus 26 separaten Fleckchen Land besteht und als zersplitterte

Exklave in der holländischen Gemeinde Baarle-Nassau liegt. Die unterschiedlichen Ausschankgesetze beider Länder haben ein allabendliches Ritual zur Folge dergestalt, dass Restaurantbesucher in den Niederlanden beim Herannahen der Sperrstunde aufgefordert werden, doch bitte rasch hinüber auf die diesbezüglich liberalere belgische Seite der Grenze zu wechseln. Das schrägste unter all diesen Dingen ist vielleicht das Hotel Arbez in La Cure, ein paar Kilometer nördlich von Genf, das zur Hälfte auf französischem und zur Hälfte auf Schweizer Staatsgebiet liegt. Während des Zweiten Weltkriegs sollen die Angehörigen der lokalen Résistance die obere Etage belegt haben, weil es den Nazis nicht gestattet gewesen sei, die Stiegen der souveränen Schweiz zu benutzen. Diese Anekdote wird gerne und immer wieder erzählt, aber ich glaube trotzdem kein Wort davon.

Mein Lieblingsfall unter all den geographischen Skurrilitäten, die ich dabei kennengelernt habe, ist womöglich Bir Tawil, ein etwa 2000 Quadratkilometer großes Stück Land in der Wüste zwischen Sudan und Ägypten, das von keinem der beiden Staaten beansprucht wird. Man kann sich nicht über den Grenzverlauf einigen. Ägypten bevorzugt eine gerade Linie entlang des 22. Breitengrads, Sudan plädiert für eine stärker gewundene, die zunächst südöstlich des Breitengrads verläuft und sich dann nördlich davon weiterschlängelt.

Grund dafür ist, dass beide Länder ein Gebiet nördlich des 22. Breitengrads für sich reklamieren, namentlich das Hala'ib-Dreieck, in dem es lukrative Ölvorkommen gibt. Eine Begleiterscheinung des ganzen Hin und Her ist, dass keiner das Land haben will, das *südlich* des Breitengrads liegt, und das ist Bir Tawil. Und so liegt es dort in der Wüste, das einzige bewohnbare Stückchen Land der Erde, das kein anderer Nationalstaat haben will. Den Nomaden, die dort leben, scheint das egal zu sein.

Aber nicht nur die Geographie hält derlei Anomalien bereit. Um ein Beispiel aus einem ganz anderen Gebiet menschlichen Seins zu nehmen: Stellen Sie sich doch einmal die folgende Frage, bei der Sie vermutlich mit einer klaren und eindeutigen Antwort rechnen würden: Wie viele Könige mit Namen Edward oder Eduard hatte England?

Der jüngste englische König dieses Namens ist allgemein bekannt als Eduard VIII. (Regierungszeit und Abdankung 1936). Aus dieser Bezeichnung würde man sehr vernünftig zu dem Schluss kommen, dass die Antwort auf die Frage »acht« lautet.

Stimmt nicht. Wenn Sie eine Liste der englischen Monarchen durchgehen, ist der König, der dort als Eduard I. (1272-1307) genannt wird, entweder der dritte, oder aber eher noch der *vierte* König Eduard, den Sie dort finden. Und er hätte das gewusst, weil der Eduard vor ihm, Eduard der Bekenner (1042-1066),

a) Englands Schutzpatron und

b) der Mann war, nach dem er selbst benannt worden war.

Warum nennen wir dann Eduard I. »Eduard I.«, wenn er ganz offensichtlich ganz und gar kein Erster war? Zu diesem Usus gekommen ist es offenbar während der Herrschaft von Eduard II. (1307-1327) und Eduard III. (1327-1377), denn wenn Sie drei Könige namens Eduard hintereinander haben, hilft er ein bisschen Klarheit darüber zu schaffen, über wen Sie gerade reden.

Hängen geblieben ist diese Benennung, als die Historiker schließlich irgendwann zu einem späteren Zeitpunkt aufhörten, Monarchen mit Beinamen wie »der Eroberer« zu versehen und dazu übergingen, sie vermittels Ordinalzahlen zu benennen und diese mit römischen Ziffern zu notieren.

Ob das geschah, weil das Schema bereits fest etabliert war, oder ob es eine bewusste Entscheidung von wem auch immer war, die Geschichte der englischen Königsfamilie erst mit der Eroberung durch die Normannen von 1066 zu beginnen, ist erstaunlich schwierig, genau auszumachen.

In jedem Fall hatte England nicht acht, sondern zehn oder elf Könige mit Namen Eduard.* Jeder Versuch, eine genauere Zahl als diese herzuleiten, würde eine Auseinandersetzung nötig machen mit Fragen wie etwa, was als England zählt oder wer als König zu bezeichnen ist, und dafür haben wir hier leider keinen Platz.

Das Internet, das muss gesagt werden, ist sehr gut für unseren Zugang zu Informationen, aber sehr schlecht für unsere Konzentration beim Sammeln derselben.

Das hier ist ein Buch über Geschichten wie die soeben vorgestellten: Abstecher in die Seitengassen von Wissenschaft und Kultur, scheinbar simple Tatsachenrecherchen, die rasch abdriften in Diskussionen darüber, wie und woher wir Dinge wissen, und warum das, was wir für richtig halten, sich allzu oft als falsch erweist. Ich möchte das vergnügliche Gefühl entstehen lassen, sich im Text zu verlieren wie in einer Online-Enzyklopädie: immer tiefer in ein warmes Bad aus Kuriositäten einzutauchen, während man sich von Link zu Link klickt, bis man mit einem Mal realisiert, dass man soeben 20 Minuten damit zugebracht hat zu lesen, welche Vorstellun-

---

* Um die Dinge noch ein bisschen zu verkomplizieren, war England seit 1707 übrigens Teil des Vereinigten Königreichs. Und das hatte in der Geschichte seines Bestehens definitiv nur zwei Eduards. Aber wenn Sie schon mal dabei sind: England ist nicht das einzige Königreich, bei dem die Nummerierung verrücktspielt. Auf der anderen Seite des Kanals in Frankreich folgte auf Ludwig XVI. (1774–1792) nach einer recht ereignisreichen zeitlichen Lücke Ludwig XVIII. (1814–1824). Die Nummer XVII war feierlich reserviert für den bemitleidenswerten Sohn des vorhergehenden Ludwigs, der während der Französischen Revolution zweieinhalb Jahre aus seiner Gefängniszelle heraus »regierte«, bevor er mit zehn Jahren an Skrofulose starb. Nach derselben Logik gibt es einen Kaiser Napoleon I. (1804–1815) und einen Napoleon III. (1852–1870), während Napoleon II. nie etwas zu regieren gehabt hat, auch wenn sein Vater ein paar Tage lang so tat, als habe er abgedankt, damit sein Sohn es mal probieren könne – und nicht, was der Wahrheit eher entsprochen hätte, deshalb, weil eine übermächtige Koalitionsarmee ihn bereits zum zweiten Mal heftig vermöbelt hatte.

gen die Azteken mit der Himmelsrichtung »Süden« verbanden, obwohl man nur rasch wissen wollte, wie alt die Sonne ist.

Sie werden eine Liste finden mit den längsten Flüssen der Welt und eine Diskussion über die Anzahl an Ländern auf der Erde, die sich jeweils ziemlich schnell zu einer Reflexion über die Frage auswachsen, warum diese allem Anschein nach so realen, greifbaren Dinge in Wirklichkeit flüchtig, veränderlich und sowohl dem Einfluss menschlichen Wirkens als auch Streitereien um Begrifflichkeiten unterworfen sind. Ein Blick auf einige der dümmeren Kriege der Menschheit wird zu einer wissenschaftlichen Abhandlung über menschliche Torheit, einige Anmerkungen zu Unabhängigkeitstagen und zu einer Debatte darüber, ob im Laufe der Geschichte wirklich jedes Reich irgendwann untergegangen ist, während Beiträge zu den größten und kleinsten Ländern der Welt in eine Fußnote zu der Frage münden, wie man es hinbekommen könnte, das durchschnittlichste Land zu finden.

Es gibt einen Abschnitt über raumfahrende Tiere, eine sehr kurze Geschichte Hollywoods anhand seiner größten Filme und die gesamte Geschichte des Universums in ein paar hundert Worten. Es gibt sogar etwas über die Fußballweltmeisterschaft zu lesen – wenngleich es, weil ich der wohl unfußballerischste Typ auf dem Planeten bin, darin eher um die Beziehungen zwischen England und Schottland, die Geopolitik der 1940er-Jahre und eine nette Geschichte über kriminelle Machenschaften geht, die durch einen knuffigen Hund vereitelt wurden, die leider ein unerwartet tragisches Ende nahm.

Stellen Sie sich vor, Tristram Shandy hätte eine Enzyklopädie geschrieben oder den Reiseführer *Per Anhalter durch die Galaxis* gäbe es wirklich, allerdings auf 300 Seiten beschränkt und verfasst von einem alternden Nerd, den eine globale Pandemie zwingt, in seiner kleinen Wohnung in London auszuharren. Das ist der Band, den Sie in Händen halten.

Aber nun los – wir haben den gesamten Hort an menschlichem Wissen durchzuackern, fangen wir am besten endlich damit an.

Der KOSMOS und ALLES, was es DARIN gibt

Ein paar Schöpfungsmythen

Lassen Sie uns ganz von vorn beginnen.

Ein Schöpfungsmythos ist eine Erzählung, die in symbolischen Bildern erklären soll, wie die Welt und die, die sie bewohnen, entstanden sind. Gelegentlich soll er als historisch wahr betrachtet und wortwörtlich genommen werden, aber in den meisten Fällen ist er mehr eine Art Gleichnis. Wie dem auch sei, ihr Sinn besteht darin, tiefschürfende Wahrheiten über ein Volk oder eine Kultur zu vermitteln, und, so ist anzunehmen, Eltern quer durch alle Zeiten etwas an die Hand zu geben, das sie einem Sechsjährigen erzählen können, damit er endlich aufhört, sie mit seinem »*Waruuuuummm?*« zu nerven.

Es wird eine Zeit gegeben haben, in der es vermutlich genauso viele Schöpfungsmythen wie Stämme oder Dörfer gab. Heutzutage aber, da auf der Erde mehr Menschen leben als jemals zuvor, hängt mehr als die Hälfte der Weltbevölkerung Religionen an, die die eine oder andere Spielart ein und desselben Schöpfungsmythos übernommen haben. Ab hier können Sie vermutlich mitreden.

Eine Gottheit, sechs Tage

Über einen Zeitraum von sechs Tagen trennte ein alleiniger, allumfassender Gott die Erde vom Himmel, schied Licht von der Finsternis, schuf Sonne, Mond und Sterne und auch sonst so ziemlich alles. Dann, am siebenten Tag, tat er etwas anderes (jüdischem und christlichem Glauben zufolge ruhte er; im Islam ließ er sich auf seinem Thron nieder und begutachtete sein Werk).

Was schuf Gott dem Buch der Schöpfung zufolge an den einzelnen Tagen?

Erster Tag: Licht. Er schied es von der Finsternis.
Zweiter Tag: Himmel. Er trennte das Wasser über dem Himmel vom Wasser darunter.
Dritter Tag: Land und Pflanzen
Vierter Tag: Sonne, Mond und Sterne
Fünfter Tag: Fische und Vögel
Sechster Tag: Tiere und Menschen
Siebter Tag: Nichts. Ruhetag

Die genauen Details der Geschichte und wie wörtlich Sie sie zu nehmen haben, sind Geschmackssache und variieren je nach Religion und Auslegung. (Anhänger des Vorzeit-Kreationismus – auch als Konkordanzhypothese bezeichnet – bestehen auf dem Standpunkt, dass die sieben Tage der Bibel nicht wörtlich zu verstehen seien, sondern sehr viel längere Zeiträume von Tausenden, Millionen, ja sogar Milliarden Jahren umfassen, ein höchst praktisches argumentatives Schlupfloch.)

Wie dem auch sei, all das ist und bleibt in meinen Augen eine zutiefst unbefriedigende Erklärung für die Existenz eines Universums. Es handelt sich um Beispiele für »ordnende« Schöpfungsmythen, bei denen ein göttliches Wesen die Welt erschafft, indem es aus einem präexistierenden Urchaos Ordnung erwachsen lässt. Das aber verlagert einfach die Frage.

Aus der ursprünglichen Frage: »Warum gibt es das Universum?« wird nun die Frage: »Warum gibt es einen Gott?«.

Dessen ungeachtet ist es eine erstaunliche Erkenntnis, was den Erfolg des Monotheismus anbelangt, dass ein paar Jahrtausende, nachdem ein Stamm im Nahen Osten diese Erzählung hervorgebracht hat, etwa fünf von neun Menschen* einer religiösen Tradition angehören, die sich auf diese Überlieferung beruft.

P'an-ku und das Weltenei

Laut der chinesischen Philosophie des Daoismus reifte das erste Wesen, ein urtümliches behaartes Geschöpf namens P'an-ku – manchen Schilderungen zufolge mit Hörnern und Fangzähnen versehen – 18 000 Jahre in einem großen Ei heran. Schließlich brach besagtes Ei in zwei Hälften, P'an-ku schlüpfte, und mit dem Austreten von Dotter und Eiklar wurden Yin und Yang getrennt.

Manchen Darstellungen zufolge nutzte P'an-ku seine Yin-Yang-Kompetenz, um Himmel und Erde voneinander zu trennen und Monde und Sterne ans Firmament zu setzen, und widmete sich dann der Landschaft, meißelte Täler, schüttete Berge auf, ziemlich ähnlich wie der Gott der monotheistischen Religionen. In anderen Versionen tut er nichts dergleichen, sondern lebte weitere 18 000 Jahre und ließ schließlich aus seinem Leib den gesamten Kosmos entstehen: Seine Augen wurden Sonne und Mond, seine Haare Bäume und Pflanzen, sein Schweiß zu Flüssen und sein Leib zu Erdreich. Tierisches Leben entwickelte sich verstörenderweise aus dem Ungeziefer, das auf seinem Körper hauste.

Sie können P'an-ku, wenn Sie wollen, in der Stadt Guangzhou in der Provinz Guangdong in seinem Tempel anbeten. Der Park dort soll zauberhaft sein.

---

* Laut Pew Research Center betrachteten sich 2015 31,2 Prozent der Weltbevölkerung als Christen, weitere 24,1 Prozent als Muslime und 0,2 Prozent als Juden. Nach meiner Rechnung macht das 55,5 Prozent.

Mbombo ist unpässlich

Die Angehörigen der Kuba-Föderation in der heutigen Demokratischen Republik Kongo verfügen über einen wieder anderen Mythos einer Schöpfung aus dem Nichts. Mbombo*, ein einsamer weißer Riese, lebte allein in einer Welt aus Wasser und Dunkelheit, als er plötzlich von heftigen Magenschmerzen befallen wurde. Das verwundert nicht in Anbetracht dessen, dass er kurz darauf Sonne, Mond und Sterne erbrach.

Die Hitze, die dabei frei wurde, trocknete das Land und ließ Hügel und Wolken entstehen. Mbombo war leider in diesem Moment nicht ganz bei der Sache, erbrach er doch gleich anschließend neun Tiere (die im Weiteren alle anderen Tiere hervorbrachten) und dann ein paar Menschen. Eines der Tiere, die er ausgespien hatte, war übrigens eine große schwarze Katze namens Tsetse, die sich als derartige Nervensäge entpuppte, dass Mbombo sie fort und gen Himmel jagte, wo sie zu Donner und Blitz wurde.

Eine einigermaßen radikale Eigentherapie

In einigen Versionen der ägyptischen Mythologie wurde die Welt von Atum erschaffen, dem Schöpfergott und Allherr, der sich selbst hervorgebracht hatte, dann feststellte, dass er einsam war, und daraufhin beschloss, ein paar Freunde entstehen zu lassen.

Das ist für sich genommen nichts sonderlich Bemerkenswertes (auch wenn der Teil der Story, in dem er sich selbst erzeugt, vielleicht für ein wenig Stirnrunzeln sorgt). Bemerkenswert ist, wie er das tat. Ohne zu sehr ins Detail gehen zu wollen: Er masturbierte, und bei der Ejakulation erstanden aus seinem Samen ein paar Götter.

---

* Andere Transliterationen nennen ihn auch »Bumba«.

Es kann kein Zufall sein, dass die Ägypter dem Masturbieren göttliches Wirken zuschrieben, es spielte sogar bei gewissen Ritualen eine Rolle. So, jetzt wissen Sie Bescheid.*

Aus der Tiefe

Viele Kulturen kennen einen »Erdtaucher-Mythos«, in dem ein Tier die Erde vom Grund eines Urozeans heraufholt. Bei den Cherokee beispielsweise war es ein Schwimmkäfer, der vom Himmel herabgeflogen kam und bei Erreichen der Oberfläche des Urmeeres genervt zur Kenntnis nahm, dass er keinen Ort fand, wo er sich ausruhen konnte. Also tauchte er schließlich zum Meeresgrund und brachte ein bisschen Schlamm hoch. Dieser wuchs auf magische Weise zu Land heran.

Ähnliche Geschichten finden sich in anderen Erzählungen indigener Völker Nordamerikas, Asiens und sogar Sibiriens. Das scheint auf den ersten Blick ein bisschen sonderbar, daher haben manche Fachleute gemutmaßt, dass es da womöglich einen gemeinsamen Ursprung irgendwo in Asien geben könnte.

Wieder und wieder

Ein anderes Motiv, das viele indigene Mythen Nordamerikas auszeichnet, ist das der wiederholten Genese, das heißt, die bestehende Welt ist das Produkt einer vorherigen Welt, die wiederum Produkt einer vorherigen Welt ist, und so weiter.

---

* Genau genommen ist das nur in neueren Versionen so beschrieben – in anderen ist die Rede von Schnäuzen oder Speien –, aber tun Sie nicht so, als sei das auch nur halb so lustig.

Im Schöpfungsmythos der Maya beispielsweise erschuf ein Götterpaar – bestehend aus Tepeu, dem Himmelsgott, und seiner Gefährtin Gucumatz, der gefiederten Schlange – die Welt und befand dann, dass es nach all den Mühen gerne jemanden hätte, an den es die Sorge um seine Schöpfung outsourcen könnte und der, warum auch nicht, nebenbei die Götter für ihre harte Arbeit loben würde. Also schufen sie sämtliche Tiere und forderten sie auf, sie zu preisen, bis ihnen mit einiger Verzögerung aufging, dass Tiere nicht sprechen können.

Als Nächstes versuchten sie, aus feuchtem Lehm Menschen zu formen, aber die zerbröselten, sobald sie zu sprechen versuchten. Danach versuchten sie es mit hölzernen Menschen, die reden, atmen und sich fortpflanzen konnten. Aber die hatten keinen Verstand und kein Gedächtnis, daher waren ihre Worte bedeutungslos. In einem Anfall von Zorn zerstörten die Götter sie vermittels einer Sintflut. Diejenigen, die sich auf Bäume retten konnten, wurden zu Affen.

Schließlich schufen sie aus Mais (der, wie es der Zufall will, das Grundnahrungsmittel der Maya ist) eine weitere Menschenart. Diese Leute verfügten über die Geistesgegenwart, ihre Schöpfer zu ehren und zu preisen, und wurden so zu den Maya.

Das Schräge an dieser Erzählung ist, dass hier Jahrhunderte vor und Kontinente weit entfernt von Charles Darwin der Weg von Tieren über Affen zum Menschen eine Menge Ähnlichkeit mit dem Ablauf der Evolution hat.

Der Big Bang und die Evolution:
Eher kein Schöpfungsmythos

Hier, nach bestem Wissen und Gewissen, was wirklich geschah:

Am Anfang war ... *irgendwas*. Manche Physiker spulen, da ja das Universum expandiert, das Band in der Theorie bis an den Anfang zurück und gehen davon aus, dass das Universum als Singularität begonnen haben muss: als unendlich kleines, unendlich dichtes, unendlich heißes Etwas, in dem alles enthalten war. Andere Physiker aber zweifeln diese Theorie aufgrund der Tatsache an, dass sie sich aus der Allgemeinen Relativitätstheorie herleitet, die für größere Dimensionen gültig ist, und nicht aus quantentheoretischen Überlegungen, sprich, der Quantenmechanik, die für das winzig Kleine gilt (die beiden Theorien haben sich noch nie gut vertragen). Und ohnehin reicht die uns verfügbare Information nur bis zu einem gewissen Punkt. Die allerfrüheste Geschichte unseres Universums ist für uns mithin gegenwärtig nicht zugänglich.

Dann, etwa 10^{-36} Sekunden nach der Geburt des Universums, also echt flott, fing das Universum plötzlich an sich auszudehnen, verdoppelte seine Größe einmal, zweimal, viele Dutzend Male. Das dauerte nur bis irgendwo zwischen 10^{-33} und 10^{-32} Sekunden nach dem Auftreten der Singularität – nach einem Milliardstel eines Billonstels eines Billonstels* einer Sekunde war es schon wieder vorbei. Aber als diese »Kosmische Inflation« vorüber war, hatte sich das Universum, was seine Größenordnung betraf, um viele Billionen vervielfacht. Das war der »Knall« am »Urknall« und erklärt unter anderem, warum Strahlung und Materie so gleichmäßig im Universum

---

* Eine Billion, nur falls Ihnen noch keine über den Weg gelaufen sein sollte, ist 1 Million Millionen. Ein Milliardstel eines Billionstels eines Billionstels ist somit ein wirklich kleiner Bruchteil.

verteilt sind. Aber zu dem Zeitpunkt, da ich dies schreibe, scheint niemand so recht zu wissen, wie das alles passiert ist.*

Bei seiner Ausdehnung kühlte das Universum ab, und so wurde es möglich, dass sich die Bausteine der Elementarteilchen – Quarks und Antiquarks – bildeten, zunächst noch nicht als stabile Teilchen, sondern als Plasma, das erst nach weiterer Abkühlung zu Protonen und Neutronen kondensierte. Das Universum war zu diesem Zeitpunkt vielleicht eine Millionstelsekunde alt. Binnen weniger Minuten war es so weit abgekühlt, dass sich Protonen und Neutronen zusammentun konnten, aber es dauerte noch, bis daraus stabile Kerne von Helium- und Deuterium**-Atomen wurden. Bis die zugehörigen Atome entstanden, dauerte es noch eine Weile länger, nämlich bis zur Rekombinationsära***, dem Zeitpunkt, ab dem das Universum so weit abgekühlt war, dass negativ geladene Teilchen – Elektronen – beginnen konnten, positiv geladene Atomkerne zu umkreisen. Bis dahin vergingen um die 370 000 Jahre.

---

* Es gibt noch andere Theorien über die allerersten Anfänge des Universums. Bei Modellen des zyklischen Universums beispielsweise expandiert das Universum bis zu einem gewissen Punkt, ab dem es sich wieder zusammenzieht, bis es im sogenannten »Big Crunch« kollabiert. Diesem Kollaps könnte nun wieder ein neuer Urknall folgen, ab dem die Expansion erneut beginnt, und immer so weiter. Bei anderen Theorien zum zyklischen Universum spielen Wechselwirkungen zwischen winzig kleinen schwingenden eindimensionalen Objekten (Strings) eine fundamentale Rolle, bei wiederum anderen ist das sichtbare Universum als sogenannte vierdimensionale »Brane« – kurz für Membrane – aus einer Kollision innerhalb eines elfdimensionalen Raumes mit einer anderen Brane hervorgegangen, und diese Kollisionen wiederholen sich in regelmäßigen Abständen. Aber ich könnte darüber tausend Worte verlieren und weder Sie noch ich wären danach viel schlauer, also werde ich das lieber lassen.
** Als Deuterium bezeichnet man »schweren Wasserstoff« – Wasserstoffatome, deren Kerne nicht nur ein Proton, sondern zusätzlich ein Neutron enthalten.
*** Der Name ist ein bisschen irreführend, weil er suggeriert, dass es davor schon einmal eine Kombination aus den Teilchen gegeben hat. Dem ist nicht so, aber der Name ist hängen geblieben.

Das, so fällt Ihnen vielleicht auf, ist ein gewaltiger Sprung, was die zeitliche Größenordnung betrifft.

Die allmähliche Abkühlung hatte noch einen anderen Effekt: Zum ersten Mal konnten Photonen lange Strecken im Universum ungehindert zurücklegen, ohne mit Elektronen und anderen Teilchen zusammenzutreffen und gestreut zu werden. Mit anderen Worten, das Universum war nun so weit abgekühlt, dass es lichtdurchlässig – durchsichtig – wurde. Das hatte allerdings nicht allzu viel zu sagen: Es gab keine Sterne, mithin also nichts zu sehen – selbst dann nicht, wenn jemand dagewesen wäre, um zu schauen, aber dem war nicht so. Diesen Teil bezeichnet man in der Kosmologie auch als dunkles Zeitalter.*

Ein paar hundert Millionen Jahre später sorgte die Gravitation dafür, dass Gaswolken kollabierten und sich verdichteten und sich die so entstandenen Sterne zu Ansammlungen zusammenfanden, die wir später als Galaxien bezeichnen würden. Diese ersten Sterne waren mit hoher Wahrscheinlichkeit größer – Hunderte, womöglich Tausende Male größer – und kurzlebiger als die heutigen. In ihnen fusionierten Wasserstoff- und Heliumatome zu schwereren Elementen, die sich mit jeder Supernova über das Universum verteilten. Das

---

* Mit dem Begriff »dunkles Zeitalter« werden unter anderem auch die Jahrhunderte zwischen etwa dem 5. und irgendwann zwischen dem 10. und dem 15. Jahrhundert bezeichnet: die Zeitspanne zwischen dem Untergang des Römischen Reichs und dem Beginn der Renaissance. Historikern gefällt der Begriff nicht: zum einen wegen seiner negativen Konnotation, zum anderen wegen seines Eurozentrismus. Er ignoriert die Tatsache, dass auf einem Großteil des Planeten – in der islamischen Welt, in China, sogar in Südosteuropa – die Zivilisation weiter ihren Lauf nahm und wissenschaftliche Fortschritte wie nie zu verzeichnen hatte. Ich würde noch einen anderen Grund anführen, den Begriff in diesem Zusammenhang zu meiden. Er nimmt sich albern aus im Vergleich zum kosmologischen dunklen Zeitalter, das doch eine deutlich längere Zeitspanne beschreibt.

sollte sich als überaus nützlich für jeden erweisen, der das Universum später bewohnen würde.

Vor ungefähr 4,5 Milliarden Jahren, schlappe 9,3 Milliarden Jahre nachdem das Universum entstanden war, kollabierte eine ganz spezielle Gaswolke in einem der Spiralarme der Milchstraße und bildete einen weiteren Stern. Die übrig gebliebene Materie verdichtete sich zu Monden und Planeten, darunter einem, der seine Sonne in einer Entfernung von etwa 150 Millionen Kilometern umrundete. An irgendeinem Punkt – womöglich kurz danach, womöglich aber auch erst nach einer weiteren Milliarde Jahren – entwickelte sich auf diesem Planeten Leben, und zwar höchstwahrscheinlich um hydrothermale Quellen auf dem Meeresgrund herum, an denen sich durch vulkanische Aktivität extrem erhitztes Wasser, in dem die verschiedensten Stoffe gelöst waren, mit kaltem Meerwasser vermischte und ins offene Meer getragen wurde.

Einige der dort entstandenen einzelligen Lebensformen überlebten besser als andere. Hin und wieder verschaffte eine Zufallsmutation gewissen Organismen einen Vorteil, sodass diese sich vermehren konnten, wohingegen andere ausstarben. Im Laufe der folgenden Jahrmillionen entwickelten manche die Fähigkeit, Sauerstoff zu veratmen oder sich mit anderen zu mehrzelligen Wesen zusammenzutun. Manche wurden zu Pflanzen, andere zu Tieren, manche vermochten dank der schlauen Einrichtung einer Wirbelsäule mit einem Rückenmark darin komplexere Nervensysteme und Gehirne zu entwickeln. Nach einer längeren Ära, in der der Planet von jenen riesenhaften Reptilien dominiert wurde, die wir heute Dinosaurier nennen, übernahmen kleine bepelzte Lebewesen namens Säugetiere das Zepter.

Und dann, vor ungefähr 4 Millionen Jahren, beschloss eine Gruppe von Menschenaffen, die nicht auf allen vieren, sondern aufrecht ging, sich statt im Wald in der Savanne niederzulassen. Sie lernten Unterkünfte zu bauen, Werkzeuge herzustellen, mittels Sprache zu kommunizieren, zu jagen, Ackerbau zu betreiben und zu handeln. Vor ein paar tausend Jahren fingen sie an, Dinge niederzuschreiben, damit ihre Nachfahren sie lesen konnten. Vor ein paar hundert Jahren lernten sie Bücher herzustellen, und vor ein paar Jahrzehnten erfanden sie das Internet, damit jeder, der ein elektronisches Gerät besitzt, von so gut wie überall auf dem Planeten auf so ziemlich das gesamte Weltwissen zugreifen kann.

Und es stellte sich heraus, dass die meisten dieser Affen sich so gut wie nichts aus dem ganzen Weltwissen machen. Ihnen genügt es, grob zu Fremden zu sein und Bilder von anderen, kleinen, bepelzten Wesen anzuschauen. Und damit sind wir einigermaßen auf dem neuesten Stand der Dinge.

Betrachtungen über die Zeit

Es ist nicht leicht, sich den Unterschied zwischen Aussagen wie »vor 40 Millionen Jahren« und »vor 4 Milliarden Jahren« bildlich vor Augen zu führen – das eine ist lediglich ein Hundertstel vom anderen, aber beides verfließt gerne zu einem allgemeinen »vor irre langer Zeit«.

In seiner Fernsehsendung *Unser Kosmos* aus dem Jahr 1980 bediente sich der amerikanische Astronom Carl Sagan daher eines netten Tricks, um anschaulich herüberzubringen, wie alt das Universum tatsächlich ist. Sein »Kosmischer Kalender« projizierte die gesamten 13,8 Milliarden Jahre der Geschichte des Universums in den Zeitrahmen eines einzigen Jahres. Jede Sekunde entspricht 438 Jahren, eine Minute 26 000, eine Stunde 1,6 Millionen und so weiter.

Hier ein paar Daten der »Tiefenzeit«, entsprechend eingeordnet in den Kosmischen Kalender. Das Ganze macht deutlich, dass sich die Menschheit wirklich noch nicht allzu lange hier herumtreibt:

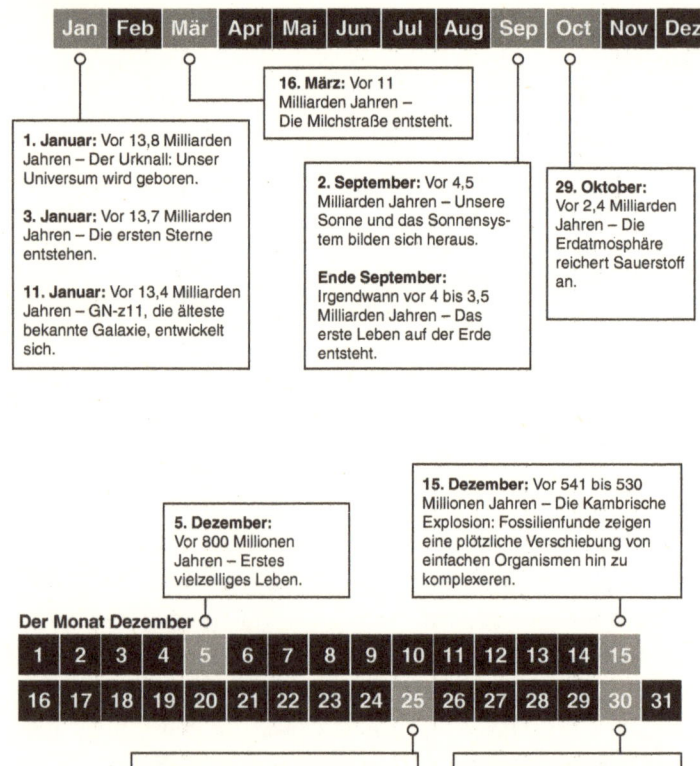

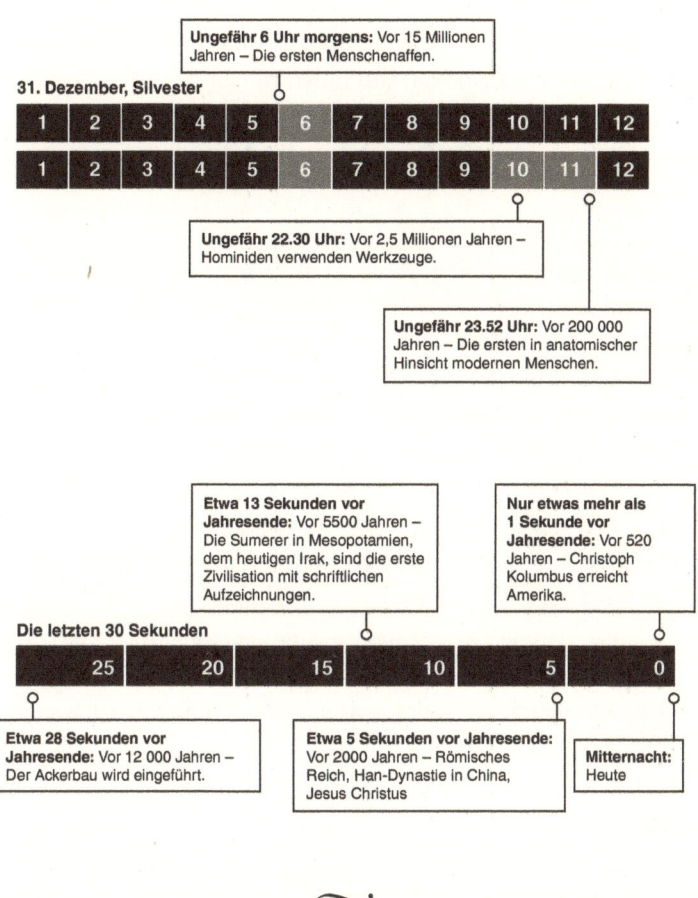

Betrachtungen über den Raum

Ganz ähnlich wie bei den Dimensionen der »Tiefenzeit« vermag auch der Versuch, die gewaltige Größe des Universums – und die Zwergenhaftigkeit unserer Existenz darin – in einem den Wunsch zu erwecken, sich in ein dunkles Zimmer zurückzuziehen und sich für ein Weilchen auszuklinken. Um Ihnen zu helfen, ein bisschen besser mit der schieren Unfassbarkeit des Raumes zurechtzukommen, seien Ihnen an dieser Stelle die folgenden Beispiele an die Hand gegeben.

- Die Leuge, eine alte Maßeinheit, die den Weg beschrieb, den ein Mensch innerhalb einer Stunde zurücklegen konnte, maß ungefähr fünf Kilometer.
- Die Breite des Ärmelkanals an seiner engsten Stelle, der Straße von Dover (der kürzesten Entfernung zwischen England und Frankreich), beträgt rund 30 Kilometer.
- Die Breite des Atlantiks an seiner engsten Stelle zwischen Brasilien und Afrika beträgt knapp 2900 Kilometer.
- Die Entfernung zwischen Tokio und Los Angeles beläuft sich auf 8815 Kilometer.
- Die Entfernung zwischen Nord- und Südpol beträgt gut 20 000 Kilometer.
- Die mittlere Entfernung zwischen Erde und Mond liegt bei 384 400 Kilometern.
- Die mittlere Entfernung zwischen Erde und Sonne beträgt ca. 150 Millionen Kilometer.
- Die mittlere Entfernung zwischen Pluto und Sonne beläuft sich auf ca. 5,9 Milliarden Kilometer.
- Die Entfernung, die das Licht in einem Jahr zurücklegt, beträgt 9,5 Billionen Kilometer.

Von hier an macht es die Dinge einfacher, wenn man zu Lichtjahren übergeht. Aber der leichteren Vergleichbarkeit halber lassen Sie uns beide Maße verwenden.

- Die Entfernung zwischen der Sonne und ihrem nächstgelegenen Nachbarstern Proxima Centauri beträgt 4,24 Lichtjahre, das entspricht um die 40 Billionen Kilometer.
- Die Entfernung zwischen dem Sonnensystem und dem Zentrum unserer Galaxie beläuft sich auf 26 000 Lichtjahre oder 247 000 Billionen Kilometer.
- Der Durchmesser der Milchstraße misst 120 000 Lichtjahre* oder 1,135 Trillionen Kilometer.
- Die Entfernung zum Andromedanebel, der unserer Milchstraße nächstgelegenen größeren Galaxie, beträgt 2,5 Millionen Lichtjahre oder 23,75 Trillionen Kilometer.
- Der Durchmesser des beobachtbaren Universums beläuft sich auf 93 Milliarden Lichtjahre oder 883 Trilliarden Kilometer.

Das sind, um es einmal auszuschreiben,
883 000 000 000 000 000 000 000 Kilometer – ich rate Ihnen, dafür nicht in falschen Schuhen loszuziehen.

Das Universum insgesamt ist womöglich noch um einiges größer. Licht von irgendwo außerhalb des beobachtbaren Universums hatte noch nicht die Zeit, uns zu erreichen, seit das Universum entstanden ist, und das ist der Grund dafür, dass wir es nicht sehen können. Ja, in Anbetracht dessen, dass das Universum nur 13,8 Milliarden Jahre alt ist, mag es vielleicht überraschen, dass wir Objekte, die 46,5 Milliarden Lichtjahre von uns entfernt** sind, überhaupt sehen können: Das liegt darin begründet, dass das Universum expandiert und diese

---

* Das ganze Gebilde mitsamt der für uns unsichtbaren Staubwolke nebst den Sternen ist womöglich sehr viel größer: Forscher der Durham University veröffentlichten im März 2020 Ergebnisse, die eine Größe von *2 Millionen* Lichtjahren vermuten ließen.

** Das ist der Radius des von uns beobachtbaren Universums. Da wir diese Entfernung in alle Richtungen sehen können, beträgt der Durchmesser das Doppelte.

Himmelskörper uns ein verflixt gutes Stück näher waren, als sie das Licht, das wir heute sehen können, aussandten.

Auf jeden Fall können wir nicht mehr sagen, als dass das Universum einen Durchmesser von mindestens 93 Milliarden Lichtjahren hat. Was die Fahrt zum nächsten Supermarkt doch um einiges relativiert.

Das Tempolimit des Universums

Frustrierend an der Größe des Universums ist nicht allein, dass es viel zu groß ist für das menschliche Vorstellungsvermögen, sondern auch zu groß für menschliche Erkundungstouren.

Das ist so, weil, wie Albert Einstein feststellte, das Universum über eine Geschwindigkeitsbegrenzung verfügt: Die absolute Grenzgeschwindigkeit, die Lichtgeschwindigkeit, beträgt 299 792 458 Meter pro Sekunde.* Das ist so nahe an 300 000 000, dass man sich fast fragen möchte, warum man die Meterlänge nicht angepasst hat, damit die Rechnerei leichter wird. Laut den Gesetzen von Einsteins Spezieller Relativitätstheorie erhöht sich die Masse eines Gegenstands mit seiner Geschwindigkeit. Das bedeutet, die Energie, die benötigt wird, um diesen Gegenstand zu beschleunigen, erhöht sich ebenfalls. Nähern wir uns der Lichtgeschwindigkeit, geht die Masse eines Objekts gegen unendlich, was bedeutet, dass Sie unendlich viel Energie benötigten, um einen Gegenstand auf Lichtgeschwindigkeit zu bringen.

---

* Technisch korrekt die Geschwindigkeit im Vakuum.

Das ist zweifellos höchst unpraktisch. Kein vom Menschen gebautes Raumschiff wird in nächster Zukunft so schnell fliegen können.

Die Geschwindigkeit von Licht ist ziemlich hoch – es kann die 150 Millionen Kilometer zwischen Erde und Sonne in 8 Minuten und 20 Sekunden zurücklegen. Aber trotzdem bedeutet dieses Tempolimit, dass der allerallergrößte Teil des Universums weiter entfernt ist, als dass man ihn im Laufe eines Menschenlebens erreichen könnte. Selbst zu den nächstgelegenen Sternen würde es Jahre dauern – immer vorausgesetzt, wir könnten mit Lichtgeschwindigkeit reisen, was wir, so wie die Dinge stehen, nicht können.[*]

Das aber verheißt nicht nur eine langweilige Zukunft, sondern würde auch für langweilige Science-Fiction sorgen. Wie also haben Science-Fiction-Autoren es angestellt, die Naturgesetze des Universums zu umgehen?

Star Trek

Der Warp-Antrieb von Raumschiffen wie der *Enterprise* und anderen umgeht die Notwendigkeit, Objekte auf Überlichtgeschwindigkeit zu beschleunigen, weil durch ihn stattdessen der Raum in ihrer Umgebung gekrümmt wird. In einer Episode stellt sich heraus, dass der Warp-Antrieb die Struktur des Raum-Zeit-Kontinuums beschädigt – doch, in der wohl realistischsten Darstellung, die es in

---

[*] Der zum Zeitpunkt, da ich dies schreibe, schnellste Gegenstand aus Menschenhand ist die Raumsonde *Parker Solar Probe*, die an Heiligabend 2024 knapp 200 km pro Sekunde erreichen soll. Das ist irre schnell – von London nach New York in weniger als 30 Sekunden –, aber immer noch nur 0,07 Prozent der Lichtgeschwindigkeit.

Star Trek je gab, gehen alle Beteiligten darüber hinweg und verwenden ihn trotzdem weiter.[*]

Klar ist das Science-Fiction, aber es hat zu echter Forschung inspiriert. 1969 beschrieb der mexikanische Physiker Miguel Alcubierre den in aller Bescheidenheit so getauften »Alcubierre-Antrieb«: Im Prinzip müsse die Raumzeit vor einem Raumschiff gestaucht und dahinter wieder expandiert werden, und das alles mit Überlichtgeschwindigkeit, womit das Raumschiff schneller als Licht zu seinem Ziel gezogen würde. In einer E-Mail an William Shatner, Captain Kirk höchstselbst, berichtete Alcubierre, dass er zu seiner Theorie unmittelbar durch die Serie angeregt worden sei.

Star Wars

Hier verwenden Raumschiffe, die zwischen Sternen verkehren, etwas namens Hyperspace, so etwas wie eine andere Dimension, eine Parallelwelt, die Punkt für Punkt Gegenstück zur realen Welt ist – allerdings liegen die Punkte praktischerweise sehr viel dichter beieinander. Bemerkenswert ist, wie unterschiedlich die beiden Filmwelten angelegt sind: Während *Star Trek* einen Haufen ausgedachter Wissenschaft und Technogeschwätz um seinen Warp-Antrieb anhäuft, schert sich *Star Wars* keinen Deut darum und erzählt einfach die Geschichte weiter.

---

[*] Es gibt dennoch Grenzen, Geschwindigkeiten, jenseits derer ein Raumschiff nicht mehr vorankommt. In einer Episode von *Star Trek: Voyager* überschreitet jemand diese Schwelle und verwandelt sich prompt in ein Reptil. Er erholt sich wieder.

Babylon 5
Raumschiffe bedienen sich sogenannter »Sprungtore« zum Eintritt in ein Wurmloch, das sie in einen bläulich verwirbelten Hyperraum befördert, der ziemlich genau aussieht wie der von *Star Wars*, nur blauer und verwaschener.

Stargate
Wurmlöcher, praktischerweise von längst ausgestorbenen Aliens geschaffen, die die ganze Schwerstarbeit für uns erledigt haben, ermöglichen das Reisen zwischen verschiedenen Orten, die im echten Raum viele Lichtjahre entfernt sind.

Auch dieses Konzept hat seine Wurzeln in realer Wissenschaft. Wurmlöcher können sich auch mit dem Namen Einstein-Rosen-Brücken schmücken und stehen für theoretische tunnelähnliche Gebilde, die weit voneinander entfernte Punkte des Raum-Zeit-Kontinuums miteinander verbinden können. Sie vertragen sich mit der Allgemeinen Relativitätstheorie, was allerdings leider nicht bedeutet, dass es sie auch wirklich gibt.

Per Anhalter durch die Galaxis
In Douglas Adams' Radio-Buch-Film-und-Fernsehkosmos wird nicht nur über »das ganze langweilige Rumgehänge im Hyperraum« genörgelt, sondern es werden auch zwei neue Möglichkeiten genannt, wie sich mit Überlichtgeschwindigkeit reisen lässt. Die eine ist die Bistr-O-Mathik, ein toller neuer Zweig der Mathematik, basierend auf der Beobachtung, dass Zahlen auf Restaurantrechnungen nicht denselben mathematischen Gesetzen gehorchen wie Zahlen andernorts im Universum. Die andere, berühmtere, ist der Unendliche Unwahrscheinlichkeitsdrive, der sich im Prinzip die Wahrscheinlichkeit

zunutze macht, dass ein Gerät zum Reisen per Überlichtgeschwindigkeit unmöglich ist. Man errechnet dazu, wie unwahrscheinlich es genau ist, dass das betreffende Raumschiff einfach aus dem Hier und Jetzt verschwindet und ganz woanders auftaucht, und erzeugt dann genau diesen Grad an Unwahrscheinlichkeit, damit es dazu kommt. Leider haben diese Überlegungen im Unterschied zum Warp-Antrieb beklagenswert wenig für die reale Wissenschaft bewirkt.

The Expanse
Ist komplett im Sonnensystem angesiedelt, muss also nicht so tun, als sei Reisen mit Überlichtgeschwindigkeit möglich. Ja, es wird nicht einmal so getan, als sei eine Beschleunigung auf Beinahe-Lichtgeschwindigkeit eine Option oder auch nur eine im Geringsten erfreuliche Erfahrung. Jedes Mal, wenn wir ein Raumschiff beschleunigen sehen, sehen wir gleichzeitig eine Crew, die mit Medikamenten vollgepumpt ist, damit sie die g-Kraft aushält, die sie anderweitig ohnmächtig werden oder sterben ließe. Lässt Raumfahrt nicht nach Spaß aussehen.

Doctor Who
Macht sich ebenfalls nicht die Mühe, sich irgendetwas auszudenken, um die Naturgesetze des Universums außer Kraft zu setzen, sondern macht sich ganz im Gegenteil den Spaß, sie komplett zu ignorieren. Reisen mit Überlichtgeschwindigkeit? Locker! Zeitreisen? Klar doch! Objekte, die innen größer sind als außen? Warum zum Kuckuck nicht? Leute, die sich nach dem Tod in andere Leute verwandeln? *Juhu!*

Wenn es Ihnen um solide Wissenschaft geht, schalten Sie vielleicht nicht die Serie mit dem Typen ein, der sich in verschiedene

Darsteller verschiedenen Geschlechts verwandeln kann und in einer blauen Telefonzelle Zeitreisen unternimmt, ja?

∼

Über Galaxien

Das Universum ist also a) sehr groß und b) sehr alt. Was enthält es eigentlich?

Die Hauptuntereinheiten des Universums, die Inselhaufen im Ozean des Alls, sind die Galaxien, Ansammlungen aus Sternen, Gas, Staub und Dunkler Materie*, zusammengehalten von der Gravitation.

Auch sie sind, das sollte gesagt sein, extrem groß – so groß, dass es jahrhundertelanger Beobachtungen und Innovationen auf dem Gebiet der Teleskoptechnik bedurfte, bis jedermann akzeptiert hatte, dass die »Spiralnebel«, die am Himmel zu sehen sind, weit entfernte Sternensysteme aus Abermillionen Himmelskörpern sind und nicht irgendein interessantes Gebilde in relativ großer Nähe.

Um Ihnen ein Gefühl dafür zu vermitteln, über was für Größenordnungen wir genau reden: Eine »Zwerggalaxie« besteht aus ein paar hundert Millionen (10^8) Sternen. Das klingt nach viel, aber eine »Riesengalaxie« enthält etwa 100 Billionen (10^{14}) – mit anderen Worten, sie ist etwa 1 Million Mal größer. Dank der Gesetze der Gravitation hängen Galaxien meist zusammen ab: in Gruppen (von um die 50), Galaxienhaufen oder Clustern (von Hunderten oder Tausenden) oder Supergalaxienhaufen (von vielen tausend).

---

* Fragen Sie nicht.

Galaxien werden im Allgemeinen nach ihrem Erscheinungsbild, ihrer »Morphologie«,* klassifiziert, und zwar nach einem System, das der amerikanische Astronom Edwin Hubble 1926 begründet hat. Es gibt hierbei weitere Untergliederungen nach Größe, Form, genauer Anzahl an Armen und so weiter, aber die Haupteinteilung ist folgende:

Elliptische Galaxien Im Prinzip von ovaler Gestalt – ein Ellipsoid bekommen Sie, wenn Sie eine Kugel zusammendrücken.

Spiralgalaxien Solche mit einem Kern namens Bulge, der einer elliptischen Galaxie ähnelt, und Spiralarmen, die von diesem Zentrum ausgehen.

Balkenspiralgalaxien Im Prinzip ähnlich aufgebaut wie Spiralgalaxien, nur besteht ihr Zentrum aus einem »Balken« aus hellen Sternen, von dessen Enden die Spiralarme ausgehen. Man nimmt an, dass die Balkenspiralgalaxien nur ein Stadium der Galaxie-Entwicklung darstellen, an deren Ende eine Spiralgalaxie steht. Vor ein paar Milliarden Jahren stellten sie nur eine Minderheit unter den Galaxien da, inzwischen machen sie rund zwei Drittel aus.

---

* Die Verwendung dieses Begriffs anstatt des einfachen Worts »Form« lässt mich vermuten, dass Leute mit Mehrfach-Doktortiteln nicht gerne zugeben, dass sie das Gleiche tun wie Kleinkinder, die mit bunten Klötzchen spielen. Kann man ja verstehen.

Lentikuläre Galaxien Wie der Name sagt, auch wenn man es nicht erwartet, »geformt wie eine Linse«. Im Prinzip eine flache Scheibe mit hellem Zentrum.

Irreguläre Galaxien Was übrig bleibt, meist eher klein.

Bis vor ein paar Jahren herrschte Einigkeit darüber, dass es im beobachtbaren Universum ungefähr 200 Milliarden Galaxien gibt. Das ist bereits eine ganze Menge, aber Untersuchungen, die 2016 veröffentlicht wurden, korrigierten diese Zahl auf bis zu 2 Billionen (10^{12}) oder mehr, womit die Gesamtzahl an Sternen im Universum in der Größenordnung von 10^{24} – 10 000 000 000 000 000 000 000 000 – rangiert. Die Anzahl an Sandkörnern auf dem Planeten Erde wurde auf 7,5 x 10^{18} geschätzt, das bedeutet, dass es ungefähr 133 333-mal mehr Sterne im Universum gibt als Sandkörner auf unserem Planeten.

Was sagen Sie jetzt?

Ein paar besonders
erwähnenswerte Galaxien

Die Kometengalaxie
Alias: VCC 1217, IC 3418*
Entfernung (Lichtjahre): 3,2 Milliarden

Eine Spiralgalaxie, die den Galaxienhaufen Abell 2667 mit einer Geschwindigkeit von ungefähr 3,5 Millionen Stundenkilometern durchquert. Dabei werden ihr Sterne entrissen, die sie wie einen Kometenschweif von vielen hunderttausend Lichtjahren Länge hinter sich herzieht.

Die Wagenradgalaxie
Alias: ESO 350-40 oder PGC 2248
Entfernung: 500 Millionen Lichtjahre

Eine lentikuläre Galaxie, umgeben von einem äußeren Ring aus jungen Sternen. Das wagenradähnliche Aussehen ist aller Wahrschein-

---

* Es gibt derart viele Himmelskörper am Nachthimmel, dass die meisten davon keine Namen im üblichen Sinne tragen, sondern nur als Buchstaben-Zahlen-Kombinationen in einem von mehreren Dutzend astronomischen Katalogen gelistet sind. In diesem Kapitel stehen die M-Bezeichnungen für die 110 Objekte am Sternenhimmel, über die der französische Astronom Charles Messier bei seiner Suche nach dem Halley'schen Kometen gestolpert war und die er 1771 als Katalog veröffentlichte. Die NGC-Nummern gehören zum zwischen 1888 und 1908 veröffentlichten *New General Catalogue of Nebulae and Clusters of Stars*, kurz NGC, die ARP-Namen zum *Atlas of Peculiar Galaxies*, erschienen 1966, UGC-Bezeichnungen zum *Uppsala General Catalogue of Galaxies* mit 12 921 Einträgen, und so weiter. Ich erwähne sie hier, damit es leichterfällt, an zusätzliche Informationen für diese Gebilde zu kommen.

lichkeit nach Folge einer Kollision mit einer kleineren Galaxie vor circa 200 Millionen Jahren, die eine Druckwelle hat entstehen lassen, welche nun so ähnlich wie die Wellen auf einer Teichoberfläche nach einem Steinwurf nach außen wandert.

Die Kaulquappengalaxie
Alias: UGC 10214, ARP 188
Entfernung: 420 Millionen Lichtjahre

Auch diese Galaxie, eine Balkenspiralgalaxie, verdankt ihr Aussehen einer Kollision mit einer anderen, kleineren, Galaxie, und ihren Namen dem aberwitzig langen Schweif an Himmelskörpern, den die Gravitation hat entstehen lassen und der ein bisschen an Kaugummi unter einer Schuhsohle erinnert.

Die »falsch herum« drehende Galaxie
Alias: NGC 4622
Entfernung: 111 Millionen Lichtjahre

Bei den meisten Spiralgalaxien verhalten sich die Arme wie eine Art Schweif und »flattern« bei der Rotation sozusagen hinterher – so wie bei einem Band, das man in der Hand hält, während man sich auf der Stelle dreht. Bei dieser Galaxie aber gibt es zwei Arme, die im Uhrzeigersinn in Rotationsrichtung zeigen, als eilten sie der Galaxie voraus, und obendrein noch einen Arm im Inneren, der in die Gegenrichtung weist. Vermutlich ist dies zurückzuführen – das wird langsam zum Refrain – auf eine Kollision mit einer anderen Galaxie.

Saurons Auge
Alias: NGC 4151
Entfernung: 62 Millionen Lichtjahre

Das allmählich größer werdende Schwarze Loch im Zentrum dieser Galaxie – das man übrigens bei den meisten großen Galaxien vermutet, manche von ihnen wachsen – lässt diese Spiralgalaxie aussehen wie das Auge des Bösewichts in den *Herr der Ringe*-Filmen.

Die »Hockeyschläger-Galaxie«
Alias: NGC 4656 und NGC 4657
Entfernung: 30 Millionen Lichtjahre

Eine weitere Spiralgalaxie, die ihre seltsame Gestalt und den zugehörigen Spitznamen der Gravitation ihrer Nachbargalaxien verdankt. Vermutlich handelt es sich um zwei Galaxien (daher die zwei Bezeichnungen), die durch eine Gaswolke verbunden sind.

Andromedagalaxie
Alias: M31, NCG 224, Andromedanebel
Entfernung: ca. 2,5 Millionen Lichtjahre

Unser nächster galaktischer Nachbar ist eine Balkenspiralgalaxie, ungefähr doppelt so groß wie die Milchstraße, und wurde einst für einen Nebel (sprich eine Gaswolke) in unserer Galaxie gehalten.

Die Milchstraße

Entfernung Sonnensystem – Galaktisches Zentrum: ca. 26 000 Lichtjahre

Trautes Heim, Glück allein. Verdankt ihren Namen dem Umstand, dass weiter entfernte Sterne von der Erde aus als milchig schimmerndes Lichtband wahrgenommen werden. Das Wort »Galaxie« leitet sich aus dem altgriechischen Wort für Milch γάλα (gesprochen gála) her, weil die Milchstraße von der Erde aus wie eine Spur verschütteter Milch oder ein milchig weißer Pinselstrich aussieht. Der Begriff »Milchstraßengalaxie« ist somit doppelt gemoppelt.[*]

~

Unsere nächsten Nachbarn:
Die Sterne und substellaren Gebilde im Umkreis von 10 Lichtjahren um die Erde

Unsere Galaxie, die Milchstraße, hat einen Durchmesser von um die 200 000 Lichtjahren und enthält Schätzungen zufolge zwischen 100 und 400 Milliarden Sterne. Sie ist nur eine von möglicherweise 2 Billionen Galaxien im Universum.

Mit anderen Worten: Der Kosmos ist groß, und Nachbarn müssen zusammenhalten. Im Folgenden eine Liste von all den anderen

---

[*] Weitere Galaxien mit interessanten, aber im Prinzip sich selbst erklärenden Spitznamen wären die Sonnenblumengalaxie, die Zigarrengalaxie, die Sombrero-Galaxie, die Whirlpool-Galaxie, die Windradgalaxie, die Schwarzauge-Galaxie, deren Zentrum durch ein Staubband teilweise verdeckt ist, das Spiralgalaxienpaar der Siamesischen Zwillinge, auch Butterfly-Galaxien genannt, die Antennengalaxien, die Feuerwerksgalaxie (jede Menge Supernovae) und die Galaxie der Medusa, eine Verschmelzung von zwei Galaxien, die an das Haupt der Medusa erinnert.

Sternensystemen im Umkreis von 10 Lichtjahren rings um die Erde. In einem Universum dieser Größe ist das im Prinzip so nahe, dass man rasch mal hinübergeht und um eine Handvoll Mehl bittet.*

System	Stern	Typ	Entfernung vom Sonnensystem (Lichtjahre)	Planeten und anderes**
Alpha Centauri	Proxima Centauri	Roter Zwerg	4,24	Ein Doppelsternsystem mit einem dritten, sehr viel kleineren Stern von etwa einem Zehntel der Masse der beiden größeren in einiger Entfernung. Wissenschaftler haben gezeigt, dass Proxima Centauri über mindestens zwei Planeten verfügt, darunter einen, den man als »erdähnlich« erachtet, aber die Forschungen dauern noch an. Ungeachtet ihres Namens haben die Centauri aus der Serie *Babylon 5* nichts mit diesem System zu tun.
	Centauri A	Gelber Zwerg (sonnenähnlich)	4,37	
	Centauri B	Orangefarbener Zwerg	4,37	
Barnards Pfeilstern	Barnards Pfeilstern	Roter Zwerg	5,96	Beispiel für die kleinste und kälteste Art von Hauptreihensternen und bei Weitem der am häufigsten vorkommende Typ in der Milchstraße. Durch sein schwaches Licht trotz seiner Nähe für das bloße Auge nicht zu erkennen. Ein Planet bekannt. Kommt in *Per Anhalter durch die Galaxis* vor, ist aber in Wirklichkeit höchstwahrscheinlich keine Verkehrskreuzung für Raumschiffe.

---

*   Oder würde, wenn es auch nur die geringste Möglichkeit gäbe, schneller zu reisen als das Licht, siehe Seite 36.
** Exoplaneten sind derzeit ein Hauptforschungsgegenstand. Alle diesbezügliche Information ist daher überraschend und auch nervig schnell überholt.

System	Stern	Typ	Entfernung vom Sonnensystem (Lichtjahre)	Planeten und anderes"
Luhman 16	Luhman 16 A	Brauner Zwerg	6,5	Braune Zwerge nehmen eine Zwischenstellung zwischen Sternen und Planeten ein, sie sind massereicher als planetare Gasriesen, aber leichter als die leichtesten Sterne (diese beiden verfügen über etwa 3 Prozent der Masse unserer Sonne), und werden daher manchmal als »gescheiterte Sterne« bezeichnet. Ihre Masse reicht nicht aus, um eine Wasserstofffusion in ihrem Inneren in Gang zu setzen, andere Fusionsprozesse finden jedoch statt. Manchmal bilden sie wie im Falle Luhmann 16 ein Doppelgespann.
	Luhman 16 B	Brauner Zwerg	6,5	
WISE 0855-0714	WISE 0855-0714	Brauner Zwerg	7,26	Ein »Sub-Brown Dwarf« oder Brauner Zwerg planetarer Masse und mit einer Temperatur von -48 bis -13 °C der bisher kälteste gefundene Himmelskörper im interstellaren Raum. Seine Masse beträgt etwa 1 Prozent der Sonnenmasse, das entspricht einer Handvoll Planeten von der Größe des Jupiters. Wurde genau wie Luhman 16 von Kevin Luhman von der Pennsylvania State University entdeckt.
Wolf 359	Wolf 359	Roter Zwerg	7,86	Benannt nach seiner Einordnung in den Sternenkatalog des 1919 von dem deutschen Astronomen Max Wolf herausgegebenen astronomischen Katalogs. Man vermutet zwei Planeten. Schauplatz einer großen Schlacht zwischen der Sternenflotte und den Borg in *Star Trek: The Next Generation*.

System	Stern	Typ	Entfernung vom Sonnensystem (Lichtjahre)	Planeten und anderes"
Lalande 21185	Lalande 21185	Roter Zwerg	8,31	Ein Planet bekannt. Als hellster Roter Zwerg, der sich am Nordhimmel beobachten lässt, häufig untersucht, was bedeutet, dass ihm x andere Namen anhängen, unter anderem BD+362147, Gliese 411 und HD 95735.
Sirius	Sirius A	Hauptreihenstern Spektraltyp A	8,66	Mit einer Masse, die doppelt so groß ist wie die der Sonne, ist Sirius A der hellste Stern am Nachthimmel. Man nennt ihn auch Hundsstern, weil er zum Sternbild des Großen Hundes (Canis Majoris) gehört. Der sehr viel schwächer leuchtende Sirius B, manchmal als »Welpe« bezeichnet, wurde erst 1862 entdeckt.
	Sirius B	Weißer Zwerg	8,66	
Luyten 726-8	Luyten 726-8A	Roter Zwerg	8,79	Ein Doppelsternsystem mit zwei nahezu gleichhellen Sternen. Beide sind sogenannte Flackersterne – deren Helligkeit gelegentlich für ein paar Augenblicke dramatisch zunehmen kann. Da Luyten 726-8B, auch unter dem Namen UV Ceti geläufig, der prominenteste Vertreter dieser Sternenart ist, wird die gesamte Sternenklasse oft auch als UV-Ceti-Sterne bezeichnet.
	Luyten 726-8B	Roter Zwerg	8,79	
Ross 154	Ross 154	Roter Zwerg	9,6	Der nächste Stern im südlichsten Sternbild Schütze, ebenfalls ein Flackerstern mit einer Masse von einem Sechstel der Sonnenmasse und einem Radius von einem Viertel des Sonnenradius, aber weniger als 0,4 Prozent der Leuchtkraft der Sonne.

Sonnengötter ohne Zahl

Sie ist groß, sie ist leuchtend orange, sie wärmt und erhellt unseren Planeten, obwohl sie etwa 150 Millionen Kilometer weit weg ist, und ohne sie könnten wir nicht leben. Kein Wunder, dass so viele Kulturen der Menschheitsgeschichte die Sonne mit der ein oder anderen Gottheit in Verbindung gebracht haben.[*]

Wer aber sind diese Gottheiten in den Diensten der Sonne? Und würden sie sich vertragen, wenn sie zufällig bei einer Party aufeinanderträfen? Im Folgenden ein paar aus ihren Reihen.

Re

Sonnen- und Schöpfergott, der im Alten Reich zu Zeiten der 5. Dynastie (25. und 24. Jahrhundert v. u. Z.) zu einem der bedeutendsten Götter im altägyptischen Pantheon avanciert war. Allgemein dargestellt mit dem Kopf eines Falken, was nicht der Logik entbehrt, weil beide, Sonne und Falke, am Himmel zu Hause sind. Oben auf seinem Kopf findet sich eine Sonne, um die sich eine Kobra schlingt, was schwieriger zu erklären ist.

Technisch gesehen war Re der Gott der Mittagssonne, und einige seiner göttlichen Mitstreiter standen für die Sonne zu anderen Tageszeiten: Chepre, dessen Kopf an Stelle eines Gesichts einen Skarabäus aufweist, steht für die Morgensonne, Atum, der ein eher

---

[*] Eigentlich, so berichtet die *Encyclopedia Britannica*, wird die Anbetung der Sonne zwar häufig mit »heidnischen« Religionen in Zusammenhang gebracht, ist dort aber relativ selten. Nahezu jede Kultur hat Sonnenmotive im Repertoire, aber nur sehr wenige verfügen über ganze Glaubenssysteme, die auf der Sonne gründen. Das mag ein bisschen undankbar erscheinen in Anbetracht dessen, dass sie die Quelle wirklich unserer gesamten Energie ist, aber so ist es nun einmal.

langweiliges menschliches Antlitz sein Eigen nennt*, stand eher für die Abendsonne. Im Laufe der Jahrtausende flossen eine Reihe von Gottheiten in Res Identität zusammen.

Huitzilopochtli

Einer der beiden Hauptgötter der aztekischen Religion, Kriegs- und Sonnengott, Adressat von Menschenopfern und Schutzpatron der aztekischen Stadt Tenochtitlán (heute Mexiko-Stadt). Empfangen von Coatlicue, Erdgöttin und Göttermutter, die von einem Ball aus Kolibrifedern schwanger wurde. Übersetzt wird sein Name oft als Kolibri des Südens, der linken Seite oder der linken Hand, denn für die Azteken war der Westen die Haupthimmelsrichtung, damit lag der Süden für sie links.

Surya

In den Schriften der Hindus die Personifizierung der Sonne, deren Sanskrit-Bezeichnung sie ihren Namen verdankt. Dargestellt in einem Sonnenwagen, gezogen entweder von sieben Pferden oder von einem Pferd mit sieben Köpfen (man kann ja nicht direkt in die Sonne schauen, daher ist es schwierig, dies genau zu sagen, nehme ich an), gelenkt von einem Typen namens Aruna, der für das Leuchten der Morgenröte steht. Surya rangierte einst auf dem gleichen Level wie die Hauptgötter Vishnu und Shiva, wurde im Laufe der Jahrhunderte jedoch weniger wichtig. Allerdings findet man ihn auch im Jainismus und im Buddhismus, er kommt also doch einiges herum.

---

* Obwohl wir ihn in Anbetracht seiner Methoden bei der Erschaffung der Welt (siehe Seite 51) vielleicht besser in Ruhe lassen.

Amaterasu

Die Sonnengöttin des Shintō, deren voller Name Amaterasu-ō-mi-kami übersetzt höchst treffend »am Himmel scheinende große erlauchte Göttin« bedeutet. Herrschte zusammen mit ihrem jüngeren Bruder und Gemahl, dem Mondgott Tsukuyomi, aber die beiden zerstritten sich, nachdem Letzterer sich mit der Göttin der Nahrung Ukemochi-no-kami angelegt hatte (die, das muss man fairerweise sagen, Nahrung aus Nase, Mund und Rektum hervorbrachte). Sie verbannte ihn, und so wurden Tag und Nacht getrennt. Amaterasu gilt als Ahnherrin der japanischen Kaiser.

Sól oder Sunna

Ist die nordische Sonnengöttin. Gehört nicht zu den wichtigsten Göttern im nordischen Pantheon, was vielleicht mit der Tatsache zu tun hat, dass man da oben nicht so viel von ihr zu sehen bekommt. Wie auch immer: Sie fährt einen Wagen, der von zwei goldenen Pferden gezogen wird, ihr Bruder ist der Mondgott Máni. Ihr Schicksal soll es leider sein, am Tag des Weltuntergangs, Ragnarök, von dem Wolf Skalli, der sie unablässig verfolgt, verschlungen zu werden. Glücklicherweise wird sie aber bis dahin eine Tochter haben, die dann das Geschäft, die Welt zu erhellen, von ihr übernimmt. Alles gut also.

Noch nähere Nachbarn:
Die Planeten

Es ist so gut wie sicher, dass Sie irgendwann im Leben eine künstlerische Darstellung der Planeten des Sonnensystems zu sehen bekommen haben, die Ihnen eine Vorstellung von deren Farben, ihrer Größe und ihrer Entfernung von der Sonne vermitteln sollte. Dieses Bild, wo immer Sie darüber gestolpert sind, war falsch. Die acht[*] Planeten sind, sowohl was ihre Größe als auch was ihre Entfernung zur Sonne betrifft, so radikal verschieden – Jupiter ist 29-mal so groß wie Merkur, dafür ist Neptun 78-mal weiter entfernt –, dass jeder Versuch, ihre Bahnen maßstabsgetreu darzustellen, dem Künstler die Wahl aufzwingen würde zwischen Planeten, die so gut wie unsichtbar sind, oder Planetendimensionen, die mit der Wirklichkeit nichts zu tun haben.

Das Internet hat es mittlerweile möglich gemacht, das Ganze richtig darzustellen, und das bedeutet endloses Scrollen durch leeren Raum, was aber, wenn man so will, genau das ist, worum es geht. Die Stadt Port Phillip, Teil des Speckgürtels der australischen Stadt Melbourne, ist auf eine lustigere Version verfallen und hat entlang eines Küstenstreifens von etwa 5,9 Kilometern Länge Modelle von Sonne und Planeten angebracht.

Dennoch bleiben die Planeten unsere allernächsten Nachbarn. Auch wenn einige davon weiter weg sind, als wir dachten, wäre es doch unhöflich, nicht wenigstens Hallo zu sagen. Im Folgenden ein paar wichtige Fakten über die, die unsere unmittelbare Nachbarschaft bilden.

---

[*] Keine Sorge, darauf kommen wir noch.

	Benannt nach …	Durch-messer (km)	Entfer-nung von der Sonne (AU)*	Typus	Aussehen vom Welt-raum aus betrachtet	Be-kannte Monde	Umlauf-zeit (in Erden-jahren)
Merkur	… dem Botengott der römischen Mythologie möglicherweise deshalb, weil Merkur am Himmel so rasch vorankommt.	4879	0,39	erdähnlich	grau	0	0,24
Venus	… der römischen Göttin der Schönheit, vielleicht weil sie einer der hellsten Himmelskörper am Nachthimmel ist. (Die übrige Realität dieses Planeten kommt da nicht ganz mit.)	12 104	0,72	erdähnlich	gelb	0	0,62
Erde	… nach dem Wort für »Erdreich« oder »Boden«.	12 756	1	erdähnlich	blau marmoriert	1	1
Mars	… nach dem römischen Kriegsgott, vermutlich wegen seiner roten Färbung.	6792	1,52	erdähnlich	rot	2	1,88
Jupiter	… dem römischen Göttervater und Gott des Donners, inspiriert durch seine Größe.	142 984	5,2	Gasriese	orange/braun und weiß gebändert	79	11,6

---

* Erläutert in »Eine Kurze Anmerkung über das Vermessen des Alls«, Seite 116.

I. Der Kosmos

	Benannt nach …	Durchmesser (km)	Entfernung von der Sonne (AU)*	Typus	Aussehen vom Weltraum aus betrachtet	Bekannte Monde	Umlaufzeit (in Erdenjahren)
Saturn	… dem römischen Gott des Ackerbaus, vielleicht weil er so langsam unterwegs ist.	120 536	9,58	Gasriese	blass gebändert in Orange und Weiß, von auffälligen Ringen umgeben	82	29
Uranus	… der latinisierten Version des altgriechischen Wortes οὐρανός für »Himmel« - der einzige Planet, der nicht nach einer römischen Gottheit benannt ist. Saturn war der Vater des Jupiter, Uranus der Vater des Saturn.*	51 118	19,2	Eisriese	aquamarinblau	27	84
Neptun	Einst als »Planet jenseits des Uranus« bezeichnet. Sein Entdecker Urain Le Verrier schlug vor, ihn nach dem römischen Meeresgott zu benennen.**	49 528	30,05	Eisriese	dunkelblau	14	164

---

* Es hätte schlimmer kommen können: Er hätte auch nach seinem Entdecker Wilhelm Herschel heißen können oder Georgium Sidus (Georgs Stern) nach dessen Gönner, dem britischen König Georg III. Wobei dies in Anbetracht der schier endlosen Zahl an »Uranus«-Witzen im britischen Sprachraum vielleicht gar nicht das Dümmste gewesen wäre.

** Obwohl er kurz daran dachte, ihn nach sich selbst zu benennen, was, wenn wir ehrlich sind, jeder von uns bestimmt getan hätte.

Was den Typus angeht, so bestehen »erdähnliche« Planeten tatsächlich genau wie die Erde aus Felsen und Gestein, Gasriesen hingegen vorwiegend aus Wasserstoff und Helium als Oberflächengasen, darunter dann Flüssigkeit und darunter wiederum einem Gesteinskern. Eisriesen enthalten einen geringeren Anteil an Wasserstoff und Helium und große Mengen anderer Substanzen (Ammonium, Wasser etc.) in Eisform.

Unser heutiges Sonnensystem kommt einem schön sorgfältig arrangiert vor: Die felsigen Planeten sind der Sonne am nächsten, weiter außen kommen die Gasgiganten und noch weiter außen die Eisriesen. Sechsundsiebzig Jahre lang aber waren die Dinge nicht so einfach und übersichtlich.

Nicht jeder größere Felsbrocken, der die Sonne umrundet, ist ein Planet: Die nicht mehr sieben Zwerge

Als ich ein Junge war, gab es neun Planeten: vier kleine felsige innere, vier große äußere aus Gas und dann noch da draußen im großen Jenseits den winzigen Pluto. Eines Tages aber, dessen war ich mir aufgrund meines ausschweifenden Konsums von Science-Fiction-Literatur sicher, würde sich das ändern.

Laut Galilei hatte es schließlich nur sechs Planeten gegeben. Nachdem Wilhelm Herschel 1781 den Uranus entdeckt hatte, waren es sieben. 1846 erhöhte sich die Zahl (dank Neptun) auf acht und mit Pluto 1930 auf neun. Es schien wahrscheinlich, dass irgendwann jemand auch einen zehnten Planeten finden würde, vielleicht sogar noch weitere.

Und dann 2006 war es endlich so weit. Die Internationale Astronomische Union IAU änderte erneut offiziell die Anzahl der Planeten des Sonnensystems.

Mit einem Mal waren es wieder acht.

Der unglückliche Verlierer war Pluto, der nun von offizieller Seite neu klassifiziert wurde und hinfort nicht länger Planet auf Augenhöhe mit den anderen acht war: Er wurde degradiert.

Was nun kommt, war lange davor geschehen: In der ersten Hälfte des 19. Jahrhunderts entdeckten die Astronomen zwischen Mars und Jupiter immer mehr Himmelskörper, die die Sonne umkreisten – Ceres, Pallas, Juno und so weiter. Ursprünglich wurden diese ebenfalls als Planeten eingestuft, aber Ende der 1840er-Jahre wuchs ihre Zahl so rasant, dass 1851 bereits 23 Planeten im Rennen waren. (Die Berichte über das Anwachsen der Planetenzahl in meinem Jugendbuch zur Astronomie waren, wie sich zeigen sollte, ebenfalls falsch.) Als jedermann klar geworden war, dass viele der Neulinge sehr klein waren, wurden sie zu einer neuen Klasse namens »Asteroiden« degradiert.

Nun hat Pluto das gleiche Schicksal ereilt. Auch er erwies sich als bedeutend kleiner als zunächst angenommen. Und er erwies sich auch als nur einer aus einer ganzen Reihe von transneptunischen Objekten (genau wie man annehmen würde: Objekte jenseits von Neptun). Und als die Zahl immer weiterwuchs, beschloss die IAU, statt all diese kleinen Himmelskörper Planeten zu nennen, lieber Pluto seinen begehrten Planetenstatus abzuerkennen.

Um das tun zu können, musste sie sich jedoch eine ganz neue Kategorie einfallen lassen. Genau wie Planeten sind Zwergplaneten laut den IAU-Kriterien von 2006 Himmelskörper, die Sterne umrunden und groß genug sind, dass die Anziehungskraft ihrer eigenen Masse hinreicht, ihnen eine einigermaßen runde Form zu geben (im Fachjargon: sie befinden sich im »hydrostatischen Gleichgewicht«). Der

Unterschied zwischen beiden besteht darin, dass ein Planet groß genug ist, um die »Umgebung seiner Bahn bereinigt«, sprich, durch Gravitation von kleineren Objekten befreit zu haben, während das für Zwergplaneten wie Pluto nicht gilt.

Allerdings ist das nach wie vor ein strittiger Punkt. »In keinem anderen Zweig der Wissenschaft ist mir je etwas so Absurdes untergekommen«, urteilte Alan Stern von der NASA 2011 auf SPACE.com. »Ein Fluss ist ein Fluss, unabhängig davon, ob es noch andere Flüsse in seiner Nähe gibt. In der Wissenschaft benennen wir Dinge nach ihren Merkmalen und nicht nach dem, was in ihrer Nähe passiert.«

Etliche der Neulinge wurden übrigens von ein und derselben Person entdeckt: dem Astronomen Michael Brown vom California Institute of Technology. Er hat ein Buch über seine Erlebnisse geschrieben, das den wunderbaren Titel trägt: *Wie ich Pluto zur Strecke brachte. Und warum er es nicht anders verdient hat.*

Kurzer Exkurs zu den Zwergplaneten

Ceres
Entdeckt: 1801
Benannt nach: der römischen Göttin des Ackerbaus
Durchmesser am Äquator: 952 km
Masse: 0,016 Prozent der Erdmasse
Mittlere Entfernung von der Sonne: 2,8 AU (oder 420 Millionen Kilometer)

Entdeckt wurde Ceres aufgrund des Titius-Bode-Gesetzes, das postuliert, dass jeder nach außen, in Richtung All, gelegene Planet ungefähr doppelt so weit von der Sonne entfernt sein sollte wie der vorherige, und demzufolge zwischen Mars und Jupiter ein Planet fehlte. Das Gesetz wurde später verworfen, aber immerhin bewirkte es, dass Leute ungefähr dort, wo Ceres ist, nach diesem suchten, und ihn auch fanden. (Derselbe Trick half Herschel bei der Suche nach Uranus.)

Lange Zeit galt Ceres als Asteroid. Aber er ist nahezu rund, und er verfügt über einen Berg – beides planetenähnliche Merkmale. Und so kam es, dass Ceres, obwohl er nur einen Bruchteil der Größe von Pluto aufweist, bei Plutos Degradierung befördert wurde.

Pluto

Entdeckt: 1930
Benannt nach: dem römischen Gott der Unterwelt, ein Vorschlag der elf Jahre alten Venetia Burney, deren Großvater seinerzeit in Oxford ein hohes Tier war und einen Haufen Astronomen kannte[*]
Durchmesser am Äquator: 2302 km
Masse: 0,22 Prozent der Erdmasse
Mittlere Entfernung von der Sonne: 39,5 AU (oder 5,9 Milliarden Kilometer)

Von Pluto nimmt man gegenwärtig an, dass er über fünf Monde verfügt, was nicht schlecht ist, wenn man seine Winzigkeit bedenkt. Als er noch Planet war, hatte er nur einen.

Es gab einmal eine Zeit, da wurde Pluto für deutlich größer gehalten, als er ist: Die Messungen wurden verzerrt durch den Einfluss

---

[*] Das und die Geschichte des Googol (siehe Seite 121) lassen mich grübeln, warum noch niemand die Schlüsselrolle junger Anverwandter für den Fortschritt der Wissenschaft untersucht hat.

eines seiner Monde – Charon – von ungefähr der halben Größe Plutos. Heute betrachtet man die beiden als physikalisches Doppelsystem, das um einen gemeinsamen Schwerpunkt außerhalb der jeweils eigenen Masse kreist.

Eris
Entdeckt: 2003
Benannt nach: der römischen Göttin der Zwietracht und des Streits
Durchmesser am Äquator: 2326 km
Masse: 0,3 Prozent der Erdmasse
Mittlere Entfernung von der Sonne: 68 AU (oder 10,2 Milliarden Kilometer)

Eris verdanken wir die ein oder andere Erklärung: Die Entdeckung eines Himmelskörpers, den man seinerzeit für etwa 25 Prozent größer als Pluto hielt, war der Anlass, der die IAU dazu brachte, zu fragen, was genau eigentlich einen Planeten ausmacht. Inzwischen hält man Eris und Pluto für etwa gleich groß.

Eris hat eine ziemlich unregelmäßige Umlaufbahn – am Perihel, dem der Sonne am nächsten gelegenen Punkt, beträgt der Abstand 39 AU oder 5,8 Milliarden Kilometer, relativ betrachtet ist das nicht viel weiter entfernt als Neptun. Am Aphel, dem am weitesten entfernten Punkt, beträgt der Abstand jedoch 97 AU oder 14,5 Milliarden Kilometer, das ist weit jenseits des Kuipergürtels, einer Art Vorstadt-Asteroidenring, Heimat der meisten Zwergplaneten.

Haumea

Entdeckt: 2003
Benannt nach: der hawaiianischen Fruchtbarkeitsgöttin
Durchmesser am Äquator: hat im Grunde keinen, denn Haumea ist alles andere als eine Kugel und misst 996 Kilometer in die eine Richtung und zwischen 1518 und 1960 Kilometer in die andere
Masse: 0,07 Prozent der Erdmasse
Mittlere Entfernung von der Sonne: 43,3 AU (oder 6,5 Milliarden Kilometer)

Haumea ist ein Ellipsoid – mehr oder weniger eiförmig –, das gerade noch so eben als Körper mit »hydrostatischem Gleichgewicht« durchgeht. Ihre Form und die hohe Rotationsgeschwindigkeit sind, so wird vermutet, Folge einer ungeheuren Kollision irgendwann einmal.

Sie ist darüber hinaus der einzige Zwergplanet neben Pluto, der über mehr als einen Mond verfügt.

Makemake

Entdeckt: 2005
Benannt nach: dem Schöpfergottheit der Rapanui, der indigenen Bevölkerung der Osterinsel
Durchmesser am Äquator: ca. 1430 km
Masse: 0,05 Prozent der Erdmasse
Mittlere Entfernung von der Sonne: variiert zwischen 38 AU (5,7 Milliarden Kilometern) und 53 AU (7,9 Milliarden Kilometern)

Die IAU-Regeln sehen vor, dass die klassischen Kuipergürtelobjekte nach Schöpfergottheiten zu benennen sind. Da der Zwergplanet Makemake an Ostern entdeckt wurde, gab man ihm den Namen der

Schöpfergottheit der Kultur der Osterinsel, die der Legende nach den Menschen erschaffen hat, indem sie Ton Leben einhauchte. (Frühere Versuche mit Steinen und Wasser hatten nicht das gewünschte Ergebnis gebracht.)

Der Zwergplanet ist hell und groß genug, um ihn mit einem hochwertigen Amateurteleskop zu beobachten – was bedeutet, dass man ihn genau wie Pluto bereits 1930 hätte sehen können. Er ist von rötlich brauner Farbe, was vermuten lässt, dass er von einer Methanschicht eingehüllt ist.

Und dann noch einer, der noch gar kein Zwergplanet ist …

Sedna

Entdeckt: 2003
Benannt nach: der Meeresgöttin der Inuit, die der Legende nach in den Tiefen des Arktischen Ozeans lebt
Durchmesser am Äquator: 1000 bis 1600 km (man ist sich noch nicht sicher)
Masse: unbekannt
Mittlere Entfernung von der Sonne: 76 AU (oder 11,4 Milliarden Kilometer) und 937 AU (140 Milliarden Kilometer, das entspricht mehr als fünf Lichttagen!)

Sednas Umlaufbahn ist extrem exzentrisch, sie umrundet die Sonne in schätzungsweise 11 400 Jahren ein Mal. Und sie befindet sich derart weit von der Sonne entfernt, dass Letztere »sich von dort aus betrachtet mit einem Stecknadelkopf komplett verdecken ließe«, so Mike Brown von der Caltech bei der Vorstellung seiner Neuentdeckung.

Als Sednas Entdeckung 2004 erstmals öffentlich verkündet wurde, wurde in den Schlagzeilen gemutmaßt, es könne sich um den zehnten Planeten handeln – aber das hatte mehr mit dem Sensationshunger der Presse zu tun als mit wissenschaftlichen Definitionen. Sie könnte ein Zwergplanet sein – aber so wie die Dinge gegenwärtig stehen, wissen wir einfach nicht genug über sie, um sagen zu können, ob sie den Kriterien der IAU genügt.

Tiere im All

Tier	Land	Jahr	Gefährt	Schicksal
Ein paar Essigfliegen	USA	1947	V2-Rakete, beschlagnahmt aus Deutschland	Sichere Heimkehr nach Erreichen einer Höhe von 110 Kilometern.
Albert II, ein Rhesusaffe	USA	1948	V2-Rakete	Starb bei der Landung, weil der Fallschirm versagte. Albert I, III und IV verstarben, bevor sie den Weltraum erreichten.
Maus	USA	1950	V2-Rakete	Tod durch Fallschirmversagen.
Tsygan und Dezik, Hunde	UdSSR	1951	R1-Rakete	Überlebten – kehrten jedoch zur Erde zurück, bevor sie die Umlaufbahn erreicht hatten. Einer der beiden starb bei einem Folgeflug.
Laika, eine Hündin	UdSSR	1957	Sputnik 2	Das erste Lebewesen, das die Erde umkreiste, starb stress- und hitzebedingt im All. Ziemlich sicher das berühmteste Tier auf dieser Liste, was den anderen gegenüber ein bisschen ungerecht ist.*

---

* Oleg Gasenko, einer der an dem Projekt beteiligten Wissenschaftler, erklärte auf einer Pressekonferenz im Jahr 1998: »Je mehr Zeit vergeht, desto mehr tut es mir leid. Wir haben bei der Mission nicht genug gelernt, um den Tod eines Hundes zu rechtfertigen. Das ist, glaube ich, die einzige Fußnote in diesem Buch, die mir beim Schreiben das Wasser in die Augen getrieben hat.

Tier	Land	Jahr	Gefährt	Schicksal
Mafusa, ein Kaninchen	UdSSR	1959	R2-Rakete	Erstes Kaninchen im All, erreichte eine Höhe von 212 km und kehrte sicher zurück. Später zusammen mit seinen beiden Weltall-Hundekumpels auf einer rumänischen Briefmarke verewigt.
Sally, Amy und Moe, schwarze Mäuse	USA	1960	Atlas-D 71D-Trägerrakete	Kehrten sicher zurück.
Ham, der Schimpanse	USA	1961	Mercury-Redstone 2	Erreichte eine Höhe von etwa 250 km (unterhalb der Umlaufbahn) und kehrte sicher zurück.
Enos, der Schimpanse	USA	1961	Mercury-Atlas 5	Erster Schimpanse, der die Erde auf einer Umlaufbahn umrundete, kehrte sicher zurück.
Félicette, eine Katze	Frankreich	1963	Véronique-AGI-Rakete	Erste Katze im All, kehrte nach Erreichen einer Höhe von ca. 160 km sicher zurück.
Veterok und Ugolyok, Hunde	UdSSR	1966	Kosmos 110	Kehrten sicher zur Erde zurück, nachdem sie eine Rekordzeit von 22 Tagen in der Erdumlaufbahn verbracht hatten. Wurden ebenfalls mit einer Briefmarke geehrt.
Ein Schildkrötenpaar	UdSSR	1968	Zond 5	Die ersten Tiere im erdferneren Weltraum, umrundeten den Mond und kehrten sicher zurück.
Zwei Killifische sowie die beiden Kreuzspinnen Arabella und Anita	USA	1973	Skylab 3	Die ersten Spinnen, die ihre Netze im All webten, starben bei der Erdumrundung. Die Fische erholten sich nach leichter anfänglicher Verwirrung wegen der fehlenden Schwerkraft und gediehen.

II

Der **PLANET** des **MENSCHEN** und die Linien, die **WIR DARAUF** ziehen

Eine Geschichte der Welt, erzählt anhand ihrer größten Städte

Seit mehreren tausend Jahren zieht es die politische und wirtschaftliche Macht in Städte wie Motten in eine Schublade mit Wollpullovern, und die mächtigsten Reiche auf Erden beherbergten immer auch zugleich die größten Städte. Eine zeitliche Auflistung dieser Metropolen kann uns daher eine Menge darüber erzählen, wie Macht sich im Laufe der Weltgeschichte auf dem Erdball verlagert hat.

Aus der nachfolgenden Aufstellung, die ich hauptsächlich den Arbeiten von Ian Morris von der Stanford University entnommen habe, sehen wir auf den ersten Blick, dass den größten Teil der Historie hindurch die wichtigsten urbanen Zentren außerhalb der Sphäre gelegen haben, die wir heute als »der Westen« bezeichnen. Das erste städtische Leben hat sich in Mesopotamien (dem heutigen Irak) entwickelt, danach in Ägypten, all das viele Jahrhunderte, bevor an Europa auch nur zu denken war.

Nach dem Aufstieg und Niedergang des Römischen Reiches fanden sich die größten Städte im Allgemeinen in China – obschon die verschiedenen, einander häufig gegenseitig bekriegenden Dynastien des Riesenreichs sich offenbar nie länger als ein paar hundert Jahre auf eine gemeinsame Hauptstadt einigen konnten. Es dauert bis zum 19. Jahrhundert, bis sich eine Stadt des Westens – London – 1500 Jahre nach Rom diese Krone aufs Haupt setzen konnte, und schon da veränderte sich die Welt in einem solchen Tempo, dass die größte Stadt alle paar Jahrzehnte eine andere war.

Hier eine kurze Auflistung der größten Städte im Laufe der Geschichte und ihrer Einwohnerzahlen.

4000 v. u. Z.	Uruk, Irak; Tell Brak, Syrien – 5000	
3000 v. u. Z.	Uruk, Irak – 45 000	
2000 v. u. Z.	Memphis, Ägypten; Ur, Irak – 60 000	
1500 v. u. Z.	Uruk, Irak; Theben, Ägypten – 75 000	
1200 v. u. Z.	Babylon, Irak; Theben, Ägypten; Anyang, China – 80 000	
1000 v. u. Z.	Theben, Ägypten – 50 000	
800 v. u. Z.	Nimrud, Irak – 75 000	
600 v. u. Z.	Babylon, Irak – 125 000	
400 v. u. Z.	Babylon, Irak – 150 000	
200 v. u. Z.	Alexandria, Ägypten – 300 000	
100 u. Z.	Rom, Italien – 1 Million	
400	Rom, Italien – 800 000	
500	Konstantinopel, Türkei – 450 000	
600	Chang' an, China – 600 000	
800	Chang' an, China – 1 Million	
1000	Kaifeng, China – 1 Million	
1200	Hangzhou, China – 1 Million	
1400	Nanjing, China – 500 000	
1600	Beijing, China – 700 000	
1800	Beijing, China – 1,1 Million	
1900	London, Vereinigtes Königreich – 6,6 Millionen	
1950	New York, USA – 12,4 Millionen	
2000	Tokio, Japan – 26,4 Millionen	

Die aufgelisteten Einwohnerzahlen erzählen ihre eigene Geschichte. Immer wieder gibt es Phasen, in denen sie plötzlich rückläufig sind. Ende des 2. Jahrtausends v. u. Z. ist die Welt eindeutig krisengeschüttelt – man bezeichnet diesen Umbruch auch als Zusammenbruch der Bronzezeit oder Bronzezeitkollaps, eine Zeit zu Beginn des 12. Jahrhunderts v. u. Z., in der aus bislang ungeklärten Gründen im Laufe von nur 50 Jahren zahlreiche Städte im östlichen Mittelmeerraum zerstört wurden; manche wurden nie wieder besiedelt.

Spulen wir 1500 Jahre vor, und der Einbruch der Bevölkerungszahl von Rom um das Jahr 400 zeigt deutlich, dass Rom zu der Zeit nicht mehr das Zentrum ist, das es einmal war, und zwar noch vor dem Niedergang des Weströmischen Reiches. (Im Jahr 400 war die Hauptstadt nach Osten gewandert und hieß Konstantinopel.) Und irgendwann zwischen 1200 und 1400 gab es in China zum ersten Mal seit Jahrhunderten keine Millionenstadt mehr. Es ist sicher kein Zufall, dass in genau diese Zeit die mongolischen Invasionen fielen.

Schließlich und endlich illustrieren diese Zahlen auch, wie sich im Laufe der Zeit die Vorstellungen davon geändert haben, was es bedeutet, eine »große Stadt« zu sein. Im 4. Jahrtausend v. u. Z. – der Blütezeit der ersten Hochkulturen – wuchsen die damals größten Städte von einer Bevölkerung von 5000, kaum mehr, als ein heutiges Dorf zählt, auf das Zehnfache davon. Dessen ungeachtet beherbergten den größten Teil des Altertums hindurch die größten Siedlungen der Welt eine Population, die heutzutage zu einem mittelgroßen Marktflecken passen würde und nicht zu einer Großstadt.

Erst nachdem sich die Welt vom Kollaps der Bronzezeit erholt hatte, begannen die Einwohnerzahlen der großen Städte, unaufhaltsam zu wachsen von 50 000 auf 100 000, dann auf 300 000, bevor sie sich bei etwa 1 Million einpendelten. Das scheint bis zur Schwelle der Moderne die Obergrenze gewesen zu sein, sie fiel erst, als die industrielle Revolution Dinge wie Hochhäuser und öffentlichen Nahverkehr möglich machte und damit Städte von schließlich 5, 10 und sogar 20 Millionen Menschen.

Behalten Sie das also im Hinterkopf, wenn Sie das nächste Mal durch eine eher unscheinbare Stadt wie Guildford in England oder Newark, New Jersey, schlendern: Sie befinden sich an einem Ort, der den größten Teil der Menschheitsgeschichte hindurch gute Chancen gehabt hätte, die größte Stadt der Welt zu sein.

Wie viele Länder gibt es auf der Welt?

Sie würden vermutlich davon ausgehen, dass es eine einfache Sache sein müsste, das zu beantworten, oder? Sie lägen falsch. Wie bei so vielen Fragen der Politik und der Geographie hängt die Zahl, die sich ergibt, ganz davon ab, wie Sie die Bedingungen definieren.

Ein Teil des Problems besteht darin, dass wir im Englischen, aber auch in vielen anderen Sprachen, die Begriffe »Land«, »Nation« und »Staat« mehr oder minder synonym verwenden, auch wenn sie in Wirklichkeit nicht dasselbe bedeuten. Allgemein gilt als

- Staat: ein Gebiet mit eigener Regierung, Institutionen und Bevölkerung.
- Souveräner Staat: dasselbe wie oben, aber mit dem Recht und der Möglichkeit ausgestattet, Verträge mit anderen Staaten einzugehen. (Die amerikanischen Bundesstaaten sind Staaten, können aber zum Beispiel keinen Nichtangriffspakt mit Frankreich schließen.)
- Nation: ein Volk mit gemeinsamer Geschichte und Kultur, das im Allgemeinen ein bestimmtes Gebiet für sich hat, aber auch als Diaspora leben kann.
- Nationalstaat: ein Staat, dessen kulturelle Grenzen sich hübsch sauber und ordentlich mit den politischen decken.
- Land: ein vom Standpunkt der Genauigkeit von Sprache und Denken wenig hilfreicher Begriff, der je nach Kontext auf so gut wie jede und jeden der vorgenannten Begriffe angewendet werden kann.

Alles in allem heißt das, es gibt Staaten, die nicht souverän, Nationen, die keine Staaten, und Landstriche, die nichts von beidem sind, sich aber auch nicht fein säuberlich in andere Staatengrenzen einpassen lassen.

Wie viele »Länder«, was immer das auch heißt, gibt es also auf der Welt? Hier, Stand 2020, ein paar der möglichen Antworten.

193

Für den Anfang etwas Leichtes, nämlich die Anzahl der Mitglieder der Vereinten Nationen. Näher werden wir einer unangefochtenen Auflistung nicht kommen, denn jedes UN-Mitglied ist nun einmal qua Definition ein souveräner Staat.

195

Die UN-Mitgliedsstaaten plus zwei permanente Beobachterstaaten*, die sich an Debatten beteiligen können, nicht aber über Resolutionen abstimmen dürfen.

Einer davon ist der Heilige Stuhl, gemeinhin, wenn auch fälschlicherweise als Vatikan bezeichnet, die einzige völlig unabhängige Nation, die für sich entschieden hat, den Vereinten Nationen *nicht* beitreten zu wollen. Obwohl der Vatikan alle nötigen Voraussetzungen für eine vollgültige Mitgliedschaft erfüllt, hat er sich nie darum

---

* Genau genommen gibt es eine ganze Menge Körperschaften, die in der Generalversammlung Beobachterstatus genießen. Die meisten davon sind nicht staatliche Akteure: zwischenstaatliche Organisationen wie die EU oder das Commonwealth-Sekretariat, Nichtregierungsorganisationen, Entwicklungsbanken, die Internationale Föderation der Rotkreuz- und Halbmondgesellschaften und dergleichen mehr. Für unsere Zwecke hier interessieren uns jedoch nur Staaten im eigentlichen Sinne.

beworben und dies damit begründet, dass er dadurch in Angelegenheiten der Politik und der Anwendung von Gewalt hineingezogen werden könnte, von denen die Päpste (zumindest in diesem Jahrhundert) finden, dass sie damit absolut nichts zu tun haben wollen.

Der andere Staat mit permanentem Beobachterstatus ist weitaus umstrittener: Palästina, gegen dessen Bewerbung um die Aufnahme in die UN als 194. Mitgliedsstaat (»Palestine 194«) im Jahr 2011 nicht nur Israel opponierte, weil es dies als Versuch wertete, das Machtgleichgewicht in dem schwelenden Konflikt zwischen den beiden Opponenten zu verlagern, sondern auch eine ganze Reihe anderer Staaten wie Deutschland, Kanada und die USA. Am Ende lehnten die Vereinten Nationen den Antrag ab, verfügten aber als Kompromiss, dass in sämtlichen künftigen Dokumenten grundsätzlich vom »Staat Palästina« die Rede sein sollte.

Weiter geht's:

201

Dieses Mal haben Staaten mitgezählt, die von anderen Staaten als ihnen zugehörig erachtet, von diesen in der Praxis jedoch nicht gelenkt werden, und deren Unabhängigkeit von mindestens einem anderen Staat anerkannt wird, auch wenn andere noch so erbittert dagegen wettern. Die sechs neuen auf der Liste sind: Taiwan, Westsahara, Kosovo, Südossetien, Abchasien und Nordzypern.

204

Dieser Liste können wir drei weitere Regionen hinzufügen, die in der Praxis als unabhängige Länder agieren, obwohl sie von niemand anderem als solche anerkannt werden (oder zumindest von niemandem, dessen eigene Unabhängigkeit anerkannt ist). Es handelt sich dabei um die Republik Bergkarabach, auch Republik Arzach genannt, ein Gebiet im Südosten des Kleinen Kaukasus, das offiziell Aserbaidschan zugerechnet wird; Transnistrien, ein Teil der Republik Moldau; und Somaliland, offiziell und völkerrechtlich ein gar nicht so kleiner Teil Somalias.

(An diesem Punkt lassen wir das Reich der Politik hinter uns und wenden uns Gegenden zu, die definitiv keine unabhängigen Länder sind, unter bestimmten Umständen aber so tun dürfen, als ob.)

206

Die Zahl der Staaten, die vom Internationalen Olympischen Komitee – dessen Regeln ein gutes Stück großzügiger sind als die der Vereinten Nationen – zugelassen werden. Bei den neuen auf der Liste handelt es sich um Überseeterritorien der Vereinigten Staaten (Puerto Rico), des Vereinigten Königreichs (Bermuda), der Niederlande (Aruba) und Neuseelands (die Cook-Inseln). Den oben genannten umstrittenen Gebieten jedoch bleibt im Allgemeinen die Teilnahme verwehrt.

Palästina nimmt übrigens an den Olympischen Sommerspielen auch teil – für den Heiligen Stuhl steht die Teilnahme noch aus, was schade ist, denn es wäre fantastisch.

211

Die Zahl der Regionen, die Mitglied des internationalen Fußballverbands FIFA und damit teilnahmeberechtigt bei der Weltmeisterschaft sind. Eine ganze Reihe von Gegenden, die nicht als eigenständige Staaten durchgehen, konkurriert im Fußball trotzdem unabhängig miteinander. Ein besonders berühmtes Beispiel sind die vier Landesteile des Vereinigten Königreichs, als da sind England, Schottland, Wales und Nordirland.

(Was nun kommt, ist ziemlich ulkig, aber der Vollständigkeit halber ...)

249

Länder oder Regionen mit einem alphabetischen und numerischen Code der Internationalen Organisation für Normung ISO (International Organisation for Standardization), wie man sie in Dropdown-Menüs online und in den Länderkürzeln von Internetadressen findet: .jp, .de, .uk.

Zu den Regionen, die keine unabhängigen Staaten sind, aber einen eigenen ISO-Code haben, gehören die Weihnachtsinsel (australisches Hoheitsgebiet), Französisch-Polynesien (118 Inseln im Südpazifik, die einen semiautonomen Status gegenüber Frankreich genießen), Grönland (autonomer Bestandteil Dänemarks), die United States Minor Outlying Islands (großenteils im Pazifik gelegen, ein paar auch in der Karibik) und die Antarktis (hier definiert als alles zwischen Südpol und 60. Breitengrad).

An dem Punkt, da wir den Souveränitätsstatus von ein paar eisbedeckten Felsen diskutieren, auf denen in erster Linie Pinguine leben, wird allerdings deutlich, dass wir es bei der Definition des Begriffs »Land« hier ein bisschen zu weit treiben. Einigen wir uns also darauf, dass es zum Zeitpunkt, da dieser Text geschrieben wird, zwischen 194 (193 UN-Mitgliedern plus dem Heiligen Stuhl) und 204 Länder (mit legitimem Anspruch) gibt, und fangen wir an, über diese zu reden.

Die flächenmäßig größten Länder

Welches ist das größte Land der Welt? Nun, wie so oft, wenn man anfängt, ein bisschen tiefer zu graben, hängt alles davon ab, was man – in diesem Fall mit »größten« – genau meint.

Lassen Sie uns mit einer wortwörtlichen Definition beginnen: Welches Land nimmt den größten Teil des Planeten Erde ein? Das klingt ziemlich offensichtlich – die Antwort lautet definitiv: Russland.

Aber die exakte Größe eines Landes zu benennen wird verkompliziert durch Fragen wie die, ob Gewässer im Inland als Teil ihrer Landmasse zu rechnen sind oder nicht, weil sie ja kein Land sind. Kein Geograph wird sich die Mühe machen, alle Flüsse, Ententeiche und Ähnliches herauszurechnen, um sicherzugehen, dass er tatsächlich nur die echte Landfläche misst. Wo aber ziehen Sie die Linie? Der Michigansee, der einzige von den Großen Seen Nordamerikas, der ganz zu den Vereinigten Staaten gehört, ist in mancher Hinsicht nichts weiter als ein Inlandgewässer. Er ist außerdem ungefähr ein Drittel größer als Dänemark. Wenn wir ihn der Fläche der Vereinigten Staaten zurechnen, laufen wir Gefahr, irreführende Zahlen zu produzieren. Tun wir es nicht, laufen wir Gefahr, inkonsequent zu sein.

Auflistungen von Ländern nach ihrer Landfläche versuchen manchmal, dieses Problem zu umgehen, indem dazugeschrieben wird, ein wie großer Teil des Landes schätzungsweise aus Wasser besteht – und weil das die Sache netter macht, habe ich das hier auch getan. Hier sind die Top Ten. Und damit Vergleiche leichterfallen, habe ich übrigens die geschätzten Bevölkerungszahlen von 2019 dazugeschrieben.

Rang	Land	Lage	Gesamtfläche in km²	Landfläche in km²	Wasserfläche in km²	% Wasser	Einwohnerzahl (Millionen, 2019)
1	Russland*	Europa/Asien	17 098 246	16 377 742	720 500	4,21	146
2	Kanada	Nordamerika	9 984 670	9 093 507	891 163	8,93	37
3	China	Ostasien	9 596 961	9 326 410	270 550	2,82	1434
4	USA	Nordamerika	9 525 067	9 147 593	377 424	3,96**	329
5	Brasilien	Südamerika	8 515 767	8 460 415	55 352	0,65	211
6	Australien	Australasien	7 692 024	7 633 565	58 459	0,76	25
7	Indien	Südasien	3 287 263	2 973 190	314 073	9,55	1366
8	Argentinien	Südamerika	2 780 400	2 736 690	43 710	1,57	45
9	Kasachstan	Zentralasien	2 724 900	2 699 700	25 200	0,92	19
10	Algerien	Nordafrika	2 381 741	2 381 741	0	0	43

Einige dieser Länder – China, Indien, die USA – gehören, wie Sie gesehen haben werden, zu den bevölkerungsreichsten Ländern der Erde. In anderen hingegen – Kanada, Australien, Kasachstan – leben

---

* Ah, der erste Eintrag und schon strittig. Es handelt sich hier um die offiziellen, international anerkannten Zahlen. Aber *de facto* kontrolliert Russland etwa 25 000 km² der Krim, die offiziell noch immer zur Ukraine gehört. Sie könnten also den Standpunkt vertreten, dass Russland in Wirklichkeit größer ist.

** Die meisten Quellen scheren sich nicht darum, Territorialgewässer – solche, die unter die Rechtsprechung eines Landes fallen, insbesondere die Küstengewässer – in ihre Maßangaben einzubeziehen, die Gründe dafür liegen auf der Hand. Eine ungewöhnliche Ausnahme macht hier das *CIA World Factbook*, das diese im Falle der USA tatsächlich nennt, im Falle Chinas hingegen nicht. Die Tatsache, dass diese ungewöhnliche Methode der Vermessung die Verfasser in die Lage versetzt, letztgenanntes Land als (ich zitiere) »etwas kleiner als die Vereinigten Staaten« zu beschreiben, ist blanker Zufall, dessen bin ich mir sicher.

bemerkenswert wenige Menschen auf bemerkenswert große Landstriche verteilt.

Die Lehre, die sich hieraus ziehen lässt, lautet offenbar: Um ihr Land von zu vielen Menschen frei zu halten, sollten Sie so viel wie möglich davon zu sengender Wüste oder klirrend kalter Tundra machen.

~

… und die kleinsten Länder

Was ist mit denen am anderen Ende der Skala? Hier um des Vergleichs willen, die zehn flächenmäßig kleinsten Länder:

Rang*	Land	Lage	Gesamtfläche in km²	Landfläche in km²	Wasserfläche in km²	% Wasser	Einwohnerzahl (2019)**
185	Malta	Mittelmeer	316	316	0	0	440 000
186	Malediven	Indischer Ozean	300	298	0	0	531 000
187	Saint Kitts und Nevis	Karibisches Meer	261	261	0	0	53 000
188	Marshallinseln	Pazifik	181	181	11 673***	98,47	59 000

---

*   Nur für diese Liste zählen wir zu den 193 UN-Mitgliedsstaaten auch den Vatikan, sonst nirgends.
** Da die Einwohnerzahlen etlicher dieser Staaten in genauen Zahlen angegeben werden und da eine davon 799 lautet, schien es nicht sehr sinnvoll, auf die nächste Million zu runden.
*** Einige Vermessungen der Marshallinseln beziehen auch deren Lagunen – seichte Gewässer, die etwa 65-mal so viel Fläche ausmachen wie die eigentliche Landfläche der Inseln – mit ein. Die Marshallinseln sind, und das wird Sie nicht überraschen, das wässerigste Land der Welt.

II. Der Planet des Menschen

Rang*	Land	Lage	Gesamtfläche in km²	Landfläche in km²	Wasserfläche in km²	% Wasser	Einwohnerzahl (2019)**
189	Liechtenstein	Zentraleuropa	160	160	0	0	38 000
190	San Marino	Norditalien	61	61	0	0	34 000
191	Tuvalu	Pazifik	26	26	0	0	12 000
192	Nauru	Pazifik	21	21	0	0	11 000
193	Monaco	Südfrankreich	2,02	2,02	0	0	39 000
194	Vatikanstadt	Rom	0,49	0,49	0	0	799

Nur fürs Protokoll: Russland ist näherungsweise 35 Millionen Mal größer als Vatikanstadt.

Nun wissen Sie Bescheid.

Wir verzichten darauf, eine Liste der zehn Länder mit der von der Größe her gegenwärtig durchschnittlichsten Fläche zur Verfügung zu stellen.*

~

---

* Aber wir werden dies in einer Fußnote abhandeln. Also was ist flächenmäßig das durchschnittlichste Land der Welt? Die Antwort hängt, es dürfte Sie nicht überraschen, wieder einmal davon ab, wie Sie das Problem definieren.
Das Land, das mit seiner Fläche am nächsten an ein 194stel der Erdoberfläche (etwa 2,6 Millionen km²) herankommt, ist Kasachstan (2,7 Millionen km²), aber das ist das neuntgrößte Land der Welt, und wir sind auf diese Zahl nur über die Gesamtfläche des Planeten mitsamt aller Meere gekommen, was unsinnig ist.
Wenn wir uns auf die 149 Millionen km² Landfläche des Planeten beschränken und diese durch 194 teilen, kommen wir auf ein bisschen kleinere 767 731 km². Dem am nächsten kommt Chile (756 102 km², Platz 37). Das ist weniger unsinnig, aber die Zahl, mit der wir hier gearbeitet haben, schließt noch immer die Antarktis mit ein, umstrittene Gebiete und so weiter.

Die Länder mit den meisten Einwohnern

Die andere Art, die Größe eines Landes zu bemessen, schaut nicht auf die Fläche, sondern auf die Einwohnerzahl. Es mag uns auf den ersten Blick vorkommen, als seien wir eine reichlich selbstbezogene Spezies, wenn das Einzige, was *wirklich* zählt, die Anzahl an Menschen ist, aber es entbehrt nicht der Logik: Länder mit mehr Einwohnern spielen in der Regel eine wichtigere Rolle auf der Weltbühne, verfügen über mehr Wirtschaftskraft, können größere Armeen rekrutieren und was dergleichen mehr ist.

Die beiden Spitzenreiter – China und Indien, beide mit einer Bevölkerung von über 1 Milliarde – werden Sie kaum überraschen. Die Länder, die dann kommen, dürften hingegen ein bisschen weniger auf der Hand liegen.

Im Folgenden die Top Ten. Informationshalber habe ich die Landesfläche mit angegeben und auch, auf welchem Rang das Land in der entsprechenden Tabelle für diese Form der Bemessung steht.

Beschränken wir uns allein auf die Landfläche, die von den 194 klar definierten Ländern in Anspruch genommen wird, und teilen diese durch 194, kommen wir auf noch ein bisschen kleinere 688 789 km². Das Land, das dem am nächsten kommt, ist Myanmar mit 676 578 km². Das rangiert auf Platz 39, also doch noch einigermaßen nahe am obersten Ende der Skala.
Diejenigen, die sich in der mittleren Region tummeln, wären Platz 97 (Nordkorea, 120 540 km²) und 98 (Malawi, 118 484 km²). Eines von diesen beiden ist also das von der Größe her durchschnittlichste Land der Welt.
Vielleicht.
Möglicherweise war das auch eine blöde Frage, genau deshalb steht sie in einer Fußnote.

Rang	Land	Lage	Bevölkerung (2019, in Millionen)	Gesamtfläche in km²*	Platzierung nach der Landesfläche
1	China	Ostasien	1434	9 596 961	3
2	Indien	Südasien	1366	3 287 263	7
3	USA	Nordamerika	329	9 525 067	4
4	Indonesien	Südostasien	271	1 910 931	14
5	Pakistan	Südasien	217	907 132	33
6	Brasilien	Südamerika	211	8 515 767	5
7	Nigeria	Westafrika	201	923 768	31
8	Bangladesch	Südasien	163	147 570	92
9	Russland	Europa/Asien	146	17 098 246	1
10	Mexiko	Nordamerika	128	1 964 375	13

Grundsätzlich lässt sich sagen, dass die bevölkerungsreichsten Länder auch flächenmäßig ganz schön groß sind. Es gibt allerding drei bemerkenswerte Ausnahmen. Pakistan und Nigeria quetschen jeweils über 200 Millionen Menschen auf recht durchschnittlichen Landflächen zusammen. Das aber ist noch gar nichts gegen Bangladesch, das flächenmäßig auf Platz 92 rangiert und 163 Millionen Menschen auf einer Fläche zusammenpfercht, die ein bisschen kleiner ist als Illinois.

Es scheint an dieser Stelle der Erwähnung wert, dass zwei Drittel von Bangladesch weniger als fünf Meter über dem Meeresspiegel liegen.

∼

---

* Diese Zahlen geben die *Gesamtfläche* an, das heißt Land und Wasser.

... und die mit
den wenigsten Einwohnern

Um das Ganze abzurunden, hier nun die Länder mit der kleinsten Einwohnerzahl. Ich habe auch hier wieder die Flächen mit erwähnt.

Rang	Land	Lage	Bevölkerung (2019)	Gesamtfläche in km²	Platzierung nach der Landesfläche
185	Dominica	Karibisches Meer	72 000	751	173
186	Marshallinseln	Pazifik	59 000	181	188
187	Saint Kitts und Nevis	Karibisches Meer	53 000	261	187
188	Monaco	Südfrankreich	39 000	2,02	193
189	Liechtenstein	Mitteleuropa	38 000	160	189
190	San Marino	Norditalien	34 000	61	190
191	Palau	Pazifik	18 000	459	179
192	Tuvalu	Pazifik	12 000	26	191
193	Nauru	Pazifik	11 000	21	192
194	Vatikan	Rom	799	0,49	194

Hier gibt es keine Überraschungen à la Bangladesch und auch keine Minipopulationen auf riesigen Landmassen*, diese Länder gehören auch ihrer Fläche nach zu den kleinsten.

Was allerdings auffällt, ist, dass all diese Länder sich sauber in zwei Gruppen aufteilen lassen. Da sind einmal die Inselstaaten, deren Einwohnerzahlen aus Platzgründen und aufgrund begrenzt vor-

---

* Wenn Sie so etwas suchen, brauchen Sie Kanada.

handener Ressourcen massiv eingeschränkt werden. Bei den anderen handelt es sich um europäische Kleinststaaten, winzige Flecken Land, die unabhängig geblieben sind, weil – lassen Sie uns ehrlich sein – die sehr viel größeren Nachbarn es erlauben.

Diese zehn stolzen unabhängigen Nationen zusammen haben übrigens eine Einwohnerzahl von 337 000. Oder, anders ausgedrückt: näherungsweise ein Liechtenstein weniger als der Londoner Stadtteil Borough of Croydon.

Die ältesten und die jüngsten Länder der Welt

Eine Anmerkung vorab, bevor wir uns damit näher befassen: In diesem Falle bezieht sich »jüngste/älteste« auf die Bevölkerung, nicht auf den Staat, in dem diese lebt. Die Daten stammen aus dem immer wieder amüsanten *CIA World Factbook* und basieren auf dem sogenannten »Medianalter« einer Bevölkerung – sprich: der Anzahl an Lebensjahren, bezüglich der die eine Hälfte der besagten Population jünger und die andere Hälfte älter ist.

Nachdem das jetzt geklärt ist, im Folgenden die ältesten Länder der Welt:

Land	Medianalter
Monaco	55,4
Japan	48,6
Deutschland	47,8
Italien	46,5
Andorra	46,2
Griechenland	45,3

Land	Medianalter
San Marino	45,2
Slowenien	44,9
Portugal	44,6
Österreich	44,5

Und hier kommen die jüngsten – alle 29-Jährigen mit einer Veranlagung für Angststörungen sollten an dieser Stelle vielleicht weiterblättern.

Land*	Medianalter
Benin	17
Mosambik	17
Sambia	16,9
Malawi	16,8
Demokratische Republik Kongo	16,7
Tschad	16,1
Mali	16
Angola	15,9
Uganda	15,7
Niger	14,8

Grob gesagt hat demnach eine Menge afrikanischer Länder eine sehr junge Bevölkerung. Eine Menge der europäischen plus Japan eine sehr alte. Warum?

---

* Ich habe das Land nicht in die Tabelle aufgenommen, weil ich nicht schon wieder eine Diskussion vom Zaun brechen wollte, was als Land zählt, aber es sollte an dieser Stelle angemerkt sein, dass das Medianalter im Gazastreifen nur 18 beträgt, und damit nur knapp über dem der Länder in dieser Tabelle liegt. Was das über den ökonomischen Zustand aussagt, in dem sich palästinensische Gebiete gegenwärtig befinden, kann jeder Leser für sich entscheiden.

Wie alt die Bevölkerung eines Landes ist, wird von zwei Dingen bestimmt*: wie lange Menschen leben und wie viele Kinder sie bekommen. In den wirtschaftlich höher entwickelten Teilen der Welt leben die Menschen tendenziell länger und haben seit vielen Jahrzehnten eine niedrige Geburtenrate zu verzeichnen. Das bedeutet: Dort leben eine Menge älterer Menschen, und es gibt relativ wenige junge, die nachkommen. Kombinieren Sie das mit den Vorzügen einer Steueroase und ein paar schicken Restaurants, die Menschen mit Yachten anziehen, und schon haben Sie Monaco.

Am anderen Ende des Spektrums korreliert eine sehr junge Bevölkerung mit einer nicht sehr hoch entwickelten Ökonomie. Für die höheren Geburtenraten in diesen Ländern gibt es eine Reihe von Gründen: Die Säuglingssterblichkeit ist höher, der Bildungsstand von Mädchen und Frauen ist geringer, Mittel zur Verhütung sind oft schwer zu bekommen, und so weiter. Hinzu kommt, dass Sie, wenn Sie in einem Land ohne ein System zur sozialen Absicherung die 65 erreichen und keine Kinder haben, erledigt sind. Nehmen Sie das alles zusammen und dazu die Tatsache, dass die Lebenserwar-

---

* Genau genommen können wir noch ein drittes hinzufügen: wie groß die Wahrscheinlichkeit dafür ist, dass Menschen aus anderen Ländern dorthin auswandern. Migranten sind vielfach jünger und haben obendrein (als zusätzliches Plus) mehr Kinder. Ihre relativen Einwanderungsraten sind vermutlich einer der Gründe dafür, dass das Vereinigte Königreich (40,6) und die Vereinigten Staaten (38,5) eine sehr viel jüngere Bevölkerung haben als Japan (48,6). Allerdings gibt es auch ältere Menschen, die sich aufmachen – reiche, irgendwohin in eine Gegend mit sonnigen Stränden vielleicht. Manche Forscher vertreten den Standpunkt, es sei unrealistisch zu glauben, man könne genügend Arbeitskräfte importieren, um einer alternden Gesellschaft entgegenzuwirken. Was vermuten lässt, dass dieser Faktor geringer ist als die beiden anderen.

tung hier vielfach auch um einiges geringer ist als in den Industrienationen, und schon haben Sie – jawohl – eine junge Bevölkerung.*

In vielen Teilen der Welt sind mit zunehmendem Wohlstand die Geburtenraten gesunken, und damit stieg das Durchschnittsalter: Der »demographische Wandel«, wie man das Phänomen bezeichnet, war in Europa und Nordamerika unmittelbar nach dem Ende des Zweiten Weltkriegs zu beobachten, ein paar Jahrzehnte später auch in Lateinamerika und Asien. Man könnte erwarten, dass Afrika im 21. Jahrhundert einem ähnlichen Muster folgen wird, aber es gibt einige Hinweise darauf, dass es womöglich nicht so kommt. Unter den Bevölkerungswissenschaftlern herrscht bemerkenswert wenig Einigkeit über die Gründe hierfür.**

~

---

* Eine hohe Säuglingssterblichkeit und eine geringe Lebenserwartung hängen übrigens zusammen, denn Letztere ist schlicht ein Durchschnittswert, gemittelt über das Alter aller Verstorbenen. Um ein Beispiel zu geben: Im Europa des Mittelalters lag die Lebenserwartung bei um die 30 Jahre. Das lag nicht daran, dass alle Menschen à la *Flucht ins 23. Jahrhundert* mit 31 Jahren tot umfielen, sondern daran, dass es einfach sehr, sehr viele Menschen nie bis zu ihrem fünften Geburtstag schafften.

** Ein Phänomen, das wenigstens in einer Fußnote Platz finden sollte, wenn sonst schon nirgends, ist das der Bevölkerungsdynamik: Wenn beispielsweise eine Bevölkerung trotz sinkender Geburtenraten noch eine Weile weiterwächst, weil die Generation, die Kinder hervorbringt, so viel größer ist als ihre Elterngeneration. Das ist ein interessantes, nicht ganz eingängiges Phänomen und strotzt vor Mathematik, ist aber auch langweilig zu lesen, deshalb werden Sie mir an dieser Stelle einfach vertrauen müssen.

Die größten
Inseln auf dem Planeten

Es ist unmöglich zu sagen, wie viele Inseln es auf dem Planeten Erde gibt. Die da im Ententeich, auf der Sie als Kind gespielt haben – zählt die? Oder ein Haufen Felsen im Meer von derselben Größe? Was aber, wenn das Ganze nur zeitweise oberhalb das Wasserspiegels liegt? Oder bei Hochwasser geteilt wird? Und was ist mit den neuen Inseln, die durch vulkanische Aktivität entstehen? Oder solchen von Menschenhand geschaffenen?

Es gibt also sicher Hunderttausende Inseln, vermutlich über eine Million. Es ist nicht nur unmöglich, sie alle zu zählen, es ist auch absurd sinnlos. Was wir tun können, ist, die größten Inseln aufzulisten. Um dem Ganzen etwas mehr Pfeffer zu geben, habe ich grobe Schätzungen der Einwohnerzahl dazugeschrieben. Zuerst aber zur besseren Einordnung die Landflächen der Kontinente:

Rang	Kontinent	Landfläche in km²	Länder	Einwohnerzahl
1	Afrika-Eurasien	ca. 84 980 532	123*	ca. 6152 Millionen
2	Amerika (Doppelkontinent)	ca. 42 549 000**	23	ca. 1002 Millionen

---

*   Korrekter wäre es zu sagen: *mindestens* 123 – je nachdem, wie viele umstrittene Souveränitätsansprüche Sie mitzählen, können Sie auf bis zu 131 kommen.
** Bei diesem Abschnitt gibt es ein Problem: Die meisten Erhebungen versuchen gar nicht erst, die Fläche oder die Einwohnerzahl des Festlands und die seiner vorgelagerten Inseln auseinanderzudröseln. Also: Das sind die einzigen Zahlen, die ich in den Quellen, auf denen dieser Abschnitt fußt, habe finden können. Der Haken ist, dass dies verdächtigerweise genau dieselbe Fläche ist wie die Summe der Flächenschätzungen für Nord- und Südamerika, und das legt den Verdacht nahe, dass die unten aufgeführten Inseln womöglich nicht abgezogen wurden. In Wirklichkeit könnte die Zahl eher bei um die 39 Millionen Quadratkilometer liegen. (Die Zahl für Afrika-Eurasien entstammt einem Eintrag im *Guinnessbuch der Weltrekorde* über die größte diskrete Landmasse und ist mithin vermutlich vertrauenswürdig.)

Rang	Kontinent	Landfläche in km²	Länder	Einwohnerzahl
3	Antarktis	14 000 000	keine (obwohl verschiedene Länder Anspruch erheben)	0*
4	Australien	7 595 342	Australien	25 Millionen

Und hier kommen die Inseln:

Rang	Insel	Fläche in km²	Landeszugehörigkeit	Einwohnerzahl
1	Grönland	2 130 800	Grönland (Dänemark)	56 025
2	Neuguinea	785 753	Indonesien, Papua-Neuguinea	11 Millionen
3	Borneo	748 168	Brunei, Indonesien, Malaysia	21 Millionen
4	Madagaskar	587 041	Madagaskar	26 Millionen
5	Baffin Island	507 451	Kanada	13 148
6	Sumatra	443 065	Indonesien	58 Millionen
7	Honshu	225 800	Japan	104 Millionen
8	Victoria-Insel	217 291	Kanada	2162
9	Großbritannien	209 331	Vereinigtes Königreich	64 Millionen
10	Ellesmere Island	196 236	Kanada	191

Die Haupterkenntnis aus dieser Übung ist, wie ungleich verteilt die Menschen auf den Inseln der Welt doch sind. Sechs unter den zehn größten beherbergen beträchtliche Populationen von 10 Millionen und mehr. Auf vieren davon aber sind nur ein paar tausend

---

* Die Antarktis ist streng genommen Heimat von 1000 bis 5000 Wissenschaftlern, wie viele genau, kommt auf die Jahreszeit an. Aber keiner davon lebt dort dauerhaft, und zudem ist das in Relation zur nächsten Million nahezu null.

zu Hause: Selbst die am dichtesten besiedelte darunter, Grönland, hat nur um die 56 000 Einwohner – das entspricht eher der Bevölkerung einer mittleren Stadt als der einer Großstadt, und das auf einer Fläche, die dreimal so groß ist wie Texas. Die am wenigsten besiedelte dieser Inseln, Ellesmere Island in Kanada, hat kaum 200 Einwohner, doch fairerweise muss man zugeben, dass sie nur ein Drittel so groß wie Texas ist.

Hinzu kommt, dass die meisten Menschen auf solchen Inseln nur auf einem kleinen Teil der Fläche leben. Auf Baffin Island führen 13 000 Menschen ein recht geschäftiges Dasein, aber die Hälfte davon in Iqualuit, der Hauptstadt des kanadischen Territoriums Nunavut, in dem sonst zum überwiegenden Teil, zumindest aus menschlicher Perspektive betrachtet, gähnende Leere herrscht. Der kanadische Zensus von 2016 ergab, dass von den 191 Menschen, die auf Ellesmere Island lebten, 129 in deren größter Siedlung Grise Fiord zu Hause sind und 62 in dem so hübsch benannten Alert. Macht zusammen 191. Andere Siedlungen gibt es nicht auf der Insel. Sie ist größer als 33 der US-Bundessstaaten.

Alle vier von diesen in weiten Teilen unbewohnten Inseln haben eines gemeinsam: Sie alle gehören zu den eisbedeckten nördlichen Regionen Nordamerikas, drei davon sind Teil von Kanada, eine, die lustigerweise Grönland heißt, liegt gerade gegenüber, auf der anderen Seite der Baffin Bay. Der am spärlichsten besiedelte Kontinent Antarktika mag auf der entgegengesetzten Seite des Planeten liegen, aber vom Profil her ist er den vieren sehr ähnlich: eine gewaltige Landmasse, die einfach zu kalt und unwirtlich ist, um menschliches Leben in größerem Umfang zu ermöglichen.

Natürlich ist Australien in Anbetracht seiner Größe auch nur spärlich bevölkert – es beherbergt weniger Menschen als vier dieser Top-Ten-Inseln. Womit wir bei unserer nächsten Tabelle wären.

Die am dichtesten bevölkerten Landmassen der Welt:
Oder warum »nur eine kleine Insel« eine eigennützige Lüge ist

Es schmeichelt dem Selbstbild Großbritanniens, sich als kleine Insel der Tapferen zu betrachten. Dabei ist es alles andere als das: Großbritannien ist die neuntgrößte Insel und das dreizehntgrößte Stück Land auf dem gesamten Planeten. In Anbetracht dessen, wie viele Inseln es auf der Welt gibt und wie winzig die meisten davon sind, wäre es vermutlich angemessener, Großbritannien als *große* Insel zu bezeichnen.

Die Wahrheit betreffs der relativen Größe tritt noch deutlicher zutage, wenn Sie sich einmal anschauen, wo die meisten Menschen leben. Im Folgenden eine Liste der 13 meistbevölkerten zusammenhängenden Landflächen – zehn Inseln und drei große kontinentale Landmassen. Über 90 Prozent der Weltbevölkerung verteilen sich auf lediglich zwei Festlandflächen. Fast 80 Prozent leben auf nur einer.

Wenn Sie übrigens gut aufgepasst haben, werden Sie sich vielleicht fragen, was mit der vierten großen Kontinentalmasse passiert ist. Zum Zeitpunkt, da ich dies schreibe, beherbergt die Antarktis eine menschliche Bevölkerung, die man problemlos in einer mittelgroßen Turnhalle unterbringen könnte. Aus diesem Grund bleibt sie bei dieser Tabelle außen vor.

	Landmasse	Einwohnerzahl in Millionen	Prozent der Weltbevölkerung
1	Afrika-Eurasien	6152	78,9
2	Amerika (Doppelkontinent)	1002	12,9
3	Java, Indonesien	131	1,7
4	Honshu, Japan	104	1,3
5	Großbritannien	64	0,8
6	Luzon, Philippinen	61	0,8
7	Sumatra, Indonesien	58	0,7
8	Madagaskar	26	0,3
9	Mindanao, Philippinen	26	0,3
10	Australisches Festland	24	0,3
11	Taiwan	24	0,3
12	Borneo, Indonesien, Malaysia, Brunei	21	0,3
13	Sri Lanka	21	0,3

~

Einige außergewöhnliche und interessante Bezirksnamen in den USA

In den Vereinigten Staaten gibt es 3142 Bezirke (County), Gemeinden und ähnliche Kommunalverwaltungseinheiten. Da gab es eine gehörige Menge an Namen zu verteilen.

Es liegt auf der Hand, dass die meisten davon mit den Namen von prominenten Politikern, Forschern, örtlichen Landbesitzern oder Stämmen von Ureinwohnern bedacht, andere nach örtlichen geographischen Gegebenheiten benannt wurden, wieder andere nach entschieden nicht örtlichen geographischen Gegebenheiten (wie Essex – nach der englischen Grafschaft) oder »Westchester« (offenbar gedacht als westliche Version des ebenfalls englischen Chester), in manchen Fällen auch nach abstrakten Begriffen wie »Liberty«. (Ein »Bondage County« gibt es übrigens in den USA nirgends, und das ist sicher gut so.)

In ein paar Fällen aber ist die Benennung interessanter und erzählt uns etwas über den Bezirk und/oder seine Geschichte. Hier eine kleine Auswahl.

Barren County, Kentucky – Die Gegend dort, einst bekannt als »The Barrens« (deutsch am ehesten »Ödnis«) war eine baumlose Steppe, denn die dort lebenden Ureinwohner pflegten Bäume abzuholzen, um Weidegrund für Büffel und Wild zu schaffen.

Bon Homme County, Süddakota – Französisch für «guter Mann». Benannt nach einer von den beiden Forschungsreisenden Meriwether Lewis und William Clark entdeckten Insel im Missouri. Man mutmaßt, die Insel sei benannt nach jemandem, den, nun ja, die Einheimischen sehr mochten.

Calaveras County, Kalifornien – Nach dem spanischen Wort für Schädel. Benannt nach dem Calaveras River, der seinen Namen den zahllosen Knochen an seinem Ufer – wohl Überresten einer Schlacht – verdankt.

Door County, Wisconsin – Benannt nach einer Wasserstraße, die den Michigansee mit der Green Bay verbindet. Ihr Name lautet *porte des morts* – französisch für »Totentor« –, möglicherweise deshalb, weil sie gefährlich ist, möglicherweise aber auch wegen einer besonders üblen Schlacht zwischen zwei dort ansässigen Stämmen.

El Dorado County, Kalifornien – »Der Vergoldete«, eine Referenz an den Goldrausch.

Eureka County, Nevada – nach dem griechischen »Heureka« – »Ich habe es gefunden!« – in Anspielung auf den Umstand, dass man dort 1873 Silber gefunden hat.

Golden Valley County, Montana – Mit großer Wahrscheinlichkeit ein zynischer Vermarktungstrick, um Siedler anzulocken.

Isle of Wight County, Virginia – Benannt nach der englischen Insel, obwohl es in Wirklichkeit so gar nichts von einer Insel hat.

Kay County, Virginia – Bedeutet den Buchstaben K, weil die Gegend vor der Vergabe von Namen »County K« hieß.

Leelanau County, Michigan – Herkömmlicherweise wird behauptet, der Name entspreche dem indianischen Wort »Freude des Lebens«. In Wirklichkeit stammt er vermutlich von dem Geographen und Ethnologen Henry Schoolcraft, der in seinen Geschichten mehreren amerikanischen Ureinwohnerinnen den Namen »Leelanau« verpasste. Was sich nicht eben anfühlt, als gehöre es zu der Sorte von Dingen, die ein Ethnologe tun sollte, wenn ich ehrlich bin.

Los Angeles County, Kalifornien – Sie wissen vermutlich, dass der Name sich dem spanischen Wort für »Engel« verdankt. Was Sie vermutlich nicht wissen, ist, dass es ursprünglich eine Abkürzung war für Pueblo del Río de Nuestra Señora la Reina de Los Ángeles de Porciúncula – »Die Stadt vom Flusse Unserer Lieben Frau, Königin der Engel von Porciúncula«.

Mariposa County, Kalifornien – Nach dem spanischen Wort für Schmetterling.

Nemaha County, Kansas – Nach dem Oto-indianischen Wort für »trübes Wasser«.

Neosho County, Kansas – In erfreulichem Gegensatz zum Obengenannten das Osage-indianische Wort für »klares Wasser«.

Power County, Idaho – Nach dem zur Energieerzeugung durch die Idaho Power Company genutzten Wasserkraftwerk am American-Falls-Stausee.

Seneca County, New York/Ohio – Benannt nach den Seneca, einem indigenen Volk Nordamerikas, nicht nach der römischen Dynastie von Denkern und Schriftstellern – wobei deren Name womöglich die Anglisierung des indianischen Namens inspiriert hat.

Story County, Iowa – Benannt nach Joseph Story, Richter am Obersten Gerichtshof der Vereinigten Staaten – bisschen enttäuschend, aber was soll's, der Name ist hübsch.

Texas County, Oklahoma – Die Gegend gehörte ursprünglich zu Texas, der Name ist also erfrischend geradlinig.

Tippecanoe County, Indiana – Benannt nach dem Tippecanoe River, der seinerseits seinen Namen dem Algonkin-Wort für den Buffalo-Kofferfisch verdankt. Berühmt, wenn man so sagen kann, durch den Wahlkampfsong »Tippecanoe and Tyler, too«, mit dessen Hilfe der vormalige Offizier William Henry Harrison (unter anderem Anführer einer Einheit in der berüchtigten Schlacht von Tippecanoe, 1811) 1840 zum 9. Präsidenten der Vereinigten Staaten gewählt wurde.*

Victoria County, Texas – Erwähnenswert, weil der Bezirk bereits 1836 so genannt wurde und seinen Namen der britischen Königin verdanken kann, die ein Jahr später den Thron bestieg. Namensgeber war der erste mexikanische Präsident Guadalupe Victoria.

Wagoner County, Oklahoma – Obschon in demjenigen Teil der Vereinigten Staaten gelegen, den man mit der Planwagenvergangenheit assoziiert, verdankt dieser Bezirk seinen Namen nicht Letzterer, sondern der Stadt Wagoner, einer aus einer Reihe von Eisenbahnstationen, die Henry »Bigfoot« Wagoner vorgeschlagen hatte.

Winnebago County, Illinois/Iowa/Wisconsin – Benannt nach dem Volk der Winnebago. Das gleichnamige Wohnmobil ist nach der Firma benannt, die es herstellt, und die hat ihren Sitz in Forest City, Winnebago County, Iowa.

Yakutat Borough, Alaska – Anglisierung des indigenen Tlingit-Worts *Yaakwdáat*: »der Ort, an dem die Kanus ruhen«.

---

* Harrisons Präsidentschaft war kein Erfolg, wenngleich man dazu allerdings fairerweise sagen muss, dass er sie die meiste Zeit über krank im Bett verbrachte und nach 30 Tagen im Amt verstarb, woraufhin Tyler übernahm.

Yellow Medicine County, Minnesota – Benannt nach der englischen Übersetzung des Namens eines Flusses, der von den Dakota »pajutazee« genannt wurde wegen der gelben Wurzeln einer Pflanzengattung, die an seinen Ufern wuchs und medizinische Verwendung fand.

Yolo County, Kalifornien – Abwandlung eines indigenen Worts für »Schilf«, vielleicht auch der Name eines lokalen Häuptlings. Leider nicht »you only live once«.

Und dann gibt es noch Antelope County, Nebraska, Centre County, Pennsylvania, Citrus County, Florida, Coal County, Oklahoma, dazu zwei Hot Spring Countys, drei Iron Countys, vier Carbon Countys, vier Mineral Countys und nicht weniger als zwölf Lake Countys – deren Namensursprung Sie sich, nehme ich an, selbst herleiten können sollten.

~

Einige, ehrlich gesagt, nicht sehr außergewöhnliche und uninteressante Bezirksnamen in den USA

In den meisten Fällen ist der Ursprung eines Bezirksnamens jedoch entweder a) auf der Hand liegend oder b) langweilig. Um die 130 der 3142 Countys der Vereinigten Staaten – das entspricht etwa 4 Prozent – sind nach nur fünf Personen benannt, und selbst wenn Sie nicht das Geringste über die amerikanische Geschichte wüssten, hätten Sie eine reelle Chance, diese fünf richtig zu erraten. Damit nicht genug, gibt es in 31 der 50 Bundesstaaten Countys, die nach ein und demselben Typen heißen, der 32. hat den gesamten Bundesstaat nach ihm benannt. Und als die frischgebackenen Vereinigten Staaten von Amerika beschlossen, sich am Potomac River eine brandneue Hauptstadt zu gönnen, benannten sie diese auch nach ihm.*

Trotzdem, da wir nun mal dabei sind, hier die Liste der zehn populärsten Namen für US-Countys und deren Namensgeber.

Rang	Bezirksname	Anzahl	Großenteils benannt nach
1	Washington County	31	George Washington, erster Präsident
2	Jefferson County	26	Thomas Jefferson, dritter Präsident
3	Franklin County	25	Benjamin Franklin, Gründervater
4	Jackson County	24	Andrew Jackson, siebter Präsident
4	Lincoln County	24	Abraham Lincoln, 16. Präsident (manchmal auch, aber selten, Benjamin Lincoln, General im Amerikanischen Unabhängigkeitskrieg)
6	Madison County	20	James Madison, vierter Präsident
7	Clay County	18	Henry Clay, Senator, Sprecher des Repräsentantenhauses, Außenminister
7	Montgomery County	18	Richard Montgomery, General im Amerikanischen Unabhängigkeitskrieg
7	Union County	18	Nach den Nord- oder Unionsstaaten im Amerikanischen Bürgerkrieg bzw. danach, dass Countys aus der Union kleinerer Bezirke hervorgingen
10	Marion County	17	Francis Marion, General im Amerikanischen Unabhängigkeitskrieg
10	Monroe County	17	James Monroe, fünfter Präsident

---

* Rein formell hieß das quadratische Stück Land, das Maryland und Virginia 1790 für den Bau der neuen Hauptstadt spendiert hatten, District of Columbia, wohingegen die eher kleine Siedlung darauf, in der die Regierungsgebäude angesiedelt waren, Stadt genannt wurde und den Namen Washington trug. (Es gab dort noch mehr Siedlungen – Alexandria zum Beispiel oder Georgetown.) Seither ist Ersterer allerdings geschrumpft (Virginia hat sein Flussufer über einen Akt mit dem flotten Namen »Retrozession« wieder zurückbekommen), während die Stadt gewachsen und nun sehr, sehr viel größer als der Distrikt ist (sodass die meisten ihrer Vororte außerhalb der offiziellen Distriktgrenzen liegen). Heute lautet die Bezeichnung für die amerikanische Hauptstadt Washington, D.C., denn Stadt- und Bezirksregierung sind inzwischen zusammengelegt.

VERMESSUNGSFRAGEN

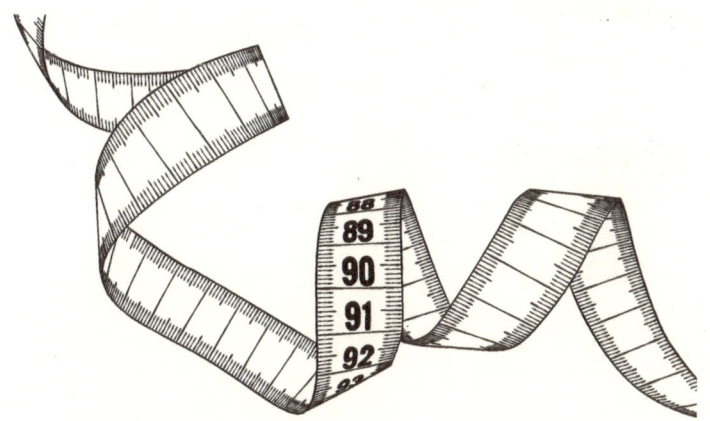

Anmerkungen zu großen Zahlen, Teil 1:
Alles im Fluss

Worte verändern ihre Bedeutung im Laufe der Zeit, Reiche steigen auf und fallen, und sogar die Kontinente verschieben sich, wenn Sie nur lange genug warten. Aber Zahlen sind doch sicher ewig und verlässlich, oder?

… Vielleicht setzen Sie sich für das, was jetzt kommt, erst mal hin.

Keine Bange, ich übertreibe ein bisschen: Die Menge oder Anzahl, die wir mit dem Zahlensymbol »6« oder dem Wort »sechs« bezeichnen, ist so unverrückbar wie alles andere in diesem Kosmos. Es hat nie eine Zeit gegeben, in der diese Zahl beim Zählen gleich nach der 1/eins kam. Aber die Art und Weise, wie wir diese Quantitäten beschreiben, kann sich ändern und tut das auch.

Denken Sie an das Wort »Myriade«. Im modernen Sprachgebrauch bedeutet es grob »eine Menge« oder »mehr, als man zählen kann«. In seiner ursprünglichen Bedeutung aber war es sehr viel definierter: Es kommt aus dem Altgriechischen und war damals die größte Zahl mit einer eigenen Bezeichnung (in etwa so wie »Million« im Englischen). Eine Myriade entsprach der Zahl 10 000.[*]

Im Englischen aber wurde mittels desselben Prozesses der Adjektivierung, der aus einem Paar alles in der Größenordnung von zwei und aus einem Dutzend zwölf machte, aus Myriaden eine vagere Vorstellung von »Grundgütiger, das ist aber viel …«. Infolge-

---

[*] Sie finden das Wort auch in Übersetzungen von Texten aus anderen Sprachen, wenn zum Beispiel das chinesische Wort für 10 000 gemeint ist.

dessen ist es bei Übersetzungen von klassischen Texten nicht immer klar, ob das Wort »10 000 von irgendetwas« bedeutet oder lediglich »eine Wagenladung«.

Das spielt für alle alltäglichen menschlichen Belange keine Rolle, denn es ist ein paar Jahrtausende her, dass jemand das Wort »Myriade« verwendet hat, um eine definierte Menge zu beschreiben. Problematischer ist der Umstand, dass es verschiedene Bedeutungen des Begriffs »Billion« gibt – und dieses Mal handelt es sich um Bedeutungen, die Ihnen durchaus in freier Wildbahn über den Weg laufen können.

Wenn Sie in den USA, Australien, Brasilien, der arabischen Welt oder nach 1974 in Großbritannien zu Hause sind, dann bedeutet »Billion«* 1000 Millionen oder 1 000 000 000 beziehungsweise 10^9. Dieses System, das für jede Potenz von tausend eine neue Benennung vorsieht, nennt man auch kurze Skala, kurze Einteilung oder kurze Leiter.

Wenn Sie jedoch in Kontinentaleuropa zu Hause sind, dem Rest von Lateinamerika, der frankophonen Welt oder im Großbritannien von vor 1974, dann bedeutet »Billion«** im Sinne der kurzen Skala 1 Million Millionen oder 1 000 000 000 000, kurz 10^{12}. Dieses System, die lange Skala, Einteilung oder Leiter sieht eine neue Bezeichnung für jede Millionen-Potenz vor, dazwischen behilft es sich mit

---

* Natürlich bedeutet das Wort in verschiedenen Sprachen nicht dasselbe, denn verschiedene Sprachen verwenden verschiedene Wörter dafür. Puh. Aber die Wurzel ist dieselbe, und sie haben eine gewisse Ähnlichkeit, auch wenn sie nicht identisch sind.

** »Bedeutete« ist womöglich angemessener: Dank des Zaubers der Globalisierung wechseln mehr und mehr Länder genau wie einst Großbritannien zur amerikanischen Ordnung der Dinge. Aber das zumindest scheint eine faire Beschreibung für den Lauf der Welt.

Bezeichnungen wie »eintausend Millionen« oder auch »eine Milliarde«. Anbei eine nützliche Tabelle:

Ausgeschriebene Zahl	Wissenschaftliche Schreibweise	Bezeichnung nach der kurzen Skala	Bezeichnung nach der langen Skala
1	10^0	eins	eins
10	10^1	zehn	zehn
100	10^2	hundert	hundert
1000	10^3	tausend	tausend
1 000 000	10^6	Million	Million
1 000 000 000	10^9	Billion	Milliarde
1 000 000 000 000	10^{12}	Trillion	Billion
1 000 000 000 000 000	10^{15}	Quadrillion	Billiarde
1 000 000 000 000 000 000	10^{18}	Quintillion	Trillion
1 000 000 000 000 000 000 000	10^{21}	Sextillion	Trilliarde
1 000 000 000 000 000 000 000 000	10^{24}	Septillion	Quadrillion

Wie es historisch dazu kam, dass die Welt mit zwei konkurrierenden Zahlensystemen dasteht, ist eine lange und verwickelte Geschichte und verlangt ihrem Gehirn vermutlich einiges ab. Es gab einmal eine Zeit, da verwendeten manche der europäischen Sprachen, darunter auch das Englische und das Deutsche, die lange Skala (die mit der Milliarde), das Französische verwendete hingegen die kurze. Zu Beginn des 19. Jahrhunderts aber beschlossen die Amerikaner, es den Franzosen gleichzutun, obwohl sie ja eigentlich englisch sprachen.

Um die Dinge noch komplizierter zu machen, beschlossen die Franzosen Mitte des 20. Jahrhunderts, sich dem restlichen Europa anzupassen und zur langen Skala zu wechseln – was bedeutet, wie Ihnen aufgefallen sein wird, dass die Amerikaner nun der französischen Gepflogenheit folgten, die Franzosen hingegen nicht. Zu diesem Zeitpunkt galten die beiden Skalen im englischen Sprachgebrauch dann allgemein als das amerikanische (kurz) und das britische (lang) System, doch um die Sache noch undurchsichtiger zu machen, schlich sich die kurze Einteilung still und heimlich auch in englische Schriftstücke ein. Im Jahr 1974 schickte sich die britische Regierung also in das Unvermeidliche und wechselte offiziell zur kurzen Skala, sodass die Briten nun selbst nicht mehr der britischen Tradition folgten. Können Sie mir noch folgen?*

All das war bereits verwirrend genug, als zwei konkurrierende Versionen des Worts Billion in Umlauf waren. Aber seit die Zahl der Dinge, die zu zählen waren, in die Trillionen ging, hat sich die Lage um mehrere Größenordnungen verschlimmert. Eine Trillion der langen Skala ist schließlich 1 Million Mal größer als die der kurzen Skala, was bedeutet, dass mangelnde Klarheit darüber, nach welcher Skala bemessen wird, nicht selten auf Kosten des Sinns geht. Im Jahre 2011 bewertete die spanische Tageszeitung *El País* die Bauindustrie mit »7,5 trillones dólares« jährlich. Nach Spaniens herkömmlicherweise genutzten langen Skala, so der *Economist*, wäre sie damit ungefähr 16 000-mal größer als das Bruttoinlandsprodukt aller Staaten der Welt zusammen.

Wenn wir uns für eine Skala entscheiden könnten, so erschiene mir zumindest die lange Skala logischer (1 Billion ist 1 Million hoch zwei, 1 Trillion 1 Million hoch drei und so weiter**). Aber das spielt kaum eine Rolle und wirkt daher zunehmend von gestern. Die ame-

---

* Das ist echt ärgerlich, denn die beiden Konkurrenten als das amerikanische und das britische Zählsystem zu bezeichnen fühlte sich für mich weitaus eleganter an. Leider ist nun, da sich sowohl Amerika als auch Großbritannien der amerikanischen Verwendung verschrieben haben und keiner von beiden der britischen, die Idee beim Teufel.

** Wenn Sie in der kurzen Skala eine vergleichbare Zahlenrelation herstellen wollten, müssten Sie annehmen, dass die Vorsilbe vor -illion die Potenz von tausend beschreibt, mit der Sie Ihre *ersten* tausend multiplizieren. Eine Million ist 1000 mal 1000^1, eine Billion ist 1000 mal 1000^2, eine Trillion ist 1000 mal 1000^3 und so weiter. Das bereitet mir Zahnweh, und ich lasse lieber die Finger davon.

rikanische Vorherrschaft auf den globalen Finanzmärkten, an denen am ehesten mit solchen Zahlen hantiert wird, hat dazu geführt, dass die US-Version das Rennen gemacht hat. Großbritannien wird nicht das letzte Land gewesen sein, das sein System geändert hat.

In einigen Teilen der Welt aber gibt es auch ganz andere Sitten: Lesen Sie mal eine englischsprachige indische Zeitung, dort werden Sie über ungewohnte Zahlen wie Lakh und Crore stolpern. Grund dafür ist, dass das indische Englisch ein *wieder* anderes Zählsystem verwendet: Hier folgt man dem westlichen System Englands bis 1000. Ab diesem Punkt wird im indischen System für jede zweite Zehnerpotenz ein neuer Ausdruck gebraucht und nicht, wie in den westlichen Systemen, bei jeder dritten Zehnerpotenz, dementsprechend wird dann das Komma gesetzt.

Hier eine Tabelle dazu. Der Einfachheit halber und um zu verhindern, dass ich durchdrehe, haben ich mich in der linken Spalte auf die kurze Skala beschränkt:

Westliche Bezeichnung (kurze Skala)	Westliche Schreibweise	Indische Bezeichnung	Indische Schreibweise
eins	1	eins	1
zehn	10	zehn	10
hundert	100	hundert	100
tausend	1000	tausend	1000
zehntausend	10 000	zehntausend	10 000
hunderttausend	100 000	lakh	1 00 000
Million	1 000 000	das* lakh	10 00 000
zehn Millionen	10 000 000	crore	1 00 00 000
hundert Millionen	100 000 000	das crore	10 00 00 000
Billion	1 000 000 000	arab	1 00 00 00 000

---

* »Das« ist das Hindi-Wort für zehn.

Westliche Bezeichnung (kurze Skala)	Westliche Schreibweise	Indische Bezeichnung	Indische Schreibweise
zehn Billionen	10 000 000 000	das arab	10 00 00 00 000
hundert Billionen	100 000 000 000	kharab	1 00 00 00 00 000
Trillion	1 000 000 000 000	das kharab	10 00 00 00 00 000
zehn Trillionen	10 000 000 000 000	nil	1 00 00 00 00 00 000

Die höheren Beträge hier – die Arabs und Nils – spielen im öffentlichen Diskurs nur selten eine Rolle. Um in Indien überleben zu können, ist es sicher hilfreich zu wissen, was Crores sind, aber man kommt vermutlich ganz gut klar, wenn man nicht weiß, dass 10 Kharab 10^{12} bedeutet.

Dasselbe gilt für die größeren Zahlen in den westlichen Spielarten des Englischen. In den Wörterbüchern finden sich Werte bis hinauf zur »Dezillion« (10^{33} in der kurzen Skala, 10^{60} in der langen), aber in der Praxis hat man es mit mehr als einer Trillion selten zu tun. Falls wir sie verwenden wollten, sähen sie so aus:

Bezeichnung	Wert in der kurzen Skala	Wert in der langen Skala
Million	10^6	10^6
Milliarde	nicht vorhanden	10^9
Billion	10^9	10^{12}
Billiarde	nicht vorhanden	10^{15}
Trillion	10^{12}	10^{18}
Quadrillion	10^{15}	10^{24}
Quintillion	10^{18}	10^{30}
Sextillion	10^{21}	10^{36}
Septillion	10^{24}	10^{42}
Oktillion	10^{27}	10^{48}
Nonillion	10^{30}	10^{54}
Dezillion	10^{33}	10^{60}

… aber da wir das nicht werden, versteht sie eh kaum jemand.

Eine überaus praktische Art, die Welt zu vermessen

Um das Universum zu erforschen, muss man erst einmal in der Lage sein, es zu vermessen. Und um das tun zu können, ist es hilfreich, wenn man in der Lage ist, die eigenen Aufzeichnungen mit denen anderer zu vergleichen, die es ebenfalls vermessen wollen.

Einen Großteil der Menschheitsgeschichte hindurch war das nicht möglich. Verschiedene politische Ordnungen bedienten sich verschiedener Maßsysteme, manchmal variierte die Zuschreibung gar von einer Stadt zur nächsten. So betraf einer der eher weniger erwartbaren Nebenstränge der Französischen Revolution* (die sich ansonsten vor allem mit der Beschneidung königlicher Macht, Menschenrechten, der Enthauptung vornehmer Persönlichkeiten und Ähnlichem befasste) die Notwendigkeit, ein standardisiertes landesweites Maßsystem zu etablieren. Das mündete 1799 in zwei neue Maße, die Grundpfeiler des metrischen Systems: den Meter (1/40 000 000 des Erdumfangs, berechnet von ein paar Wissenschaftlern basierend auf der Entfernung zwischen Dünkirchen und Barcelona) und das Kilogramm (ursprünglich definiert als die Masse

---

* Es war dies nicht das erste Mal in der europäischen Geschichte, dass sich eine radikale politische Bewegung in derlei Fragen verheddert hat. Artikel 35 der Magna Carta, der 1215 unterzeichneten Vereinbarung und Vorlage für die englische Verfassung, beschäftigt sich nicht allein mit den Rechten und Grenzen königlicher Macht, sondern auch mit der Notwendigkeit für ein nationales System der Maße und Gewichte. Lustig eigentlich, dass da, wo die Brexiteers die Magna Carta bemühen, um gegen europäische Anstrengungen zur Vereinheitlichung und Standardisierung zu wettern, dieser Artikel nie Erwähnung findet.

von 1000 Kubikzentimetern Wasser bei normalem atmosphärischem Druck und der Temperatur seiner maximalen Dichte, wozu das Urmeter, so werden Sie bemerkt haben, bereits vorhanden sein musste).

Diese breiteten sich allmählich über die Welt aus, wurden aber nie zu einem universell anerkannten Maß. Genauer gesagt: In einem Zeitalter heftiger internationaler Auseinandersetzungen, bei denen sehr häufig Kanonen und Handfeuerwaffen eingesetzt wurden, sprach eine Menge dagegen, einer Nation die Hoheit über das Maßsystem der Welt anzuvertrauen. Im Jahr 1875 kamen daher Wissenschaftler aus aller Welt in Paris zusammen, um einen Weg zu finden, Maße und Gewichte aus dem Reich der Geopolitik herauszuhalten und sicherzustellen, dass beispielsweise das Kilogramm nicht ungewollt zunahm.

Ergebnis war die kaum glaubliche Meterkonvention, mit der das Internationale Büro für Maß und Gewicht (kurz IBMG, Originalbezeichnung: *Bureau international des poids et mesures*, kurz BIPM) ins Leben gerufen wurde, eine regierungsunabhängige überstaatliche Instanz mit Sitz in – Triumph für die französische Diplomatie – einem Vorort im Westen von Paris.

In den anderthalb Jahrhunderten seines Bestehens hat das BIPM seinen Aufgabenbereich von Maßen und Gewichten peu à peu auf andere Dinge erweitert, die wie Zeit, Temperatur, elektrische Ladung und so weiter auf Standards von universeller Geltung angewiesen sind. Und 1960 brachte es sein Meisterwerk heraus: das Internationale Einheitensystem, nach seiner französischen Bezeichnung *Système international d'unités* kurz SI genannt, das sämtliche für die Wissenschaft unserer Tage wichtigen Maßeinheiten definiert. Sieben dieser Einheiten sind »Naturkonstanten« oder »Basiseinheiten« – Grundbausteine des Systems, aus denen sich alle anderen Maße herleiten lassen. Jede davon wird mit einem Satz vorgestellt wie diesem:

Das Kilogramm, Einheitenzeichen kg, ist die SI-Einheit der Masse. Es ist definiert, indem für die Planck-Konstante h der Zahlenwert 6,62607015 x 10^{-34} festgelegt wird, ausgedrückt in der Einheit J s, die gleich kg m^2 s^{-1} ist, wobei der Meter und die Sekunde mittels c und $\Delta\nu_{Cs}$ definiert sind.

… was einigermaßen gruselig klingt und für den einen oder anderen nicht so furchtbar erhellend sein wird. Also halten wir uns an die Grundlagen. Anbei die Liste:

Zu bemessende Größe	Name	Symbol
Zeit	Sekunde	s
Länge	Meter	m
Masse	Kilogramm	kg
Elektrischer Strom	Ampere	A
Thermodynamische Temperatur	Kelvin	K
Stoffmenge*	Mol	mol
Lichtstärke	Candela	cd

Zwei Besonderheiten gibt es bei diesen Basiseinheiten: Erstens werden Einheiten, die von Eigennamen abgeleitet sind, laut Konvention großgeschrieben. Das K zum Beispiel für Lord Kelvin sowie das A nach André-Marie Ampère. Einen Baron Gramm gab es leider nicht, ebenso wenig einen Jean-Piere Metre, daher werden diese Einheiten kleingeschrieben.

Zweitens ist das Kilogramm die einzige Basiseinheit, die eine Vorsilbe im Namen hat. Warum ist die Basiseinheit also nicht das Gramm? Zum einen, weil das Kilo eine handlichere Größe ist: Ein Referenzkilo lässt sich leichter herstellen als ein Referenzgramm. Zum anderen lässt sich bei Berechnungen mit elektrischen Einheiten (Ampère, Volt, Watt u. ä.) besser mit Kilogramm als Grundein-

---

* Falls Sie sich fragen sollten, was der Unterschied zur Masse ist: »Stoffmenge« ist ein Maß für die Menge an Atomen in was auch immer. Nicht alle Atome haben dieselbe Masse.

heit hantieren als mit Gramm. Und schließlich, weil es sich einfach so eingebürgert hatte: Bis jemand über die beiden anderen Dinge begonnen hatte nachzudenken, waren die Namen der Einheiten so im Alltag verankert, dass es ein größerer Akt gewesen wäre, daran etwas zu ändern.*

Das Clevere an diesem System ist, dass sich alle anderen Maßeinheiten aus diesen Basisgrößen ableiten lassen. Einige davon haben eigene Namen:

Zu bemessende Größe	Name	Symbol	SI-Basiseinheiten
Frequenz	Hertz	H	s^{-1}
Kraft/Gewicht*	Newton	N	$kg \cdot m \cdot s^{-2}$
Druck	Pascal	Pa	$kg \cdot m^{-1} \cdot s^{-2}$
Energie	Joule	J	$kg \cdot m^2 \cdot s^{-2}$
Leistung, Energiestrom	Watt	W	$kg \cdot m^2 \cdot s^{-3}$
Elektrische Spannung	Volt	V	$kg \cdot m^2 \cdot s^{-3} \cdot A^{-1}$

… andere nicht:

---

* Genaugenommen gab es eine kurze Phase in den 1790er-Jahren, lange bevor jemand auf die Idee mit den »Basiseinheiten« gekommen war, in der hieß das Kilogramm »Grave«. Warum diejenigen, die später das metrische System einführten, beschlossen, ein System mit Einheiten, die ein Tausendstel dieser Masse namens Gramm darstellten, sei erstrebenswerter, habe ich nicht herausfinden können.
* Technisch gesprochen ist das Gewicht ein Maß für die Kraft, die Sie allein durch Ihre Existenz auf die Erdoberfläche ausüben, das richtige Maß für die Menge von Ihnen, die da steht, ist Ihre Masse. Umgangssprachlich aber werden beide meist synonym verwendet, weshalb Sie in Kilo gewogen werden, obwohl das eigentlich die Einheit für die Masse ist.

Zu bemessende Größe	Bezeichnung	Symbol
Fläche	Quadratmeter	m^2
Volumen	Kubikmeter	m^3
Geschwindigkeit	Meter pro Sekunde	m/s
Beschleunigung	Meter pro Sekunde im Quadrat*	m/s^2
Dichte	Kilogramm pro Kubikmeter	kg/m^3
Konzentration	Mol pro Kubikmeter	mol/m^3
Leuchtdichte	Candela pro Quadratmeter	cd/m^2

Das SI-System hat drei große Vorzüge. Einer ist, dass es universell gültig ist: Schluss damit, dass sich jenseits einer Landesgrenze keiner mehr mit Ihnen darauf einigen kann, wie viel Ihre Kuh wiegt. Ein weiterer ist, dass es in sich schlüssig ist: Seine einzelnen Einheiten lassen sich elegant ineinander umwandeln, und Sie können die meisten davon mithilfe einer Handvoll Grundbausteine formulieren.

Der dritte ist, dass es das Rechnen erleichtert. Es gibt lediglich eine Einheit für die Länge oder für die Masse: Größere oder kleinere Ausgaben werden jeweils mithilfe von Vorsilben bezeichnet, die Ihnen sagen, dass Sie es mit Hundertsteln oder Mehrfachen von tausend oder anderen netterweise durch zehn teilbaren Vielfachen zu tun haben. Kein vergebliches Bemühen mehr, sich daran zu erinnern, wie viele Unzen ein Pfund ausmachen.

Alles in allem handelt es sich um ein echt durchdachtes System, das die Art und Weise, wie wir die Welt sehen, von Grund auf umgekrempelt hat. Man sollte doch annehmen, dass jedermann es verwendet, oder?

Weit gefehlt.

---

* Wenn Sie Schwierigkeiten haben, sich zu vergegenwärtigen, was »pro Sekunde im Quadrat« bedeutet, denken Sie sich Folgendes: Beschleunigung beschreibt das Ausmaß einer Geschwindigkeitsveränderung – anders ausgedrückt: die Änderung der Geschwindigkeit m/s pro Sekunde, also m/s^2.

… und eine nicht so praktische Art, die Welt zu vermessen

Sie sind aus der freien Wildbahn vielleicht vertraut mit anderen Maßsystemen. Allen voran das – nicht ganz unproblematischerweise auch als »imperiales System« in die Geschichte eingegangene – angloamerikanische Maßsystem basierend auf einem jahrhundertealten englischen System von Maßen, das 1824 zu »imperial units« standardisiert wurde und seither im gesamten British Empire gebräuchlich ist.

Hauptvorzug des metrischen Systems ist der Umstand, dass es ein Dezimalsystem ist, in dem alles auf der Basis 10 fußt: Ein Meter hat 100 Zentimeter, ein Kilogramm 1000 Gramm und so weiter. Da wir auch im Zehnersystem zählen, macht das alle Rechnerei sehr viel einfacher. Das englische System hingegen basiert auf so albtraumhaften Definitionen wie:

12 Inches kommen auf einen Fuß,
3 Fuß auf den Yard,
22 Yards auf die Chain,
10 Chains auf eine Furlong (Furchenlänge),
8 Furlongs auf eine Meile,
3 Meilen auf eine Leuge.

Das bedeutet, 1760 Yards ergeben eine Meile. Aber bitte verwechseln Sie das nicht mit der Seemeile – die hat 10 Kabellängen oder 1000 (nautische) Faden, von denen ein jeder ungefähr 2,03 Yards misst – eine Seemeile kommt demnach auf etwas mehr als 2025 Yards.

Folgen Sie mir noch? Egal, jetzt kommen wir zu den Gewichten

16 Dram (oder Drachm) ergeben eine Unze,
16 Unzen sind ein Pfund,
14 Pfund kommen auf ein Stone,
2 Stones auf einen Quarter,
8 Stones auf ein Hundredweight,
160 Stones auf eine Tonne.

Warum hat ein Hundredweight 112 Pfund und nicht 100? Was auch immer Sie vorschlagen, ich weiß es nicht besser.

Eins noch, nur des Prinzips wegen. Hier kommen die Volumenmaße:

4 Viertelpint ergeben ein Pint,
2 Pints sind ein Quart,
4 Quarts sind eine Gallone,
2 Gallonen sind ein Peck,
4 Pecks sind ein Bushel,
8 Bushels sind ein Quarter.

Als wenn es nicht schwierig genug wäre, immer zu wissen, ob man mit zwei oder vier zu multiplizieren hat – immerhin nicht mit 14 oder 22 –, kommt erschwerend hinzu, dass ein Quart und ein Quarter zwei verschiedene Volumenmaße sind, wobei das eine das 256-Fache des anderen ist. Die ganze Sache ist ausgemachter Irrsinn.

Oh, und ein Pint ist ungefähr 34,67 Kubik-Inches, nur für den Fall, dass Sie Sorge haben, es könnte zu einfach sein, eine dieser Maßzahlen in eine andere umzurechnen.

All das war vermutlich eine große Bereicherung für die Kopfrechenqualitäten der jeweiligen Anwender, aber für so gut wie alles andere extrem nervig. Kein Wunder also, dass weite Teile des einstigen British Empire die Sache aufgegeben haben. Dazu gehört großenteils auch Großbritannien selbst, wenngleich es, wie man sagen muss, die Abkehr und den Wechsel zum metrischen System nie ganz endgültig vollzogen hat. Während die meisten Lebensmittel heute in Gramm gewogen werden, arbeitet der Ausschank von Getränken mit Pints. Leute werden in Stones und Pounds gewogen (aus irgendwelchen Gründen auch Fleisch beim Metzger) und in Fuß gemessen. Große Entfernungen werden nach wie vor in Meilen bemessen – und so steht es auch auf den Straßenschildern im ganzen Land –, obwohl für kürzere Distanzen Meter und Zentimeter verwendet werden. Am ärgerlichsten aber ist, dass zwar der Wetterbericht den Wechsel zur Celsiusskala vorgenommen hat – ein Grad Celsius ist dasselbe wie ein Grad Kelvin, nur setzt die Celsius-Skala ihren Nullpunkt 273,15 Grad höher an als die Kelvin-Skala –, in der Umgangssprache aber niedrige Temperaturen mit Celsius bezeichnet (»Es ist minus zwei!«) werden, hohe aber in Fahrenheit (»Es ist 94!«).

Sie denken sich vielleicht gerade, dass das Nebeneinander zweier reichlich genutzter, radikal unterschiedlicher Maßsysteme hin und wieder zu ein paar Problemen führen könnte. Sie haben recht. 2001 überließ der Zoo von Los Angeles seine Galapagos-Schildröte Clarence dem nahegelegenen Moorpark College Zoo und teilte dessen Exoten-Abteilung mit, dieser wöge »250«. Das College ging davon aus, dass es sich um Pfund handelte. In Wirklichkeit waren es Kilo, der Gute war also doppelt so schwer. Clarence nutzte die erstbeste Gelegenheit zum Ausbüxen.

Umrechnungsfehler können aber auch zu etwas größeren Problemen führen. 1983 ging einer Boeing 767 der Air Canada auf dem Weg von Ottawa nach Edmonton der Sprit aus (die Fluglinie stellte damals gerade auf das metrische System um) und musste notlanden, zum Glück kam niemand ums Leben. Der teuerste Murks dieser Art ereignete sich im September 1999: Damals geriet die 125 Millionen Dollar teure NASA-Sonde *Mars Climate Orbiter* in Schwierigkeiten, weil ein Stück Software den Schub in guten alten imperialen Einheiten berechnete und nicht, wie alles und jeder erwartet hatte, in metrischen. Sie geriet zu nahe an den Planeten und ward nie wieder gesehen.

Das Maßsystem der Vereinigten Staaten ist übrigens nicht streng »imperial« – hier wurde die entsprechende Konvention erst 48 Jahre nach der Unabhängigkeitserklärung etabliert –, basiert allerdings auf demselben System aus englischen Maßeinheiten.

Warum haben die Amerikaner nie zum metrischen System gewechselt? Ein Artikel im Magazin *Time* aus dem Jahr 2014 argumentiert, dass sie im Grunde nie dazu gezwungen waren. Klar, eine Menge Unternehmen verwenden hinter den Kulissen metrische Einheiten und Jogger absolvieren Fünf-Kilometer-Läufe. Aber viele Länder, die den Wechsel vollzogen haben, hatten für die Vereinheitlichung verschiedener Maßsysteme irgendwelche externen und politischen Motive (Deutschland zum Beispiel bei der Reichsgründung 1871) oder hofften einfach, mehr auf der Welt kaufen oder umgekehrt verkaufen zu können. Für die Vereinigten Staaten bestand bisher keinerlei Veranlassung, sich der Welt anzugleichen, damit die Leute mit ihnen Handel treiben. Sie sind groß genug, der Welt ihre Regeln vorgeben zu können.

Eine kurze Anmerkung über
die Vermessung des Alls

Eins ist Ihnen vielleicht noch von den ersten Seiten dieses Buchs in Erinnerung[*]: Meilen oder Kilometer sind nicht sonderlich hilfreich, wenn man die Art von Entfernungen vermessen will, mit denen man es im All zu tun hat. Astronomen bedienen sich daher dreier anderer Einheiten, und das hier ist vermutlich ein genauso guter Augenblick wie jeder andere, diese zu erklären.

Die **astronomische Einheit** (AE oder AU) ist schnell erklärt: Es handelt sich dabei um die mittlere Entfernung zwischen Erde und Sonne, also ungefähr 150 Millionen Kilometer.

Das **Lichtjahr** ist Ihnen vermutlich auch aus der Science-Fiction- oder Popliteratur bekannt als die Entfernung, die das Licht – oder jedes Objekt, das sich mit Lichtgeschwindigkeit bewegt, wäre denn so etwas möglich – innerhalb eines Jahres zurücklegt, und das sind knapp 9,5 Billionen Kilometer oder 63 241 AU.

Das **Parsec** ist etwas komplizierter zu erklären, aber bei Astronomen beliebter, weil es deren Berechnungen einfacher macht. Das Parsec erhält man mit den Mitteln der Trigonometrie, jenem Zweig der Mathematik, in denen es um Dreiecke und die Verhältnisse von Winkeln und Strecken zueinander geht. Anhand der Parallaxe – der scheinbaren Veränderung der Lage eines Objekts bei einem Positionswechsel des Beobachters – lässt sich berechnen, wie weit ein Objekt entfernt ist. Nahe Objekte verändern ihre Lage stärker, weit entfernte weniger stark, demnach verfügen nahe Objekte über eine größere Parallaxe als weit entfernte.

---

[*] Siehe »Betrachtungen über den Raum« Seite 34

Das Parsec ist definiert als die Entfernung zu einem Objekt, dessen Parallaxenwinkel – die Verschiebung seiner Position bei einem Umlauf der Erde um die Sonne – eine Bogensekunde beträgt.* Die Entfernung eines Objekts von der Erde in Parsec ist einfach 1 geteilt durch die Anzahl an Bogensekunden seiner Parallaxe – was ein ziemlich vertracktes Stück Sprache sein mag, aber ein unglaublich elegantes Stück Mathe, weshalb die Astronomen es lieben.

Wie dem auch sei – das Ganze kommt auf 3,26 Lichtjahre oder 30,9 Billionen Kilometer. Für größere Entfernungen werden Kilo- oder Megaparsec – das Tausend- oder Millionenfache – verwendet.

Ein Parsec ist entgegen dem, was jener denkwürdige Dialog aus *Star Wars* zu suggerieren scheint, in dem es darum geht, wie schnell Han Solo den Kessel-Flug schafft, definitiv keine Zeiteinheit.

All diesen Maßen ist – abgesehen von der Fähigkeit, Ihnen Kopfschmerzen zu bereiten – etwas gemein: Sie sind ziemlich erdzentrisch. Eine AU ist einfach die Entfernung, die unser Felsbrocken von der Sonne hat, das Lichtjahr die Entfernung, die Licht in der Zeit zurücklegt, die die Erde dafür braucht, um einmal die Sonne zu umrunden, und sogar das Parsec hängt von den spezifischen Bedingungen unseres speziellen Planeten ab, da unsere Bestimmung der Parallaxe davon abhängt, welchen Weg die Erde in einem mittleren Jahr um die Sonne zurücklegt.

Nichts von alledem ist ein Problem. Aber falls hier je Aliens aufkreuzen sollten, rechnen Sie damit, dass sie Ihnen mit anderen Zahlen kommen.

---

* 1/3600 eines Grads; eine Bogenminute hat 60 Bogensekunden oder 1/60 Grad.

Kurzes Intermezzo über Vorsilben

Das internationale System der SI-Einheiten ist in so gut wie jedem Land der Welt ein Begriff und demzufolge auch viele der darin verwendeten Vorsilben. Sie wissen sicher von Größen wie Kilogramm, dass »Kilo« »eintausendmal« bedeutet, oder von Zentimeter, dass »Zenti« »ein Hundertstel« von irgendetwas ist. Wenn Sie zu den Leuten gehören, die einen Haufen Zeit mit Computern verplempern, kennen Sie vermutlich auch »Mega«, »Giga« und »Tera«.

Nicht klar ist Ihnen aber vielleicht, dass diese genormten Vorsilben noch um einiges weitergehen können. Im Folgenden eine vollständige Liste aller SI-Präfixe.

Wenn Ihnen also jetzt jemand erklärt, er werde in nur einer Yottasekunde zurück sein, dann wissen Sie, dass er schätzungsweise 31 688 Billionen Jahre meint, und werden nicht unnötig warten.

Vorsatz		Potenz von 10	Dezimal	Zahlwort	Jahr der Einführung*
Name	Symbol				
Yotta	Y	10^{24}	1000000000000000000000000	Quadrillion	1991
Zetta	Z	10^{21}	1000000000000000000000	Trilliarde	1991
Exa	E	10^{18}	1000000000000000000	Trillion	1975
Peta	P	10^{15}	1000000000000000	Billiarde	1975
Tera	T	10^{12}	1000000000000	Billion	1960
Giga	G	10^{9}	1000000000	Milliarde	1960
Mega	M	10^{6}	1000000	Million	1873
Kilo	k	10^{3}	1000	tausend	1795

---

* Die 1795 eingeführten Definitionen waren Teil des ersten metrischen Systems, das für das nachrevolutionäre Frankreich eingeführt worden war. Die von 1960 wurden veröffentlicht, als das System der SI-Einheiten vorgestellt wurde. Der Eindruck, dass das System in beide Richtungen endlos weiter zu immer größeren und immer kleineren Zahlen zu drängen scheint, reflektiert sehr schön das unablässige Fortschreiten von Wissenschaft.

Kurzes Intermezzo über Vorsilben • 119

Vorsatz		Potenz von 10	Dezimal	Zahlwort	Jahr der Einführung*
Name	**Symbol**				
Hekto	h	10^2	100	hundert	1795
Deka	da	10	10	zehn	1795
		1	1	eins	
Dezi	D	10^{-1}	0,1	Zehntel	1795
Zenti	C	10^{-2}	0,01	Hundertstel	1795
Milli	M	10^{-3}	0,001	Tausendstel	1795
Mikro	μ	10^{-6}	0,000001	Millionstel	1873
Nano	n	10^{-9}	0,000000001	Milliardstel	1960
Piko	p	10^{-12}	0,000000000001	Billionstel	1960
Femto	f	10^{-15}	0,000000000000001	Billiardstel	1964
Atto	a	10^{-18}	0,000000000000000001	Trillionstel	1964
Zepto	z	10^{-21}	0,000000000000000000001	Trilliardstel	1991
Yocto	y	10^{-24}	0,000000000000000000000001	Quadrillionstel	1991

∼

Anmerkungen zu großen Zahlen, Teil 2:
Das große Jenseits

Im Jahr 1920 versuchte der Mathematiker Edward Kasner von der Columbia University, wie Mathematiker es gerne tun, ein paar Kinder für sein Fach zu interessieren.

In diesem Zusammenhang fragte er auch seinen neunjährigen Neffen Milton nach einer Einschätzung zu einem mathematischen Thema. Er fragte ihn, was er glaube, wie eine Zahl heißen könnte, die aus einer 1 mit einhundert Nullen besteht.

Zu jener Zeit hatte diese Zahl noch keinen Namen. Aber es war klar, dass es sie gab, und so erfand Milton einen, er nannte sie

Googol.* Der Junge hatte damals auch noch einen Vorschlag für eine weitere Zahl: ein Googolplex: Die Zahl, die man erhält, wenn man eine 1 schreibt und dann so lange Nullen dranhängt, bis man müde geworden ist und keine Lust mehr hat. Die letztgenannte Zahl entbehrte der wissenschaftlichen Stringenz – Menschen ermüden unterschiedlich rasch** –, sodass Kasner, als er die Ideen 1940 in ein Buch aufnahm, das er zusammen mit seinem Kollegen James Newman schrieb, die Zahl Googolplex standardisierte als »Eins, gefolgt von einem Googol an Nullen«.

Damit waren zwei extrem große Zahlen geboren, und ein paar Jahrzehnte später befanden zwei Typen von der Harvard University, dass es einen sehr viel besseren Namen für ihre Suchmaschine gab als ihren ersten Versuch »BackRub«.***

Es ist nahezu unmöglich herüberzubringen, wie irre groß diese Zahlen sind. Es ist eine Sache 10^{100} zu schreiben, oder

10 000 000 000 000 000 000 000 000 000 000
000 000 000 000 000 000 000 000 000 000 000
000 000 000 000 000 000 000 000 000 000

---

* Die Ähnlichkeit des neuen Worts mit dem Namen des russischen Schriftstellers Nikolai Gogol scheint Zufall zu sein, wenngleich wir die Möglichkeit nicht ausschließen können, dass Klein-Milton irgendwo ein Programmheft für eine Schüleraufführung von *Der Revisor* in die Hände gefallen war.

** Mit einer Entschuldigung an alle Neunjährigen, die das hier lesen: Das ist genau der Grund dafür, dass wir euch nicht den wissenschaftlichen Laden schmeißen lassen.

*** Zu Deutsch: Rückenmassage. »Lassen Sie mich das rasch für Sie backrubben« – ich meine, allein der Gedanke verbietet sich, oder? Davon abgesehen war die Entscheidung. den Unternehmenshauptsitz Googleplex zu nennen, ein unternehmerischer Geniestreich.

Aber es ist etwas ganz anderes, diese zu begreifen, zu beschreiben oder auch nur, ganz ehrlich, einen Nutzen dafür zu finden. Googol ist eine Zahl, die so groß ist, dass Sie sie mit großer Sicherheit niemals brauchen werden. Das Universum ist schätzungsweise 13,8 Milliarden Jahre alt, das Jahr hat ungefähr 31,5 Millionen Sekunden. Somit beträgt die Zahl an Sekunden, die seit der Entstehung des Universums vergangen sind – Tusch und Trommelwirbel – etwa $4,35 \times 10^{17}$. Das ist noch nicht mal nahe dran.

Natürlich gibt es kleinere Zeiträume als eine Sekunde. Eine Nanosekunde ist das Milliardstel einer Sekunde – eine Pikosekunde ein Billionstel. Diese Bruchteile sind so lächerlich winzig, dass sie für den menschlichen Verstand nahezu unfassbar sind. Wie viele davon sind also seit der Geburt des Universums verstrichen? Circa $4,35 \times 10^{26}$ Nanosekunden oder $4,35 \times 10^{29}$ Pikosekunden. Wir haben unsere Sekunden in die kleinsten Bruchteile gehackt, die sich vorstellen lassen – und kommen damit noch nicht mal in die Nähe eines Googols.

Wenn wir die Zeit einmal beiseitelassen und uns stattdessen der Materie zuwenden, so wird die Zahl der Atome im Universum auf irgendwas in der Größenordnung von 10^{80} geschätzt. Das klingt, als kämen wir der Sache sehr viel näher (80 ist schließlich nicht so weit weg von 100), und wir wären … aber was es wirklich heißt, ist, dass Sie aus 100 000 000 000 000 000 000 verschiedenen Universen jedes einzelne Atom zählen müssten, um ein Googol Atome zusammenzubekommen. Aktuell aber haben wir keine 100 000 000 000 000 000 000 Universen zur Hand.

Ein Googol ist eine Menge, will ich damit sagen.

Und das, Sie erinnern sich, ist noch die kleinere unserer beiden Zahlen. Ich spare mir den Versuch, etwas zu finden, für das man ein Googolplex zum Zählen bräuchte – ich meine, wozu? –, aber um Ihnen einen kleinen Eindruck davon zu vermitteln, wie viele Googols von etwas Sie benötigten, um ein Googolplex davon zu bekommen:

$$10^9\,999\,999\,999\,999\,999\,999\,999\,999\,999\,999\,999\,999\,999\,999\,999\,999\,999\,999\,999\,999\,999\,999\,999\,999\,999\,999\,999\,999\,999\,999\,999\,999\,900$$

Ein paar Mathematiker, die uns eindeutig ans Leben wollen, haben zu bedenken gegeben, dass die Zahl, die auf eine 1 mit einem Googolplex an Nullen folgt, auch einen Namen haben müsste. Die Vorschläge gingen von Googolduplex über Googolplexian bis hin zu Googolplexplex, aber keine davon hat sich durchgesetzt, vermutlich weil es keinen irdischen – und, wenn wir schon dabei sind, auch keinen außerirdischen – Grund gibt, warum jemand eine solche Zahl jemals brauchen würde.

Andere haben sich für alternative Schreibweisen für sehr große Zahlen ausgesprochen, und alle Verfahren und Mittel dazu haben einen Namen – Potenztürme, Hyper-Operatoren, Verkettete Pfeilschreibweise, Steinhaus-Moser-Notation, Conway-Folge – und würden sich blendend in einem Roman von Isaac Asimov machen. Der Versuch, diese Schreibweisen[*] zu erklären, ist nicht nur deshalb ein Problem, weil man im Fachjargon ertrinken würde, sondern auch weil jedes dieser Verfahren in Zahlen endet, die so groß sind, dass einen jeder Versuch, diese irgendwie auszudrücken, dazu verdammt, sie in weitere verstörende Schreibweisen umzuformen, die uns niemand auf der Schule beigebracht hat.

Vielleicht belassen wir es dabei und wenden uns anderen Dingen zu.

---

[*] Außerdem muss ich hier mal ehrlich sein: Ich habe englische Literatur studiert und den Faden bei diesem Thema schon vor drei Absätzen verloren. Sollten Sie also misstrauisch geworden sein und glauben, das hier sei nichts weiter als ein durchsichtiger Versuch, das Thema zu wechseln, dann Glückwunsch: Sie sind sehr scharfsinnig!

Welches Jahr haben wir noch mal?
Eine Auswahl an Kalendern

Irgendwann um das Jahr 525 trieb sich in Rom ein skythischer* Mönch namens Dionysius Exiguus herum, der seinen Namen dem griechischen Gott der Ausschweifung verdankte, wobei er in seinem Falle eigentlich nichts anderes bedeutete als Denys der Kleine. Er versuchte, das richtige Datum für Ostern ausfindig zu machen, und fing plötzlich an, sich über den Kalender aufzuregen.

In Rom herrschte die Tradition, die Jahre nach den beiden gewählten Konsuln zu benennen – dem höchsten Amt der Republik, das bis in die Zeit des Römischen Reichs überdauerte, wenngleich die Amtsinhaber da längst keine Macht mehr hatten. Aber dieses System war mit einem Problem behaftet: Man musste nämlich wissen, in welcher Reihenfolge diese ihr Amt angetreten hatten, um auch nur annähernd zu wissen, über wie viele Jahre man gerade redete, und nach 1000 Jahren wurde das zunehmend lästig. Ein zweites System bezog sich auf die Herrscherjahre der Kaiser (»im dritten Jahr der Herrschaft des Tiberius« und so weiter), aber das krankte im Grunde am selben Problem. Wieder ein anderes System, *anno urbis conditae*, gründete auf der sagenumwobenen Gründung der Stadt im Jahr 753 v. u. Z., was weit mehr Sinn ergab, aber nicht sehr weit verbreitet war.

Ein Kalender, der in manchen Teilen der Kirche genutzt wurde, war das Zeitalter der Märtyrer (*anno martyrum*) oder Diokletiani-

---

* Die Skythen lebten irgendwo am Schwarzen Meer, ungefähr dort, wo jetzt Rumänien und Bulgarien liegen.

sche Ära (*anno Diocletiani*), der mit dem 29. August 284 begann, dem Tag der Thronbesteigung des Kaisers.* Doch er war auch der letzte Kaiser, der groß angelegte Christenverfolgungen befohlen hatte, weshalb Dionysius als Angehöriger dieser Gemeinschaft ein bisschen verschnupft war, dass er sich an ein Zeitrechnungssystem halten sollte, das ausgerechnet den Typen unsterblich machte, der systematisch Menschen seines eigenen Glaubens verfolgt hatte.

Also ersann er ein neues System, das ab dem Tag der Geburt seines Erlösers Jesus Christus zählte. Wie er den Tag der besagten Geburt errechnete, ist nicht vollständig geklärt, aber seine Lösung war ziemlich sicher falsch: Forscher, die sich mit astronomischen Konstellationen befassten oder sich des alten Tricks bedienten, die Evangelien zu lesen und dann nachzuschauen, welche der dort erwähnten Ereignisse wann stattgefunden haben, sind sich allgemein einig, dass Jesus irgendwann zwischen 6 und 4 v. u. Z. geboren wurde (was vermutlich um das Jahr ist, in dem König Herodes der Große, der, wie Sie sich erinnern, eine der Hauptrollen in der Weihnachtserzählung spielt, starb).

Dennoch, obwohl sich das Ganze erst nach 800 durchzusetzen begann, hatte Dionysius das Datierungssystem erfunden, das wir noch heute verwenden und das den Namen trägt *anno Domini* (»im Jahre des Herrn«, nicht unseres Herrn, das ist eine falsche Übersetzung) und in den letzten Jahrhunderten von Leuten, die bemüht sind, den Kalender zu entchristianisieren, zunehmend durch den Begriff »unsere Zeitrechnung« abgelöst wird.

---

* Die koptischen Christen in Ägypten und ihrem Umkreis verwenden diesen Kalender übrigens noch heute.

Viele* Kalender gründen auf ein solches Datum, den Beginn einer Ära, ab der sie mit der Zählung beginnen. Im Folgenden einige Beispiele.

Jüdischer Kalender

JAHR, STAND JUNI 2021: 5781 AM (*anno mundi*, Jahr der Welt, im Sinne von: Jahre seit der Erschaffung der Welt)

ZÄHLT AB: dem Sonnenaufgang des 7. Oktober 3761 v. u. Z. Dieses Datum ist Ergebnis einer Berechnung zu Zeiten des Mittelalters und basiert auf dem Text dessen, was Christen das Alte Testament nennen – und das beschreibt, wie viele Jahre die ganze Zeugerei in Anspruch nahm und Ähnliches –, und gilt seither als Datum der Erschaffung der Welt.

Wie es das Schicksal will, liegt der Termin zeitlich nur ein paar Jahrhunderte entfernt von der Entstehung der ältesten bekannten schriftlichen Aufzeichnungen in Mesopotamien und dem Beginn dessen, was man als »Geschichte« (im Unterschied zur Frühgeschichte) bezeichnen kann, aber das ist, so muss man annehmen, reiner Zufall.

Byzantinischer Kalender

(Heutzutage nicht mehr in Gebrauch, das Byzantinische Reich ist nicht mehr das, was es einmal war.)

JAHR, STAND JUNI 2021: 7529 AM

ZÄHLT AB: 1. September 5509 v. u. Z. Der byzantinische Kalender beginnt ebenfalls mit dem biblischen Schöpfungsdatum. Er beruft

---

* Andere zählen in Regierungsjahren oder dergleichen, obwohl das schon zu Zeiten der Römer offensichtlich eine dumme Idee war.

sich aber auf einen anderen Text, dem zufolge die Menschen länger leben und das Erzeugen von Nachkommen ein noch mühevolleres Geschäft ist, sodass er zu einer anderen Schlussfolgerung bezüglich des exakten Weltalters gelangt.

Islamischer Mondkalender

JAHR, STAND JUNI 2021: 1442 AH (*anno Hegirae*, im Jahr der Hedschra)

ZÄHLT AB: 622 u. Z., dem Jahr, in dem der Prophet Mohammed mit seinen Anhängern von Mekka nach Medina auswanderte (der Hedschra oder Hidschra) und die erste muslimische Gemeinde gründete.

Vielleicht fällt Ihnen auf, dass 622 und 1442 sich zu 2064 addieren, was ein gutes Stück mehr ist als 2021. Das liegt daran, dass das islamische Jahr nur 354–355 Tage hat und nicht die 365–366, mit denen der gregorianische Kalender arbeitet. Andere Teile der islamischen Welt, insbesondere der Iran und Afghanistan, verwenden eine andere Zeitzählung, und zwar einen Sonnenkalender.

Islamischer Sonnenkalender

JAHR, STAND JUNI 2021: 1400 SH (*hidschri schamsi*, »Sonnen-Hidschra«)

ZÄHLT AB: ebenfalls ab 622, aber mit etwas längeren Jahren

Buddhistischer Kalender

(verwendet in Thailand und anderen Teilen Südostasiens)

JAHR, STAND JUNI 2021: 2564

ZÄHLT AB: 544 v. u. Z., dem Jahr, in dem Buddha starb und ins Parinirwana einging.

Französischer Revolutionskalender

(Verwendet von der französischen Revolutionsregierung in den 15 Jahren der Ersten Französischen Republik und allen, die von ihr erobert worden waren, aber sonst von niemandem. Napoleon schaffte den Kalender 1806 wieder ab.)

JAHR, STAND JUNI 2021: CCXXIX (229)

ZÄHLT AB: 22. September 1792, dem Tag der Ausrufung der Ersten Republik

Traditioneller koreanischer Kalender (Dangun-Kalender)

JAHR, STAND JUNI 2021: Dangun 4354

ZÄHLT AB: der legendären Gründung des ersten koreanischen Königreichs im Jahr 2333 v. u. Z.

Nordkoreanischer Kalender

JAHR, STAND JUNI 2021: Juche 110

ZÄHLT AB: der Geburt des Begründers von Nordkorea, Kim Il-Sung, im Jahr 1912. Kim Il-Sung bleibt auf ewig Präsident seines Landes, auch wenn er seit 1994 nicht mehr lebt.

Zeitrechnung der Freimaurer

JAHR, STAND JUNI 2021: 6021 AL (anno Lucis, Jahr des Lichts – gemeint ist die Erschaffung der Welt)

ZÄHLT AB: einer weiteren Berechnung zum Zeitpunkt der göttlichen Erschaffung des Universums – dieses Mal von James Ussher, im 18. Jahrhundert Erzbischof von Armagh, der zu dem Schluss kam, dass dies 4004 v. u. Z. geschah. Er rundete das Datum dann ab in dem durchsichtigen Versuch, die Rechnerei zu erleichtern.

Eines ist vielen dieser Kalender gemein: Bei ihrem Beginn hatte sich bereits ein ordentliches Stück Geschichte abgespult. Für jeden, der je versucht hat herauszufinden, vor wie langer Zeit das 5. Jahrhundert v. u. Z. wirklich stattgefunden hat, kann das ziemlich nervig sein.

Ein Kalender, der dieses Problem umgeht, ist der Holozän-Kalender, abgekürzt HE nach der Bezeichnung Human-Ära (*human era*). Dieser beginnt seine Zeitzählung in etwa zum Ende der jüngsten Eiszeit, als die Menschen begannen, sesshaft zu werden, Ackerbau zu betreiben, erste Städte zu gründen und so weiter. All das ist, wie man heute glaubt, ungefähr 9700 v. u. Z. geschehen.

Aber der von dem in Italien geborenen Wissenschaftler Cesare Emilia 1993 vorgeschlagene Kalender vereinfacht die Dinge, indem er bei 10 000 v. u. Z. beginnt – was komfortablerweise bedeutet, dass Sie, um irgendein Datum in unserer heutigen Zeitrechnung in eines des Holozän-Kalenders (beziehungsweise der Human-Ära) umzuwandeln, einfach nur eine »1« an den Anfang stellen müssen (zumindest bei vierstelligen Jahreszahlen, bei dreistelligen müssen Sie 10 voranstellen).

Der Amerikanische Unabhängigkeitskrieg fand somit im Jahr 11776 HE, die Schlacht von Hastings 11066, und so weiter. Um ältere Daten zu erhalten, subtrahieren Sie das Datum unserer Zeitrechnung von 10001 – die Ermordung Julius Caesars im Jahr 44 v. u. Z. ereignete sich 9957 HE.

Der Vorzug dieses Kalenders ist klar seine mathematische Einfachheit, sowohl was die Umwandlung von v. u. Z./u. Z.-Datumsangaben in HE angeht, als auch wenn man herausfinden will, vor wie langer Zeit Dinge in Altertum und Frühzeit wirklich passiert sind. Er deckt zudem so gut wie alles ab, was Menschen je angestellt haben, das einer Datumsangabe würdig wäre. Die Belagerung des türkischen Çatalhöyük, einer der ältesten Städte der Welt, erfolgte zwischen 2900 HE und 4300 HE. Stonehenge wurde irgendwann zwischen 7000 und 8000 HE errichtet. Die berühmte Reichseinigung Ägyptens ereignete sich um 6900 HE, und so weiter.

Der Nachteil dieses Kalenders ist, dass es 7000 Jahre dauert, bis die ersten Personen mit Namen in der Menschheitsgeschichte auftauchen.

GESCHICHTE und POLITIK

Ein paar besonders erinnerungswürdige Daten der Weltgeschichte

Im Jahr 1930 verhieß ein neues Buch von W. C. Sellar und R. J. Yeatman, eine »denkwürdige Geschichte Englands«. In seinem Titel nimmt es Bezug auf eines von zwei[*] Daten der englischen Geschichte, die jeder kennt: *1066 And All That.*

Aber in Winkeln des Planeten, die etwas weiter von Hastings entfernt sind, ist das Datum der Eroberung Englands durch die Normannen womöglich kein Datum von übermäßiger Bedeutung. Das hat den sehr guten Grund, dass, wenn Sie in Kigali oder Kuala Lumpur aufgewachsen sind, für Sie der Tag, an dem die Herrschaft über eine verregnete Ecke Europas von einem Haufen gut bewaffneter Adliger auf einen anderen überging, eigentlich nicht sonderlich interessant ist.

Im Folgenden ein paar Daten, die in anderen Ländern von ähnlicher Bedeutung sind: solche, die sich für Sie vielleicht bedeutungslos ausnehmen, aber die niemand, der an diesem Fleckchen Erde geboren oder aufgewachsen ist, je vergessen wird.

ÄGYPTEN, 3100 v. u. Z.: Der erste Pharao, Menes – der aber womöglich Narmer hieß, zuverlässige Unterlagen aus der Zeit sind ein

---

[*] Das andere war 55 v. u. Z., das Jahr der ersten römischen Invasion Britanniens unter Julius Caesar (auf das »der speziellen römischen Art des Zählens geschuldet« 54 v. u. Z. folgte). Ziemlich gottvoll wird in der Einleitung angemerkt, dass es ursprünglich *vier* denkwürdige Ereignisse in dem Buch gab, aber zwei davon in letzter Minute entfernt wurden, nachdem sich herausgestellt hatte, dass sie »nicht denkwürdig genug« waren.

bisschen spärlich –, vereinte Unter- und Oberägypten zu demjenigen Land, das auf der Welt am längsten existiert.

CHINA, 221 V. U. Z.: Der kurzlebigen Qing-Dynastie gelingt es, China zu vereinen und damit den Grundstein zu legen für ein Kaiserreich, das mehr als 2000 Jahre überdauerte.*

DIE ISLAMISCHE WELT, 622: Der Prophet Mohammed unternimmt die Hedschra, er zieht mit seinen Getreuen von Mekka nach Medina. Mit diesem Ereignis beginnt der islamische Kalender.

SPANIEN, 1492: Die kurz zuvor durch die Eheschließung zwischen Ferdinand II. von Aragon und Isabella I. von Kastilien vereinten spanischen Königreiche vollenden die Reconquista durch die Unterwerfung des letzten arabischen Emirats Granada und legen den Grundstein für das heutige Spanien.**

TATSÄCHLICH EIN GROSSTEIL DER WELT, 1492: Christoph Kolumbus »entdeckt« die beiden amerikanischen Kontinente. In Anbetracht dessen, dass die beiden Amerikas zu jener Zeit von schätzungsweise 112 Millionen Menschen bewohnt wurden, mag man die Wortwahl hier getrost infrage stellen, dennoch ist dies womöglich das berühmteste und folgenreichste Datum der Weltgeschichte, denn es setzte sowohl den »Columbian Exchange« (im Deutschen

---

* Sie gab dem so entstandenen Staat überdies seinen Namen mit auf den Weg. Nicht schlecht für eine Dynastie, die lediglich zwei Kaiser hervorbrachte und nur 15 Jahre währte.

** Genau genommen ist die Sache ziemlich kompliziert. Isabella und Ferdinand heirateten 1469 und bestiegen 1479 beziehungsweise 1474 ihren jeweiligen Thron. Das letzte Königreich Spaniens, Navarra, wurde erst 1512 der spanischen Krone untergeordnet (und 1515 Kastilien zugeschlagen). Aus irgendeinem Grund aber wertet allem Anschein nach jeder 1492 als Schlüsseldatum – möglicherweise deshalb, weil es das Jahr ist, in dem die Katholiken die Juden und Muslime aus Spanien vertrieben. Sehr lustig. Übrigens werden Ferdinand und Isabella häufig als »Katholische Könige« bezeichnet, was, da wir hier über Spanien reden, meines Erachtens keine sonderlich erhellende Zuschreibung ist.

auch als »Kolumbus-Effekt« bezeichnet) von Tieren, Pflanzen, Menschen und Kultur zwischen der Alten Welt und den beiden amerikanischen Kontinenten in Gang als auch ein halbes Jahrtausend europäischer Kolonialgeschichte.

BRASILIEN, 1500: die offizielle »Entdeckung« Brasiliens durch den portugiesischen Diplomaten Pedro Álvares Cabral, der damals Indien suchte. Auch das wirft Fragen auf, aber, wissen Sie, was soll's.

BERMUDA, 1609: Englische Siedler gründeten die Kolonie unfreiwillig, nachdem ihr Schiff, die *Sea Venture*, auf ihrer Reise nach Virginia havariert war. Dieses Ereignis bildete möglicherweise die Vorlage für Shakespeares *Der Sturm*.

USA, 1776: Jahr der Unabhängigkeitserklärung – 13 Kolonien sagen sich vom British Empire los und beschließen nach einigem Hin und Her, sich zu einer neuen Nation zusammenzuschließen.

AUSTRALIEN, 1788: die erste europäische Siedlung auf dem australischen Kontinent, gegründet als Strafkolonie von in Botany Bay, Sydney, angelandeten Briten*

FRANKREICH, 1789: Beginn der Französischen Revolution. Am 14. Juli stürmten die Einwohner von Paris die Festung Bastille, die damals als Gefängnis diente.

DEUTSCHLAND, 1871: der Zusammenschluss der deutschen Staaten zu einem Nationalstaat. Verwirrenderweise wurde das neue Deutsche Reich im Palast zu Versailles proklamiert, das heißt unmittelbar vor den Toren von Paris, wo die preußische Armee wäh-

---

* Mit Sicherheit haben die Briten Australien nicht »entdeckt«. Es lebten auf dem Kontinent, bevor Weiße dort auftauchten, nicht nur zwischen 315 000 und ein paar Millionen Menschen auf 250 ethnische Gruppen verteilt, sondern man weiß auch, dass ein holländischer Seefahrer namens Willem Jansz dem Kontinent bereits 1606 einen Besuch abstattete. Das war nicht das, was sie in den 1980er-Jahren britischen Schulkindern beibrachten …

rend der Belagerung von Paris soeben die letzte Schlacht mit den Franzosen siegreich beendet hatte.

IRLAND, 1916: Mit dem Osteraufstand gegen die britische Regierung beginnt ein blutiger Freiheitskampf, der letztlich zur Unabhängigkeit führte.

INDIEN UND PAKISTAN, 1947: Mit diesen beiden Staaten wurde ein großer Teil Südasiens vom British Empire unabhängig.

Die meisten dieser Daten beziehen sich entweder auf die Gründung einer neuen Nation oder auf die Abspaltung von einer Kolonialmacht. Womit wir bei unserer nächsten Liste wären.

Anmerkungen zu den
Unabhängigkeitstagen der Welt

1. Das Britische Weltreich war das größte, das die Welt je gesehen hat: Zu seiner Blütezeit um 1920 regierte es über ein Viertel der Landfläche des Planeten und einen ähnlichen Anteil seiner Bewohner.

    Ein selten diskutierter Nebeneffekt von alledem ist, dass Sie, wenn Sie wollen, so ziemlich das ganze Jahr hindurch die Unabhängigkeit des einen oder anderen Landes vom British Empire feiern können. So können Sie am 1. Januar den Jahrestag der Unabhängigkeit Sudans und Ägyptens von Großbritannien feiern und am 24. Dezember Libyens Befreiung vom gemeinsamen Regiment Frankreichs und Großbritanniens. Dazwischen gibt es ein paar Daten, an denen zwei Gedenktage bezüglich der Loslösung von Großbritannien zusammenfallen, am 1. Oktober sind es sogar *drei* (Zypern, Nigeria *und* Tuvalu).

Der geschäftigste Monat im Unabhängigkeitstagekalender ist der Juli, da lässt sich an nicht weniger als acht Tagen die Unabhängigkeit von irgendwas von Großbritannien zelebrieren. Am berühmtesten hier natürlich der Gedenktag der Vereinigten Staaten von Amerika, die ihre Unabhängigkeitserklärung von 1776 an jedem 4. Juli feiern – aber im selben Monat können Sie auch die von Somalia feiern (1960, immer am 1. Juli)*, Malawi (1964, 6. Juli), den Salomonen (1978, 7. Juli), den Bahamas (1973, 10. Juli), Kiribati (1979, 12. Juli), den Malediven (1965, 26. Juli) und Vanuatu (1980, 30. Juli, wenngleich das ein weiteres britisch-französisches Joint Venture in Sachen Unabhängigkeit war, wodurch dieser Unabhängigkeitstag zu einer Art Sonderangebot »Zwei zum Preis von einem« wird).

Alles in allem feiern etwa 55 Länder an etwa 50 verschiedenen Tagen ihre Unabhängigkeit, und es dauert nie länger als einen Monat von einem Feiertag zum nächsten.**

---

* Dieses Datum war der Tag des Zusammenschlusses von Britisch- und Italienisch-Somaliland. Das vormalige Britisch-Somaliland hat sich inzwischen als formell nicht anerkanntes Somaliland abgespalten und feiert nunmehr seine Unabhängigkeit von Somalia am 18. Mai. Man kann daher fragen, ob der Rest von Somalia wirklich seine Unabhängigkeit von Großbritannien feiert, wenn es doch nie britische Kolonie gewesen ist. Aber na ja.

** Ich kann nicht versprechen, dass ich nicht den einen oder anderen übersehen habe oder ein Datum, das niemand beachtet, zum großen Straßenfest aufgewertet habe. Daher bleibe ich bei diesen Dingen absichtlich vage. Tut mir leid.
Wenn Sie schon hier unten sind, so ist es doch vielleicht der Erwähnung wert, dass nicht jede ehemalige britische Kolonie ihren Unabhängigkeitstag feiert. Irland – das nicht weniger Grund hat, sein Entkommen aus britischen Klauen zu feiern, als jedes andere Land – verzichtet gegenwärtig darauf. Etliche andere vormalige Besitztümer des Empire (Australien, Kanada, Neuseeland, Katar, Südafrika) haben Nationalfeiertage, die nichts mit dem Ende ihrer Kolonialexistenz zu tun haben.

138 • IV. Geschichte und Politik

    Allerdings haben die Briten den Kolonialismus nicht erfunden (obwohl es vorstellbar wäre, dass wir die Idee von jemand anderem gestohlen und dann so getan haben, als sei es unsere gewesen). Da wir also gerade bei dem Thema sind ...

2. Ungefähr 25 Länder feiern ihre Unabhängigkeit von Frankreich. Die meisten davon liegen im nordwestlichen Drittel von Afrika, das zum allergrößten Teil an irgendeinem Punkt unter französischer Herrschaft stand. Allerdings gehört auch Syrien dazu, welches den Abzug der französischen Kolonialmacht am 17. April 1946 als seinen Unabhängigkeitstag feiert, und Haiti wurde nach 13 Jahren erbittertem Kampf* zur Abschaffung der Sklaverei 1804 der erste unabhängige Staat in der Karibik und feiert dies jedes Jahr am 1. Januar.

3. Weitere etwa 20 Länder feiern ihre Unabhängigkeit von Spanien, die meisten davon liegen, was Sie nicht überraschen wird, in Lateinamerika. Zu den anderen gehören Marokko, das an zwei verschiedenen Tagen seine Unabhängigkeit von zwei europäischen Mächten feiert (die andere ist Frankreich; der 11. Januar erinnert an die Proklamation der Unabhängigkeit im Jahr 1944, der 18. November an die Rückkehr der Königsfamilie aus dem Exil 1955), Äquatorialguinea, das von 1474 bis 1778 zu Portugal und dann bis 1968 zu Spanien gehörte, mit Ausnahme eines kurzen Intermezzos um die Mitte des 19. Jahrhunderts, als es zeitweilig an die Briten abgetreten wurde und auch an diese verkauft worden wäre, hätte nicht das spanische Volk dagegen opponiert. Diese Form des Räuberwichtelns mit anderen Teilen des Planeten war seinerzeit ein bei Europäern sehr beliebter Gesellschaftssport.

---

*   Schockierenderweise zeigte sich, dass viele der französischen Revolutionäre es mit den Menschenrechten nicht so genau nahmen, wenn es nicht um weiße Bauern in Frankreich, sondern um schwarze Sklaven in Haiti ging.

4. Ein einst von Spanien beherrschtes Land, dessen Unabhängigkeitstag nicht den Umstand feiert, nicht mehr unter spanischer Hoheit zu stehen, sind die Niederlande, die sich nach dem Achtzigjährigen Krieg (1568-1648) vom Spanischen Kolonialreich befreit hatten. Bei ihnen zelebriert der Befreiungstag das Ende der Besatzung durch das nationalsozialistische Deutschland.
5. Dann gibt es noch um die fünfzehn Länder, in denen gefeiert wird, dass es gelang, das Joch russischer Herrschaft – entweder in Gestalt des Zarenreichs (Finnland) oder der Sowjetunion (ein großer Teil Zentralasiens) – abzuwerfen. Tatsächlich hat sich in dieser Region Geschichte gern wiederholt, sodass etwa ein halbes Dutzend Länder (vor allem im Baltikum und im Kaukasus) zwei Feiertage dieser Art haben und beide feiern.
6. Kroatien, Slowenien, Bosnien und Herzegowina, Montenegro und Nordmazedonien begehen Feiertage anlässlich der Unabhängigkeit von Jugoslawien, ebenso der Kosovo, wobei es in diesem Fall etwas schwierig ist, weil er nicht von allen Ländern als selbstständige Nation anerkannt wird. Der einzige Bestandteil des ehemaligen Jugoslawiens, der seine Befreiung nicht feiert, ist Serbien, das dort seinerzeit die Vorherrschaft gehabt hatte.
7. Serbien feiert stattdessen seine allmähliche Loslösung aus dem Osmanischen Reich (aus dem später die Türkei hervorging) im ersten Drittel des 19. Jahrhunderts. Das Gleiche gilt für Bulgarien, Griechenland, Albanien und andere.
8. Etwa acht Länder feiern ihre Unabhängigkeit von Portugal. Dazu gehören Osttimor, das während des letzten Vierteljahrhunderts unter portugiesischer Herrschaft eigentlich von Indonesien als Provinz verwaltet wurde, von den Vereinten Nationen jedoch weiter als »abhängiges Territorium unter portugiesischer Verwaltung« behandelt wurde, sowie Brasilien, das 1822 seine Unabhängigkeit vom einigermaßen schönfärberisch so benann-

ten Vereinigten Königreich von Portugal, Brasilien und den Algarven proklamierte, das die portugiesische Regierung begonnen hatte als »plurikontinentales Staatsgebiet« zu bezeichnen statt als Kolonialmacht.

9. Drei Länder feiern ihre Unabhängigkeit von Belgien (Burundi, Ruanda und die Demokratische Republik Kongo), drei ihre Befreiung von den Niederlanden (Indonesien, Surinam und, äh, Belgien, das jedes Jahr am 21. Juli seine Abspaltung von seinem Nachbarn im Norden 1830/1831 feiert).

10. Beide Koreas feiern ihre Unabhängigkeit vom Japanischen Kaiserreich 1945, ebenso Vietnam, wobei dies verkompliziert wird durch den Umstand, dass es vormals französisch gewesen war, sowie durch die folgenden 30 Jahre vietnamesischer Geschichte.

11. Ungeachtet des US-amerikanischen Selbstbilds als moralisch integrer Gegenentwurf zu den europäischen Kolonialmächten feiern zwei Länder die Befreiung von den Vereinigten Staaten. Das eine sind die Föderierten Staaten von Mikronesien, ein Inselstaat im Pazifik vieler hundert Inseln, der 1986 seine Unabhängigkeit erklärte und einen Vertrag über eine freie Assoziation mit den USA einging. Das andere ist der westafrikanische Staat Liberia, gegründet von der American Colonization Society (Amerikanische Kolonialisierungsgesellschaft, ursprünglich genannt: Society of the Colonization of Free People of Colour of America), deren Anliegen es war, aus der Sklaverei befreite Menschen zurück auf den Kontinent zu schicken, auf dem ihre Vorfahren gelebt hatten, weshalb man für diese Mission ein eigenes Land gründete. Liberia, wie man es euphemistisch nannte, erklärte seine Unabhängigkeit 1847, der US-Kongress erkannte diese erst 1862 an.

12. Und dann gibt es noch ein paar Länder, die ihre Unabhängigkeit von Ländern feiern, die sich selbst normalerweise nicht als Kolonialmächte sehen:

- 27. Februar – Die Dominikanische Republik feiert ihre 1944 errungene Unabhängigkeit von Haiti, das seinen Nachbarn auf der Insel Hispaniola kurz nach dessen Abkehr von Spanien 23 Jahre davor annektiert hatte.
- 21. März – Namibia feiert seine Unabhängigkeit von Südafrika im Jahr 1990.
- 26. März – Bangladesch feiert seine Abspaltung von Pakistan im Jahr 1971.
- 24. Mai – Eritrea feiert seine Abkehr von Äthiopien im Jahr 1991.
- 1. Juni – Samoa feiert seine 1962 errungene Unabhängigkeit von Neuseeland.
- 9. August – Singapur feiert seine Unabhängigkeit von Malaysia (was ein bisschen seltsam ist, denn es hat seine Unabhängigkeit nicht im eigentlichen Sinne errungen, sondern wurde ausgeschlossen, aber macht, was ihr wollt).
- 25. August – Uruguay feiert seine Emanzipation (1825) vom König- und Kaiserreich Brasilien, zu dem Brasilien geworden war, nachdem es sich aus den plurikontinentalen Klauen Portugals befreit hatte.
- 3. November – An jedem »Separationstag« feiert Panama die Abspaltung von Kolumbien im Jahr 1903 (es gibt auch einen Unabhängigkeitstag, an dem beide Länder das Ende der spanischen Kolonialherrschaft feiern), und schließlich
- 29. Dezember – die Äußere Mongolei feiert ihre Autonomie von China 1911.

13. Genau genommen kann man sehr überzeugende Argumente dafür finden, dass Chinas territoriale Dominanz in Ostasien darauf zurückzuführen ist, dass es im Grunde ein Kolonialreich ist, das sich kurzerhand zum Nationalstaat erklärt hat. Ähnliches gilt für Russland, das noch immer den größten Teil der

Landfläche (Sibirien etc.) beherrscht, die es bei seiner großen Expansion zwischen dem 16. und 18. Jahrhundert erobert hatte. Und selbst für die Vereinigten Staaten, wenn Sie so wollen, die bei ihrer Gründung 1776 nur etwa ein Drittel des zusammenhängenden großen Stücks Nordamerika umfassten, das sie heutzutage einnehmen.

14. Bevor wir uns anderen Dingen zuwenden noch ein letzter Hinweis: All diese Imperien sind, wie Ihnen vielleicht schon aufgefallen ist, relativ junge Gebilde. Niemand feiert heute noch seine Abkehr vom Römischen, Persischen oder Babylonischen Reich.

15. Nur als Beispiel: Nahe der Stadt Detmold finden Sie eine Statue aus dem 19. Jahrhundert, die an Arminius (Hermann der Cherusker) erinnert, jenen Stammesfürsten, der um das Jahr 9 u. Z. bei der Varusschlacht im Teutoburger Wald mit seinen germanischen Truppen drei römische Legionen auslöschte und so dafür sorgte, dass ein Großteil des heutigen Deutschlands außerhalb des Römischen Reichs verblieb. Aber die Deutschen feiern dafür keinen Unabhängigkeitstag.

Eine vollständige Liste von Ländern, die nie von einem europäischen Land kolonialisiert wurden

Die genaue Anzahl an Ländern, die dem Zugriff europäischer Kolonialmächte entrinnen konnten, ist schwer dingfest zu machen, hängt sie doch sowohl davon ab, wie Sie »europäisch«, als auch davon, wie Sie »Kolonisation« definieren. Klar ist jedenfalls, dass nicht mehr als 13 der etwa 150 nicht europäischen Länder dieser ganz entkommen konnten – und dass sich bei einer sehr eng gefassten Definition die wahre Anzahl auf vier reduziert.

JAPAN: nie von Europäern beherrscht. Versuchte sich selbst als Kolonialmacht und wurde nach dem Zweiten Weltkrieg von den Alliierten besetzt, aber das ist wirklich eine andere Geschichte.

NORDKOREA UND SÜDKOREA: verschiedentlich von China und Japan annektiert, aber nie von Europäern

THAILAND: entging der Kolonialisierung, da die britische und die französische Kolonialmacht das damals unter dem Namen Siam bestehende Königreich als Pufferzone betrachteten. Später von Japan annektiert.

LIBERIA: nie von Europäern kolonialisiert, aber von den USA zur Rückführung befreiter Sklaven gegründet

ÄTHIOPIEN: entging der Herrschaft Italiens (dank einer falsch übersetzten Passage in einem Vertrag von 1889). Von 1935 bis 1941 von Italien besetzt – aber dieser Umstand wird mit einer gewissen Berechtigung oftmals eher als Teil des Zweiten Weltkriegs gesehen denn als Akt der Kolonialisierung.

SAUDI-ARABIEN: bis zum Ersten Weltkrieg Teil des Osmanischen Reichs, danach ein kurzes Intermezzo als britisches Protektorat, aber nie vollständig von Westeuropäern beherrscht

AFGHANISTAN: in dem Bestreben, der russischen Expansion etwas entgegenzusetzen, kurze Zeit von Großbritannien besetzt, aber nie offiziell kolonialisiert

IRAN: wie in Afghanistan, so auch im Iran. Großbritannien und Russland ordneten in einem Vertrag von 1907 ihre jeweiligen Einflusssphären neu, etablierten sich jedoch nicht als Kolonialmächte.

BHUTAN: Als Protektorat Teil der britischen Einflusssphäre, entging es jedoch der Kolonisation zu einem großen Teil deshalb, weil es über einen Haufen hoher Berge verfügt.

NEPAL: siehe Bhutan

CHINA: niemals irgendeiner europäischen Macht zugehörig, wiewohl manche Küstenhäfen von europäischen Mächten besetzt wurden

MONGOLEI: die Geschichte hindurch stets von China beansprucht und als Nachbarstaat der UdSSR während des Kalten Krieges unter deren Vormacht, aber nie unter europäischer Kolonialherrschaft

~

Die schlimmsten Gräueltaten der Menschheitsgeschichte

In welchen Krieg starben mehr Menschen als in jedem anderen? Und war diese Opferzahl größer als die des Sklavenhandels? Wie steht es um die europäische Kolonialzeit?

Der Historiker Matthew White, ein, wie wir annehmen müssen, besonders fröhlicher Geselle, hat einen nicht unbeträchtlichen Teil seiner Laufbahn dem Bestreben gewidmet, solche Dinge herauszubekommen.

Seine Internetseite *Necrometrics* (»eingedeutscht«: Nekrometrie, schon klar, warum, oder?) ist eine echte Schatzkiste, wenn der Begriff angemessen ist, für Daten über Kriege, Opferzahlen und andere Allzeittiefpunkte in unserer Bilanz als Spezies.

Einer der interessantesten Aspekte seiner Forschung betrifft die Behauptung, dass das 20. Jahrhundert mit seinen Kriegen, Revolutionen und totalitären Regimen das blutigste der Menschheitsgeschichte war. Bei einem Versuch, diese oft gehörte Behauptung auf ihren Wahrheitsgehalt zu überprüfen, erstellte White eine Tabelle mit der Überschrift »Die (womöglich) 20 (oder so, plus/minus) schlimmsten Dinge, die Menschen einander angetan haben«. Hier ist sie:

Platz	Opfer in Millionen	Ursache	Jahrhundert
1	66	Zweiter Weltkrieg	20.
2=	40	Mao Zedong (in erster Linie Hungersnot)	20.
2=	40	Dschingis Khan	13.
4	27	Britisch-Indien (in erster Linie Hungersnot)	19.
5	25	Fall der Ming-Dynastie	17.
6=	20	Taiping-Aufstand	19.
6=	20	Josef Stalin	20.
8	18,5	Ostafrikanischer Sklavenhandel	7.–19.
9	17	Timur Lenk oder Tamerlan*	14.–15.
10	16	Atlantischer Sklavenhandel	15.–19.
11=	15	Erster Weltkrieg	20.
11=	15	Eroberung des amerikanischen Doppelkontinents	15.–19.
13	13	An-Lushan-Rebellion	8.
14=	10	Xin-Dynastie	1.
14=	10	Kongo-Freistaat	19.–20.
16	9	Russischer Bürgerkrieg	20.
17=	7,5	Dreißigjähriger Krieg	17.
17=	7,5	Fall der Yuan-Dynastie	14.
19=	7	Untergang des Römischen Reiches	5.
19=	7	Chinesische Bürgerkriege	20.

Für diejenigen, die eine Lanze für Ehre und Anstand des 20. Jahrhunderts brechen wollen, stehen die Dinge sicher nicht zum Besten.

---

* Wenn Sie Christopher Marlowe heißen, auch Tamburlaine.

Ranglisten wie diese sind in vielerlei Hinsicht problematisch, wie White selbst jederzeit zugeben würde (schauen Sie sich nur die Klammern in der Überschrift an). Zum einen sind Opferzahlen grundsätzlich mit Unsicherheit behaftet: Historiker können auf der Grundlage ihres Wissens solide Schätzungen abgeben, aber speziell bei länger zurückliegenden Ereignissen wissen wir einfach nicht genug.* Zum anderen verschwimmen oft die Grenzen zwischen einem Ereignis und einem anderen. War der Zweite Japanisch-Chinesische Krieg (1937–1945) ein eigenständiger Konflikt? Oder zählen seine Opfer zu den Todeszahlen des Zweiten Weltkriegs?) Das sind Fragen, auf die es keine Antworten gibt.**

Dann gibt es noch das Problem Krankheiten. Die Menschen, die der Spanischen Grippe zum Opfer gefallen sind, zu den Toten des Ersten Weltkriegs zu rechnen mag unsinnig erscheinen – aber die Millionen Opfer von Krankheiten auszunehmen, die auf die euro-

---

* Ausmaß und Umfang der An-Lushan-Rebellion im 8. Jahrhundert gegen Chinas Tang-Dynastie scheinen besonders schwierig festzumachen zu sein. Die vorhandenen Zensus-Zahlen legen die Vermutung nahe, dass dabei 36 Millionen Menschen ums Leben kamen – das entsprach zwei Dritteln der Bevölkerung Chinas zu jener Zeit, und obwohl viele Forscher diese Zahl anzweifeln, scheint niemand mit einer besseren aufwarten zu können. Nach langem Insichgehen beließ es White bei 13 Millionen, ist aber eindeutig nicht sehr froh damit.

** Wenn Sie es auf die Spitze treiben wollen, könnten Sie argumentieren, dass es eine Kausalitätskette gibt, die den Ersten Weltkrieg, den Russischen Bürgerkrieg, Stalin, den Zweiten Weltkrieg, den Chinesischen Bürgerkrieg und Mao verbindet, und diese allesamt zu Facetten eines einzigen Blutbads (oder »Hämoklysmus«, wie White es vergnügt nennt) machen, das mehr als 160 Millionen Menschenleben gefordert hat. Das mag töricht klingen, ist aber auch nicht wesentlich törichter, als sich vorzumachen, der Russische Bürgerkrieg habe nichts mit dem Ersten Weltkrieg zu tun.

päischen Invasionen der beiden Amerikas zurückzuführen sind, nicht minder.[*]

Und letztens ist da die Schwierigkeit, Ereignisse aus Welten mit radikal unterschiedlichen Bevölkerungsgrößen zu vergleichen. Ein Ereignis, das 10 Millionen Menschen das Leben kostet, ist mit Sicherheit furchtbar. Aber ist es nicht bei einer Gesamtbevölkerung von 500 Millionen vielleicht schlimmer als bei einer von 5 Milliarden, weil es einen höheren Anteil an Menschen betrifft?

Der Harvard-Gelehrte Steven Pinker scheint es jedenfalls so zu sehen – und adaptierte Whites Aufzählung für sein Werk *Gewalt: Eine neue Geschichte der Menschheit*, indem er ihr den ungefähren prozentualen Anteil an der Weltbevölkerung hinzufügte und sie neu ordnete. Nun sieht sie so ziemlich aus wie folgende:[**]

Platz	Todesopfer in Millionen	Ursache	Jahrhundert	Geschätzte Weltbevölkerung zu der Zeit in Millionen	Todesopfer in Prozent der Weltbevölkerung
1	40	Dschingis Khan	13.	360	11,11
2	13	An-Lushan-Rebellion	8.	215	6,05
3	10	Xin-Dynastie	1.	170	5,88
4	18,5	Ostafrikanischer Sklavenhandel	7.–19.	360 (um die Mitte des angegebenen Zeitraums)	5,14
5	25	Fall der Ming-Dynastie	17.	500	5,00
6	17	Timur Lenk oder Tamerlan	14.–15.	350	4,86

---

[*] Ich will dabei noch nicht einmal die Frage des Vorsatzes in Erwägung ziehen und ob es in irgendeiner Hinsicht eine Rolle spielt, ob Sie jemanden absichtlich mit Pockenerregern infiziert und seinen gesamten Stamm ausgerottet haben, oder nicht, aber Sie erkennen das Problem, nicht wahr?

[**] Mir erschien es seinerzeit sinnvoll, seine Arbeit nachzuvollziehen, statt einfach die Ergebnisse abzuschreiben.

Platz	Todesopfer in Millionen	Ursache	Jahrhundert	Geschätzte Weltbevölkerung zu der Zeit in Millionen	Todesopfer in Prozent der Weltbevölkerung
7	7	Untergang des Römischen Reiches	5.	200	3,30
8	16	Atlantischer Sklavenhandel	15.–19.	550	2,91
9	66	Zweiter Weltkrieg	20.	2400	2,75
10	15	Eroberung des amerikanischen Doppelkontinents	15.–19.	550	2,73
11	27	Britisch-Indien (vor allem Hungersnot)	18.–20.	1400	1,93
12	7,5	Fall der Yuan-Dynastie	14.	420	1,79
13	20	Taiping-Aufstand	19.	1200	1,67
14	7,5	Dreißigjähriger Krieg	17.	530	1,42
15	40	Mao Zedong (vor allem Hungersnot)	20.	3000	1,33
16=	20	Josef Stalin	20.	2400	0,83
16=	15	Erster Weltkrieg	20.	1800	0,83
18	10	Kongo-Freistaat	19.–20.	1600	0,63
19	9	Russischer Bürgerkrieg	20.	1800	0,50
20	7	Chinesische Bürgerkriege	20.	2500	0,28

Auch diese Auflistung ist nicht unproblematisch.

Weil darin nur die Ereignisse mit der höchsten Zahl an Todesopfern aufgeführt werden, fehlen darin womöglich einige, die zwar mit kleineren absoluten Zahlen daherkommen, aber einen höheren Anteil der Gesamtbevölkerung betrafen.

Sie stellt einen Vergleich an zwischen Geschehnissen, die Jahrhunderte dauerten, und solchen, die nur eine Handvoll Jahre währten (dies schiebt den ostafrikanischen Sklavenhandel in der Tabelle weit nach oben).

Wie dem auch sei, aus dieser ganzen Zahlenklauberei können wir drei allgemeine Schlussfolgerungen ziehen:
1. Das 20. Jahrhundert war furchtbar – aber die Zahlen sehen absolut betrachtet deutlich schlimmer aus, als wenn man sie in Relation setzt.
2. Der Kolonialismus war eine durch und durch furchtbare Angelegenheit.
3. Wenn Sie wirklich mit Ihren Gräueltaten in die Charts wollen, ist ein großes Land mit sehr viel Einwohnern wie China eine sichere Kiste.

Einige besonders idiotische Kriege

Man könnte sich auf den Standpunkt stellen, dass ganz grundsätzlich betrachtet alle Kriege ziemlich töricht sind. Von heutiger Warte aus betrachtet, wurden Kriege allzu oft komplett grundlos geführt.

Aber ein Teil dieses Buchs – ja, der Wirklichkeit – zwingt Sie ja jetzt schon, mit der Vergeblichkeit menschlichen Seins zurande zu kommen.

Begnügen wir uns wenigstens bei dieser Auflistung mit ein paar Kriegsgeschichten, die richtig *bescheuert* sind.

Der Krieg der Liga von Cambrai
(Europa gegen sich selbst, 1508–1516)

Von 1508 bis 1510 verbündete sich der Papst mit Frankreich, um die Macht Venedigs zu beschneiden. Von 1510 bis 1512 verbündete sich der Papst mit Venedig, um Frankreichs Macht im Zaum zu halten.

Nachdem sie die Franzosen erfolgreich aus Italien vertrieben hatten, kam es zum Zerwürfnis zwischen Venedig und dem Papst. Und so verbündete sich Venedig mit den Franzosen gegen den Papst.

Im Jahr 1516, nach Zehntausenden von Toten, unterzeichneten die verschiedenen Beteiligten einen Vertrag, der der Karte Italiens wieder das Aussehen gab, das sie bereits 1508 gehabt hatte. Gut investierte acht Jahre.

Der Kuhkrieg
(Der Fürstbischof von Lüttich gegen den Grafen von Namur, 1272–1278)

Ein Bauer im heutigen Belgien stahl bei einem Turnier eine Kuh. Besagter Bauer wird vor die Wahl gestellt, entweder die Kuh zurückzugeben oder hingerichtet zu werden. Der Bauer entscheidet sich nicht unverständlicherweise, die Kuh zurückzugeben, und wird trotzdem hingerichtet. Der Lehnherr des Bauern verlangt Genugtuung, stellt sich einen Trupp zusammen und zerstört eine Burg. Die Herren der Gegenseite reagieren darauf, indem sie ein paar Dinge in Brand setzen. Das geht eine Weile so weiter, bis 60 Dörfer zerstört und schätzungsweise 15 000 Menschen tot waren.

Weil jemand eine Kuh gestohlen hatte.

Der Britisch-Sansibarische Krieg
(Großbritannien gegen das Sultanat Sansibar, 27. August 1896. 9.02 bis 9.40 Uhr)

Als der probritische Sultan von Sansibar das Zeitliche segnete, sehr plötzlich und mutmaßlich verdächtigerweise, folgte ihm der eher wenig probritische Sultan Chalid ibn Barghasch. Die britische Kolonialverwaltung betrachtete den Umstand, dass der Neue nicht wie vertraglich vereinbart um Erlaubnis gefragt hatte, bevor er Sultan wurde, als *Casus Belli* und sandte ein Ultimatum, in dem verlangt wurde, dass Chalid abtrete und den Palast bis 9.00 Uhr verlasse. Chalid lehnte ab und verbarrikadierte sich.

Es folgten exakt 38 Minuten Bombenhagel, in dem etwa 500 Angehörige der sansibarischen Armee verletzt wurden oder den Tod fanden, drei sansibarische Schiffe versenkt wurden und ein britischer Seemann sehr leicht verwundet wurde. Chalid suchte Asyl in Deutsch-Ostafrika, Sansibar wurde vom British Empire vereinnahmt, und dann – hübsche Fußnote am Rande – schickte das britische Militär seinen Feinden eine Rechnung über die Bomben, die es auf sie gefeuert hatte.

Es war der kürzeste Krieg der Weltgeschichte.

Düsseldorfer Kuhkrieg
(Herzogtum Pfalz-Neuburg gegen die Mark Brandenburg, Juni – Dezember 1651)

Jupp, noch mehr Kühe. Zwei Ministaaten des Heiligen Römischen Reiches lieferten sich einen kurzen Krach über Kirchengüter in den Herzogtümern Jülich und Berg. Teil der Feindseligkeiten war die Invasion des Letzteren durch Brandenburg, wobei zwei Bürger getötet und eine Herde Kühe gestohlen wurden. Der Konflikt fand ein Ende, als sich auf beiden Seiten größere europäische Mächte einschalteten und erklärten, wie peinlich das alles sei.

Die amerikanische Invasion in England
(USA gegen Großbritannien, 23. April 1778)

An John Paul Jones, Seemann schottischer Abstammung, wird von der Historie als den Vater der amerikanischen Kriegsmarine erinnert. Seine Verantwortung für die einzige US-amerikanische Invasion auf britischem Boden ist allerdings vermutlich etwas, das er lieber hätte vergessen machen wollen.

Im Frühjahr 1778 trieb sich sein Schiff, die USS *Ranger*, in der Irischen See herum und piesackte die britische Schifffahrt, als Jones plötzlich auf die Idee kam, den Hafen von Whitehaven an der Nordwestküste Englands anzulaufen, wo seine Laufbahn begonnen hatte, die Kanonen klarzumachen und die paar hundert Schiffe im Hafen abzufackeln.

Unglücklicherweise waren seine besten Offiziere von dem Plan alles andere als begeistert. Einige von denen, die es doch waren, gingen an der falschen Stelle an Land, überfielen eine Taverne, um brennbares Material für ein Feuer zu sammeln, und tauchten erst Stunden später einigermaßen derangiert wieder auf. An diesem Punkt rannte einer von ihnen los und läutete Alarm, sodass die Stadt wusste, was los war. Peinlicherweise für Jones wusste auch jeder, wer dahintersteckte. Der kleine Brand, den seine Crew hatte legen können, war rasch gelöscht.

Die Vereinigten Staaten von Amerika sind nie wieder in Großbritannien einmarschiert.*

---

* Jedenfalls nicht bis zum Zeitpunkt der Drucklegung.

Der Zwischenfall bei Petritsch
(oder: Der Krieg des streunenden Hundes)
(Griechenland gegen Bulgarien, 1925)

Am 18. Oktober 1925 stromerte in der damals umkämpften Grenzregion Thrakien nahe der Stadt Petritsch ein Hund über die Grenze zwischen Bulgarien und Griechenland. Sein Besitzer, ein griechischer Soldat, rannte hinter ihm her und wurde prompt von bulgarischen Grenzschützern erschossen. (In einer weniger spannenden Version ohne Hund, wird berichtet von Bulgaren, die über die Grenze schlenderten und einen griechischen Soldaten aufgrund eines »Missverständnisses« erschossen.) Bulgarien entschuldigte sich, Griechenland nahm die Entschuldigung nicht an und stellte ein Ultimatum, in dem die Bestrafung der Verantwortlichen und eine saftige Wiedergutmachung gefordert wurde. Vier Tage später nahm es die Stadt ein.

Als der Krieg schließlich ungefähr eine Woche später durch das Eingreifen des Völkerbunds beendet wurde, hatten mehrere Dutzend Menschen ihr Leben gelassen.

Die Kabeljaukriege
(Großbritannien gegen Island, 1958–1961, 1972–1973, 1975–1976)

Im Jahr 1958 erweiterte Island, in Sorge darüber, dass ausländische Trawler zu viel von dem guten isländischen Fisch wegfangen könnten, einseitig seine Fischereigrenzen – das Gebiet, in dem es das alleinige Fangrecht hatte – ohne Rücksprache von vier auf zwölf Kilometer. Großbritannien (stillschweigend unterstützt vom restlichen Westeuropa*) ignorierte diesen Umstand und ließ (auch eine freund-

---

* Wie sich die Zeiten doch ändern.

liche Geste) seine Fischerboote von Kriegsschiffen begleiten. Die Isländer ballerten ein bisschen herum, die Briten verlegten sich aufs Drohen, aber niemand kam ums Leben, und am Ende beruhigten sich alle wieder.

Der Konflikt flackerte in den 1970er Jahren noch zweimal wieder auf, jedes Mal versuchte Island, seine Fischereigrenzen zu erweitern. Erstaunlich ist, dass Island – mit einem Bruchteil der Bevölkerung und der Seemacht Großbritanniens – diese Konflikte jedes Mal gewann, und zwar durch den raffinierten Trick der wiederholten Drohung, die NATO zu verlassen. Sein Erfolg verdankt sich zum einen dem Umstand, dass für Island wirklich mehr auf dem Spiel stand, weil die Fischerei für die isländische Wirtschaft von existentieller Bedeutung ist, was auf Großbritannien weit weniger zutrifft – und zum anderen der Tatsache, dass die Briten es sich Mitte der 1960er-Jahre weitgehend abgewöhnt hatten, kleinere Länder auf Teufel komm raus zu bombardieren, um ihre Vormachtstellung zu unterstreichen.

Es ist nicht ganz klar, ob die Kabeljaukriege überhaupt als Kriege zählen: Es gab dabei nur einen bestätigten Todesfall, und der war auf einen Unfall zurückzuführen.* Sie gehören zu einer Klasse von Vorfällen, die häufig mit dem hübschen Euphemismus »zwischenstaatlicher Konflikt mit militärischen Mitteln« beschrieben werden.

---

* Der Ingenieur Halldór Hallfreðsson war gerade dabei, eines der isländischen Schiffe zu reparieren, und hantierte mit einem Schweißbrenner, als es zu einer Kollision mit einem britischen Schiff kam und der Abschnitt, in dem er arbeitete, voll Wasser lief. Er starb an einem tödlichen Stromschlag.

Der Große Emukrieg
(Australien gegen ein paar große Vögel, 1932)

Gut möglich, dass es sich dabei um den wirklich albernsten Krieg der Menschheitsgeschichte handelt. Nicht deshalb, weil die australische Armee gegen ein paar Emus zu Felde zog. Sondern weil die Emus gewannen.

Den Farmern im Westen Australiens war es 1932 zunehmend ein Dorn im Auge, dass große flugunfähige Vögel Amok liefen und ihre Pflanzungen verwüsteten. Um den Landwirten beizuspringen, schickte die australische Regierung das Militär mit Maschinengewehren zu Hilfe.

Man würde annehmen, das wäre auf einen ziemlich einseitigen Konflikt hinausgelaufen. Tat es nicht. Es zeigte sich rasch, dass die Emus schneller laufen als die Trucks mit den aufmontierten Maschinengewehren fahren konnten. Das spielte keine ganz so große Rolle, wie Sie jetzt vielleicht denken, weil man die Gewehre ohnehin nur abfeuern konnte, wenn die Lastwagen standen. Außerdem beherrschten die Emus noch eine weitere militärische List namens »Zickzacklaufen«.

Am vierten Tag des Einsatzes äußerten sich militärische Beobachter Berichten zufolge besorgt, dass jedes Rudel seinen eigenen Anführer hatte: »Hätten wir eine Militäreinheit von der Kugelsicherheit dieser Vögel, so könnte sie gegen jede Armee der Welt bestehen«, erklärte Major G. P. W. Meredith, der die menschlichen Streitkräfte anführte. »Sie widerstehen Maschinengewehren mit der Unverletzlichkeit von Panzern. Sie gleichen Zulus, die sich selbst durch Dumdumgeschosse nicht aufhalten lassen.«

Das Militär zog sich zurück. Aber die Siedler hörten nicht auf zu nörgeln, also versuchte man es ein paar Tage später noch einmal. Je nachdem, wie man es betrachtet, könnte das bedeuten, dass es sich eigentlich um *zwei* Emukriege handelte.

Beide endeten mit demselben Ergebnis. Die Emus hatten mehr Todesfälle zu verzeichnen – gaben aber keinen Millimeter Boden preis. Bei jedem anderen militärischen Konflikt würde das als Sieg der Emus gewertet.

~

Einige nicht übermäßig idiotische Kriege, die mit idiotischen Namen geschlagen sind

Der Fußballkrieg
(El Salvador gegen Honduras, 14.–18. Juli 1969)

Die beiden Länder lagen sich ohnehin schon wegen politischen Themen wie einer Landreform und Migrationsfragen in den Haaren, als sie in zwei Qualifikationsspielen für die Fußball-Weltmeisterschaft 1970 gegeneinander antraten und jedes von ihnen je ein Spiel gewann. Beide Fußballspiele (1:0 für Honduras und 3:0 für El Salvador) wurden von gewalttätigen Auseinandersetzungen zwischen den Fans überschattet.

Am Tag des dritten und entscheidenden Spiels brach El Salvador die diplomatischen Beziehungen zu Honduras mit der Begründung ab, dass fast 12 000 Salvadorianer aus Honduras hätten fliehen müssen, dessen Regierung, so der Vorwurf, nichts getan habe, um Mord, Unterdrückung, Vergewaltigungen und somit die massenhafte Vertreibung der salvadorianischen Landsleute zu verhindern.[*]

---

[*] Dieser Krieg wird mancherorts auch als 100-Stunden-Krieg bezeichnet.

Noch ärgerlicher mag für Honduras die Tatsache gewesen sein, dass El Salvador das Fußballspiel nach der Verlängerung mit 3:2 gewann.

Zwei Wochen später griff das salvadorianische Militär Honduras an, und im Verlauf der nächsten vier Tage ließen ein paar tausend Menschen ihr Leben, bis die Organisation Amerikanischer Staaten schließlich einen Waffenstillstand aushandeln konnte.

In vieler Hinsicht kann der Fußball als Auslöser lediglich ein Zufall gewesen sein – gut möglich, dass es auch so zum Konflikt gekommen wäre –, aber in Erinnerungen an den Krieg ist die Rede von Wandmalereien wie »Niemand schlägt Honduras« und »Rache für das 3:0«.

El Salvador flog während der Gruppenspiele aus dem Weltmeisterschaftsturnier raus, nachdem es die ersten drei Spiele verloren hatte.

Der Kuchenkrieg
(Frankreich gegen Mexiko, 1838–1839)

1832 beschwerte sich ein französischer Konditor namens Monsieur Remontel bei König Louis-Philippe, mexikanische Offiziere hätten sein Geschäft am Rande von Mexiko-Stadt geplündert, und verlangte Schadensersatz.

Der Diebstahl mündete in einen großen Rechtsstreit, und die Franzosen verlangten schließlich 600 000 Peso Entschädigung von Mexiko. Das Geld wurde nicht gezahlt – also blockierten die Europäer Mexikos Häfen und nahmen Veracruz ein.

Nach gut drei Monaten, in denen es zu lebhaftem Schmuggel, knapp über 100 mexikanischen Toten und der Amputation des Beins eines mexikanischen Generals gekommen war, welches dieser mit allen militärischen Ehren beisetzen ließ, endete der Krieg mit einem von den Briten* ausgehandelten Frieden. Aber die Entschädigung war noch immer nicht gezahlt worden – was einer der Gründe für den *zweiten* francomexikanischen Krieg im Jahr 1861 war. Dieses Mal gab es mehr als hundertmal so viele Tote.

Der Krieg um den Goldenen Stuhl
(Großbritannien gegen das Ashanti-Reich, 1900)

Noch so ein Kolonialkrieg. Der Stuhl, um den es geht, war der Thron des Ashanti-Herrschers und Symbol für die Souveränität des im heutigen Ghana gelegenen afrikanischen Reichs: Nur Mitglieder der königlichen Familie hatten das Recht, darauf zu sitzen, und wer immer ihn innehatte, galt als Oberhaupt und Personifizierung der Nation.

Sir Frederick Mitchell Hodgson, Gouverneur der britischen Goldküste, beschloss in einer Anwandlung, die glatt als Nebenhandlung in Joseph Conrads *Herz der Finsternis* gepasst hätte, dass *er* auf diesem Stuhl sitzen müsse. Ja, er wurde mit der Zeit derart von diesem Gedanken besessen, dass der künftige Premierminister David Lloyd-George seine Suche als »so etwas wie die Suche nach dem Heiligen Gral« beschrieb. Er schien zu glauben, dass er, käme er nur auf dem Stuhl zu sitzen, auf alle Zeit Gouverneur bleiben werde. Er zog damit den Zorn der Ashanti auf sich, die die nach dem Thron fahndenden britischen Militärs angriffen und in einen sechsmonatigen Krieg verwickelten, bei dem um die 3000 Menschen ihr Leben verloren. Hodgson sollte den Thron nie finden.

---

* Ich finde es tröstlich, mein Land wenigstens ein Mal auf der Seite der Friedensstifter zu finden.

Der Krieg um Jenkins' Ohr
(Großbritannien gegen Spanien, 1737–1748)

Im Jahr 1731 enterten spanische Seeleute ein Handelsschiff unter der Führung von Handelskapitän Robert Jenkins, beschuldigten ihn des Schmuggels und schnitten ihm ein Ohr ab. Sieben Jahre später teilte Jenkins diesen Vorfall dem britischen Parlament mit. Er wäre womöglich geneigt gewesen, das abgetrennte Ohr zum Beweis vorzulegen, aber in Anbetracht dessen, dass das Ganze sieben Jahre her war, verzichtete er mit an Sicherheit grenzender Wahrscheinlichkeit darauf.

Wie auch immer: Oppositionspolitiker und die britische South Sea Company befanden, dass der Vorfall einen exzellenten Vorwand bot, einen Krieg mit Spanien vom Zaun zu brechen. Das, so rechneten sie sich aus, könnte sich ganz schön gewinnbringend auswirken, nicht zuletzt deshalb, weil es die andere Seite zwingen könnte, die Sklavenmärkte Spanisch-Amerikas britischen Sklavenhändlern offenzuhalten.*

1739 zogen die Briten wirklich gegen Spanien in den Krieg, und auf beiden Seiten, insbesondere aber auf britischer, fanden Tausende den Tod, wurden verwundet oder gefangen genommen. Später ging das Ganze über in die jüngste Runde im großen Kampf um die Vormachtstellung in Europa in Gestalt des weitaus umfangreicheren Österreichischen Erbfolgekriegs. Was aus Jenkins geworden ist, berichtet die Geschichte nicht. Sein Ohr hatte gar keinen Bezug zu dem Krieg, bis der Historiker Thomas Carlyle diesen herstellte – das war über 100 Jahre nach den Vorfällen.

---

* Teufel aber auch.

Der Krieg der Himmelspferde
(Han-China gegen die Dayuan, 104–102 v. u. Z.)

Die Dayuan waren ein altes Volk im Fergana-Tal im Bereich der heutigen Grenzregion von Tadschikistan und Usbekistan. Sie waren sesshaft, lebten in befestigten Städten, liebten den Wein, hatten ein eher europäisches Aussehen und waren die Nachfahren von Griechen, die sich in dieser Region nach deren Eroberung durch Alexander den Großen im 4. Jahrhundert v. u. Z. niedergelassen hatten.*

Auf die Kunde hin, dass die Dayuan über ungewöhnlich hochgewachsene und kräftige Pferde verfügten, die ihm beim Kampf gegen die Reitervölker an seiner nördlichen Grenze sehr von Nutzen sein könnten, schickte Kaiser Wu Unterhändler zu den Dayuan, um einige davon zu erwerben. Aus welchem Grund auch immer wollten die Dayuan von dem Handel nichts wissen, brachten den Gesandten um und beschlagnahmten das Gold, das dieser bei sich hatte, um die Pferde zu bezahlen.

Und so schickten die Chinesen eine Armee. Sie bekamen ihre Pferde, dehnten ihr Reich ein gutes Stück nach Westen aus und legten den Grundstein für das, was später eine Handelsroute namens Seidenstraße zwischen China und dem Mittelmeerraum werden sollte. Der Krieg wurde berühmt als erster Kontakt – und erster Konflikt – zwischen der chinesischen und der europäischen Zivilisation.

---

* Ihre von Alexander gegründete Hauptstadt hieß Alexandria Eschate – übersetzt: »Alexandria die Äußerste«

Die Schlacht auf Witwe McCormacks Kohlacker
(Young Irelanders gegen Royal Irish Constabulary, damals der verlängerte Arm Englands, 1948)

Die Young Irelanders waren ein militanter Zweig von Daniel O'Connells Repeal Association, deren erklärtes Ziel es war, die mit dem Act of Union im Jahr 1800 erfolgte Zwangseingliederung Irlands in das Vereinigte Königreich rückgängig zu machen. Im Juli 1848 zogen die Young Irelanders, angeregt durch die Revolutionswelle, die soeben durch Europa schwappte, sowie die noch nicht überwundene große Hungersnot in Irland, durch den Süden und riefen zum Aufruhr auf.

Am 28. Juli errichteten sie nahe des Dorfes Ballingarry im County Tipperary ihre Barrikaden. Ein Trupp Polizisten traf ein, besah sich die zahlenmäßig überlegenen Aufständischen und nahm Reißaus. Sie entkamen den Rebellen, indem sie Zuflucht in einem Bauernhaus suchten, wo sie fünf kleine Kinder als Geiseln nahmen. Nach mehreren Stunden in dieser misslichen Lage, wobei es ein paar Verhandlungsversuche und eine kleine Schießerei gab, aber ansonsten nicht voranging, bekamen die Polizisten Verstärkung, und die Aufständischen suchten das Weite.

Ihren Namen erhielt die Auseinandersetzung nach der Besitzerin des Hauses und Mutter der Kinder, die den größten Teil der Belagerung verständlicherweise damit zugebracht hatte, sich zu fragen, wann sie ihr Haus und ihre Kinder wiederbekommen würde.

Der Eimerkrieg
(Bologna gegen Modena, 1325)

Der Krieg war im Grunde Teil einer jahrhundertelangen Fehde zwischen zwei seit Urzeiten verfeindeten Gruppierungen in Italien: den Ghibellinen, die den Kaiser des Heiligen Römischen Reiches in seinen politischen Ansprüchen unterstützten und in Modena das Sagen hatten, und den Guelfen, die auf Seiten des Papsttums standen und in Bologna vorherrschend waren. Die beiden hatten einander mehrfach gegenseitig Ländereien verwüstet, bevor sie schließlich in der Schlacht von Zappolino aufeinandertrafen. Obwohl die Bologneser nahezu in fünffacher Übermacht antraten, wurden sie von den Modenesern besiegt.

Der Name des Konflikts wird vielfach damit erklärt, dass der Diebstahl eines hölzernen Eimers aus Bologna Auslöser des bewaffneten Konflikts gewesen sei. Das ist möglicherweise eine Legende, und der Eimer wurde lediglich nach Kriegsbeginn als Trophäe gestohlen. Wie dem auch sei, der Eimer, oder zumindest *ein* Eimer, hängt noch heute im Rathaus von Modena von der Decke.

Der Vierte Reiter naht:
Die übelsten Pandemien der Menschheitsgeschichte

Natürlich erfordert, wie jeder bezeugen kann, der die große Corona-Krise seit 2020 miterlebt hat, nicht jedes historische Ereignis, bei dem es eine Menge Tote gibt, den Einsatz von Waffen. Um Sie ordentlich aufzuheitern, im Folgenden eine Auswahl der schlimmsten Seuchen der Geschichte.

Der Schwarze Tod

Jahre: 1347–1351
Todesopfer in Millionen: 75–200
Weltbevölkerung in Millionen: 440
Ungefährer Anteil der Toten an der Gesamtbevölkerung in Prozent:
17-45

Die Pest war mit großer Sicherheit die tödlichste Krankheit der Geschichte. Zwischen 1347 und 1351 löschte sie ein Drittel bis die Hälfte der Bevölkerung Europas aus. In vier Jahren.

Die häufigste Form der Pest ist, nebenbei bemerkt, die Beulenpest – das ist die mit den schmerzhaften Schwellungen (Beulen) in der Umgebung von Lymphknoten. Andere Varianten der Krankheit (verursacht durch denselben Erreger, das Bakterium *Yersinia pestis*) – die Lungenpest (der Erreger erreicht die Atemwege) und die Pestsepsis (der Erreger geht ins Blut) – sind weniger verbreitet, aber mindestens so tödlich.

Justinianische Pest

Jahre: 541–549, mit weiteren Ausbrüchen bis 750
Todesopfer in Millionen: 25–50 im Verlauf zweier Jahrhunderte
Weltbevölkerung in Millionen: 200
Ungefährer Anteil der Toten an der Gesamtbevölkerung in Prozent:
12–25

Vermutlich ein weiterer, früherer Ausbruch der Beulenpest. Man hat lange geglaubt, dieser habe im Alleingang die Überreste des Römischen Reichs hinlänglich geschwächt, um dessen Rückeroberung des Westens zu behindern und den arabischen Eroberungszügen des folgenden Jahrhunderts den Boden zu bereiten. In dieser Hinsicht war es vielleicht nicht die tödlichste Seuche der Geschichte, aber wohl die mit den schwerwiegendsten Konsequenzen.

Aber auch hier stimmt das vielleicht gar nicht: Es ist ein ziemlicher Unterschied zwischen 25 Millionen Toten in zwei Jahrhunderten und bis zu 200 Millionen Toten binnen fünf Jahren. Studien aus dem Jahr 2019 kamen zu dem Schluss, dass es in diesem Fall im Unterschied zum Schwarzen Tod nur wenige Hinweise auf einen Zusammenbruch der Landwirtschaft gibt – was vermuten lässt, dass die Bevölkerung nicht über Gebühr viel einstecken musste. Ist aber gut möglich, dass das eine maßlose Übertreibung der Regenbogenpresse im 6. Jahrhundert war.

Antoninische Pest
Jahre: 165–180
Todesopfer in Millionen: 5–10
Weltbevölkerung in Millionen: 185
Ungefährer Anteil der Toten an der Gesamtbevölkerung in Prozent: 3–5

Vermutlich Pocken oder vielleicht auch Masern. Hat wenigstens einen römischen Kaiser auf dem Gewissen – Lucius Verus, der bis zu seinem unschönen Tod mit Mark Aurel zusammen römischer Kaiser war. Möglicherweise erging es Mark Aurel ebenso.

Spanische Grippe
Jahre: 1918–1920
Todesopfer in Millionen: 40–50
Weltbevölkerung in Millionen: 1800
Ungefährer Anteil der Toten an der Gesamtbevölkerung in Prozent: 2–3

Die tödlichste Grippe der Weltgeschichte – kostete mehr Menschen das Leben als der Erste Weltkrieg. Übrigens heißt sie Spanische Grippe, weil die Spanier, die sich aus dem Krieg herausgehalten hatten, die Ersten waren, die die Pandemie in ihren Zeitungen öffentlich diskutierten. Was ein bisschen unfair erscheint.*

Cocoliztli, Mexiko
Jahre: 1545–1548
Todesopfer in Millionen: 5–10
Weltbevölkerung in Millionen: 450–500
Ungefährer Anteil der Toten an der Gesamtbevölkerung in Prozent: 1–3

Cocoliztli war eine mysteriöse Krankheit, die mit hohem Fieber und Blutungen einherging. Man nimmt an, ein Subtyp von Salmonellen – wobei frühere Wellen durchaus auch auf Pocken zurückzuführen sein können. (Es ist nicht klar, ob es sich um nur eine Krankheit handelt.) Die Wissenschaft schätzt, dass binnen eines Jahrhunderts nach Kolumbus' Ankunft 90 Prozent der indigenen Bevölkerung Amerikas an aus Europa eingeschleppten Krankheiten verstarb und bezeichnet diese Ära als »das Große Sterben«.

Die dritte Pest-Pandemie
Jahre: Ende des 19. Jahrhunderts
Todesopfer in Millionen: 12
Weltbevölkerung in Millionen: 1500
Ungefährer Anteil der Toten an der Gesamtbevölkerung in Prozent: 0,8

---

* Der erste dokumentierte Fall ereignete sich in Kansas. In Spanien hieß die Krankheit »Französische Grippe«.

Noch eine Runde Beulenpest – dieses Mal wütete sie am schlimmsten in China und Indien. Den Namen verdankt sie dem Umstand, dass sie die dritte Pest-Pandemie mit Auswirkungen in Europa nach der Justinianischen Pest und dem Schwarzen Tod war.

HIV/AIDS
Jahre: 1959 bis heute
Todesopfer in Millionen: 30 +
Weltbevölkerung in Millionen: 3000–8000
Ungefährer Anteil der Toten an der Gesamtbevölkerung in Prozent: 0,4-1

Die größte Seuche des ausgehenden 20. Jahrhunderts hat, wie man annimmt, ihren Ursprung im Kongo um das Jahr 1920, wurde aber erst ab den 1980er-Jahren – als der Westen betroffen wurde – wirklich wahrgenommen. Sie dauert an, wobei es inzwischen wenigstens Behandlungsmöglichkeiten gibt.

Persische Pest
Jahre: 1772–1773
Todesopfer in Millionen: 2
Weltbevölkerung in Millionen: 800
Ungefährer Anteil der Toten an der Gesamtbevölkerung in Prozent: 0,25

Und noch mehr Pest, was ganz gut zeigt, warum »Pest« zum Synonym für »verdammt scheußliche Pandemie« geworden ist. Diese grassierte in Persien, wobei relativ strenge Hygienemaßnahmen verhinderten, dass sie in der Welt darum herum zu viel Schaden anrichtete.

Diese Berichte sind natürlich lediglich ein Teil der Geschichte: Manche Krankheiten fehlen in dieser Auflistung nicht deshalb, weil sie nicht tödlich, sondern weil sie zeitlich oder räumlich nicht beschränkt genug waren, um das Etikett »Pandemie« zu verdienen. Allein im 20. Jahrhundert starben ungefähr 300 Millionen Menschen an Pocken – das sind mehr, als am Schwarzen Tod, der allertödlichsten Pandemie der Geschichte, zugrunde gingen. Falls Sie zu dieser unvorstellbaren Zahl gehörten, wäre es gelinde ausgedrückt ein wenig irritierend zu erfahren, dass Ihre Krankheit es nicht in die Top Ten geschafft hat, weil sie als langfristiges Problem gilt statt als kurzlebige »Pandemie«.*

Hinzu kommt, dass Krankheiten, die im Laufe der Geschichte beständig ihren Tribut fordern, sehr viel schwieriger mit Opferzahlen zu belegen sind: Sie können kaum die Totenscheine der letzten 5000 Jahre durchgehen. Infolgedessen sind Zahlen, die man irgendwo findet, oftmals umstritten, wenn nicht gar reine Erfindung.

Mit großem Bedauern habe ich sie daher weggelassen. Schnief.

Die tödlichsten Ereignisse aller Zeiten

Wenn Sie nun also gerne wüssten, welche historischen Ereignisse die meisten Todesopfer gefordert haben – wenn Sie partout die Eroberungszüge eines Dschingis Khan gegen die Spanische Grippe aufrechnen wollten, um in bester Trump'scher Manier sehen zu wollen,

---

* Genau genommen wäre es das nicht, weil Sie Wichtigeres im Kopf hätten und auf jeden Fall ohnehin tot wären. Aber trotzdem.

was denn nun das tödlichste war –, nun, dann wären Sie vermutlich eine ziemlich morbide und kaputte Persönlichkeit.

Glück für Sie, dass ich eine bin, also los geht's.

Im Folgenden zu Ihrem Ergötzen meine heißesten Tipps für die tödlichsten historischen Ereignisse aller Zeiten.

Platz	Todesopfer in Millionen	Geschehen	Jahrhundert
1	75–200	Schwarzer Tod	14.
2	66	Zweiter Weltkrieg	20.
3	40–50	Spanische Grippe	20.
4=	40	Mao Tse-tung	20.
4=	40	Dschingis Khan	13.
6	25–50	Justinianische Pest	6.
7	30	HIV/AIDS	20.–21.
8	27	Britisch-Indien	18.–20.
9	25	Untergang der Ming-Dynastie	17.
10	13	An-Lushan-Rebellion	8.

Nun wissen Sie Bescheid. Der Schwarze Tod hat mehr Tote auf dem Gewissen als der Zweite Weltkrieg. Und, ja, die Spanische Grippe brachte vermutlich mehr Menschen um als die Schlachten und Expeditionen unter der Führung von Dschingis Khan.

Trotz all der Schrecken, die die Unmenschlichkeit des Menschen dem Menschen angetan hat, haben Krankheiten vermutlich mehr Todesopfer gefordert als Kriege.

Ein echter Killer – mit großer Chance auf den Titel »der schlimmste von allen« – ist aus Gründen, die wir bereits besprochen haben, von dieser Liste ausgespart geblieben.

Seit Jahren hält sich hartnäckig die vielfach wiederholte Halbwahrheit, dass Malaria womöglich im Alleingang die Hälfte der Menschen auf dem Gewissen hat, die je gelebt haben. Das bescherte dem winzigen Moskito eine Opferzahl von mehr als 50 Milliarden –

nicht nur mehr, sondern um ein paar Größenordnungen mehr als alle anderen Ereignisse, die es je gegeben hat.

Als Tim Harford von der BBC sich daranmachte, die ursprüngliche Quelle dieser Behauptung zu finden, lief er auf Grund: Angesehene Zeitschriften und wissenschaftliche Institutionen haben sie wiederholt, aber niemand wartete mit irgendetwas auf, das einem Beweis auch nur nahegekommen wäre.

Es ist somit möglich, dass Moskitos mehr Menschen umgebracht haben als alles andere in der gesamten Menschheitsgeschichte – aber genauso gut auch, dass dem nicht so ist. In Ermangelung diesbezüglicher Beweise nehmen wir sie deshalb aus den Charts. Jeder Vertreter der Moskito-Community, der sich berufen fühlt, diese Entscheidung zu diskutieren, ist eingeladen, dies schriftlich kundzutun.

Wichtige Erfindungen aus Frauenhand

RUFNUMMERNANZEIGE (OFFIZIELL CLIP-FUNKTION FÜR »CALLING LINE IDENTIFICATION PRESENTATION«) UND ANKLOPFEN BEI TELEFONATEN: Beide in den 1970er-Jahren erfunden von der afroamerikanischen Physikerin Dr. Shirley Ann Jackson, als sie in Diensten von AT&T Bell stand.

SCHEIBENWISCHER: Erfunden von Mary Anderson, einer Immobilienunternehmerin, der – vermutlich mit einigem Erstaunen – auffiel, dass der New Yorker Straßenbahnfahrer, mit dem sie an einem verschneiten Tag unterwegs war, ständig anhielt und ausstieg, um seine Windschutzscheibe zu säubern, damit er niemanden umfuhr. Also erfand sie 1903 ein Gerät, dass es Fahrern ermöglichte, die Scheiben aus dem Wageninneren heraus zu reinigen, und ließ sich das Ganze für 17 Jahre patentieren. Verrückterweise begann die Automobilindustrie, sich erst nach 1920 für die Sache zu interessieren, sodass Anderson damit so gut wie keinen Heller verdiente.

NICKEL-WASSERSTOFF-AKKUMULATOREN: Erfunden von der Puertoricanerin Olga D. González-Sanabria. Mag nach nix klingen, aber versuchen Sie mal, die ISS ohne diese Dinger zu unterhalten.

MIT ERDGAS BETRIEBENE ZENTRALHEIZUNG: Ein Heizsystem aus Ofen, Wärmeaustauscher und Rohren, über die Wärme in jedes Zimmer geführt werden konnte, wurde von einer weiteren Afroamerikanerin, Alice H. Parker, ersonnen, die dafür 1919 ein Patent ausgestellt bekam.

GESCHIRRSPÜLMASCHINE: Erfunden von Josephine M. (Garis) Cochran, einer Dame der Gesellschaft in Shelbyville, Illinois, die sich zunehmend darüber ärgerte, dass ihre Angestellten beim Abwaschen nach den von ihr veranstalteten Essen ständig Geschirr zerbrachen. 1886 wurde die Maschine auf ihren Namen patentiert.

WEGWERFWINDELN: Hmm, ich wittere ein Schema. Wie dem auch sei: Die sind von der Amerikanerin Marion Donovan, 1951. Davor waren alle Windeln aus Stoff.

CHEMOTHERAPIE: Eine weitere Afroamerikanerin, Dr. Jane Cooke Wright, revolutionierte die Krebsbehandlung am Harlem Hospital und dem New York University Medical Center.

KEVLAR (PARA-ARAMID-FASERN): Mitte der 1960er-Jahre erfunden von der polnischstämmigen Amerikanerin Stephanie Kwolek. Heutzutage gehört die sehr leichte, aber extrem feste Faser zu den Hauptbestandteilen kugelsicherer Westen.

AUTOMATISIERTES RECHNEN MITTELS GROSSER DATENBLÖCKE: Ada Lovelace – auf ewig dazu verdammt, stets Tochter des Dichters Lord Byron genannt zu werden, als wäre das Definieren einer Frau über ihren Vater nicht Sexismus pur – wird oft das Verfassen des ersten Computerprogramms attestiert: Eine Fußnote ihrer Übersetzung der französischen Fassung eines Vortrags von Charles Babbage aus dem Jahr 1843 enthält einen kompletten Algorithmus zur Berechnung von Bernoulli-Zahlen*.

Nur ein knappes Jahrhundert später, zu Beginn der 1950er-Jahre erfand Grace Hopper den ersten Compiler, eine Art Computerprogramm, das menschliche Anweisungen in Computer-Code übersetzen kann und aus dem sich letztlich die Programmiersprache COBOL entwickelte.

MONOPOLY: Das Spiel wird häufig einem arbeitslosen Typen namens Charles Darrow zugeschrieben, der es während der Weltwirtschaftskrise 1929 erfunden und an den Spielwarenhersteller Parker Brothers verkauft haben soll. Aber er ist nur ein weiteres Beispiel für einen Mann, der von der Arbeit einer Frau profitiert hat. Elizabeth Magie hielt seit 1903 das Patent auf ein Spiel namens »The Landlord's Game«, das im Grunde genau wie Monopoly abläuft, aber mit dem expliziten Ziel zu zeigen, dass Monopole furchtbar sind. Sie verdiente damit 500 Dollar, Darrow starb als Millionär.

Ein paar wichtige Dinge, die von den Chinesen erfunden wurden

SEIDE: Die Entdeckung, dass gewisse Insektenlarven einen Faden spinnen, aus dem sich luxuriöse, schimmernde Stoffe herstellen lassen, obwohl sie – seien wir ehrlich – wirklich alles andere als anzie-

---

* Das zeigt mehr als alles andere, dass man Fußnoten grundsätzlich lesen sollte.

hend aussehen, wird üblicherweise der legendären Kaiserin Leizu zugeschrieben, die im 27. Jahrhundert v. u. Z. das Glück hatte, dass ihr ein Seidenraupenkokon in den Tee fiel und sich zu einem Faden auflöste. Wir können beruhigt davon ausgehen, dass das nie so geschehen ist: Zum einen, weil archäologische Befunde darauf schließen lassen, dass Seide schon Jahrhunderte früher in China zu haben war, nämlich im 4. Jahrtausend v. u. Z., zum anderen, weil es Leizu mit an Sicherheit grenzender Wahrscheinlichkeit überhaupt nicht gegeben hat.

Was man hingegen wirklich weiß, ist, dass die Menschen im antiken China Seide für prunkvolle Kleidung, als Oberfläche zum Beschreiben und Bemalen, sogar als eine Form von Geld verwendeten. Nach Eurasien gelangte sie erst in den letzten Jahrhunderten v. u. Z. und selbst da hatten China und seine Anrainerstaaten noch für weitere 1000 Jahre etwa das Monopol auf deren Herstellung.

TEE: In Legenden, die die Entdeckung des Tees der Gottheit Shennong zuschreiben, wird das erstaunlich präzise Datum 2737 v. u. Z. genannt. In einer Darstellung heißt es, seinen Dienern seien Teeblätter in kochendes Wasser geweht – die frappierende Ähnlichkeit mit der Seidenstory macht schon ein wenig stutzig.* In Wirklichkeit entstand er wohl während der Shang-Dynastie – die in der zweiten Hälfte des 2. Jahrtausends v. u. Z. am Unterlauf des Gelben Flusses herrschte – und erreichte Europa erst im 16. Jahrhundert, eingeführt von den Portugiesen.

---

* In einer anderen soll er doch tatsächlich gestolpert und in ein paar Teebüsche gefallen sein. Als jemand, der in seinem Leben viele Male hingefallen ist, und dies auf vielerlei peinliche Weise, sogar einmal in einen Gully (kein Witz), und dabei nie etwas erfunden hat, würde ich mich wohl als »Zyniker« beschreiben.

PORZELLAN: Wie das englische Wort für Porzellan, *china*, nahelegt, stammt auch diese Erfindung aus China.* Wurde bereits während der Shang-Dynastie beschrieben, aber es dauerte Jahrhunderte, die Technik seiner Herstellung zu perfektionieren. Ab dem 8. Jahrhundert wurde es als Luxusgut in die islamische Welt exportiert, nach Europa gelangte es erst im 16. Jahrhundert.

SEISMOGRAPH: Das erste Instrument zum Nachweis von Bodenerschütterungen (durch Erdbeben, Vulkanausbrüche und Ähnliches) war das Werk von Zhang Heng, Wissenschaftler in Diensten der Regierung zur Zeit der Han-Dynastie, im Jahr 132 u. Z. Es handelte sich dabei um ein großes Bronzegefäß von zwei Metern Durchmesser, auf dessen Außenseite ringsherum Drachen montiert waren, unter denen Kröten mit aufgesperrten Mäulern standen. Im Falle einer Erschütterung fiel aus dem Maul eines der Drachen eine kleine Kugel in das Maul der darunter stehenden Kröte. Der Standort der Kröte zeigte die Richtung an, in der sich das Erdbeben ereignete.

Das Gerät soll, so wird berichtet, Tage bevor Meldereiter eintrafen, den Behörden zuverlässig ein Erdbeben im Nordwesten angezeigt haben. Außerdem sieht es sehr viel cooler aus als moderne Seismographen.

---

* Wobei solche Schlussfolgerungen alles andere als unfehlbar sind: Ein Persianer stammt keineswegs aus Persien.

PAPIER*: Herkömmlicherweise Cai Lun zugeschrieben, einem Eunuchen, der als Beamter am Hof der Han-Dynastie wirkte und um das Jahr 105 die geniale Idee gehabt haben soll, dass Papier ein besseres und billigeres Material zum Beschreiben darstellt als Seide. In Wirklichkeit aber hat man in China Papierfunde gemacht, die zwei Jahrhunderte älter sind, demnach wäre es wohl korrekter zu sagen, Cai Lun hat nicht das Papier, sondern die Kunst des Papierschöpfens begründet. Oder möglicherweise von jemandem die Idee stibitzt, der in der sozialen Hierarchie unter ihm stand.

Wie dem auch sei: Das Papier erreichte die islamische Welt um das 8. Jahrhundert herum, vielleicht über die Seidenstraße, vielleicht aber auch (das ist eine oft gehörte, aber eher unwahrscheinliche Erklärung), weil das Abbasidenkalifat, das von Bagdad aus herrschte, nach der Schlacht am Talas 751 ein paar Kriegsgefangene aus China dazu brachte, jedermann die Herstellung zu zeigen. Nach Europa gelangte das Schreibmaterial im 11. Jahrhundert.

SCHIESSPULVER: Im 9. Jahrhundert in China als Waffe erfunden und gegen Ende des 13. Jahrhunderts über den größten Teil Eurasiens verbreitet. War womöglich Nebenprodukt bei der Suche der

---

* Die letzten vier Posten auf dieser Liste – Papier, Schießpulver, Drucken mit beweglichen Lettern und der Kompass – werden oft als die »Vier großen Erfindungen« bezeichnet. Auch wenn dieser Begriff dem Muster anderer Listen bedeutender chinesischer Errungenschaften entspricht (»Die Vier Schönheiten«, »Die Vier Klassischen Romane« und so weiter), so stammt er vermutlich aus Europa und datiert aus dem 16. Jahrhundert. Zu jener Zeit rühmten sich die Europäer untereinander mit stolzgeschwellter Brust, über Technologien zu verfügen, von denen die Römer noch keine Ahnung gehabt hätten, was alles schön und gut war, bis Reisende zu berichten begannen, dass die Chinesen diese Dinge bereits seit Jahrhunderten beherrschten. Im 19. Jahrhundert, als die Europäer den Schock schließlich verwunden hatten, begannen sie diese Erfindungen den Chinesen zuzuschreiben. Seither ist der Begriff auch bei den Chinesen selbst zum Fixpunkt nationalen Stolzes geworden.

Alchimisten nach dem unsterblich machenden »Lebenselixier«, was eine recht hübsche ironische Volte darstellt, oder?*

DAS DRUCKEN MIT BEWEGLICHEN LETTERN: Das heißt, die Art von Drucktechnik, die es Ihnen ermöglicht, Buchstaben und andere Symbole nach Belieben zu kombinieren. Das erste System dieser Art, das Werk des chinesischen Erfinders Bì Sheng ungefähr aus dem Jahr 1040, verwendete für diesen Zweck Porzellan. Wang Zhen verfiel dann um 1300 auf eine langlebigere Lösung aus Holz. Der Deutsche Johannes Gutenberg aus dem 15. Jahrhundert wird oftmals als Erfinder des Drucks bezeichnet. Es wäre vermutlich richtiger zu sagen, dass er derjenige war, der das Drucken mechanisiert hat, indem er die Druckpresse erfand.

DER KOMPASS: Eine frühe Version des Kompasses unter Verwendung von Magnetit – einem Mineral, dessen Kristalle sich nach dem Magnetfeld der Erde ausrichten – wurde bereits zur Zeit der Han-Dynastie irgendwann zwischen dem 2. Jahrhundert v. u. Z. und dem 1. Jahrhundert u. Z. in China entwickelt. Man nannte das Instrument »Südweiser«, weil die Magnetnadel gen Süden wies – der in China denselben Status hat wie in anderen Teilen der Welt der Norden.

Die ersten Kompasse wurden von Wahrsagern im Kontext mit der Lehre des Feng-Shui und für verschiedene Formen von Hellseherei verwendet. Erst im 11. Jahrhundert waren sie klein genug geworden, um sie zum Navigieren einsetzen zu können. Genau genommen gibt es gewisse Hinweise darauf, dass die Olmeken, eine der frühen Kulturen im heutigen südlichen Mexiko, den Kompass schon ein paar Jahrhunderte vor den Chinesen gehabt haben sollen

---

* Verblüffend ist auch, wie viel rascher als etliche der anderen Erfindungen auf dieser Liste eine nützliche Waffe den Weg in den letzten Winkel von Eurasien gefunden hat.

(allerdings gibt es keine Hinweise darauf, dass sie diesen zum Navigieren verwendet hätten). Und damit sind wir bei ...

~

Ein paar Dinge, die vermutlich nicht von den Chinesen erfunden wurden, diesen aber häufig zugeschrieben werden.

DRACHEN: Angeblich die Erfindung von ein paar chinesischen Philosophen aus dem 5. Jahrhundert v. u. Z., tatsächlich jedoch bereits auf indonesischen Höhlenmalereien zu finden, die 9000 (!) Jahre älter sind.

ALKOHOL: Ausgrabungsfunde aus einem jungsteinzeitlichen Dorf in der nordchinesischen Provinz Henen, die die Technik des Brauens belegen, wurden auf 7000 v. u. Z. datiert – aber in der Nähe von Haifa im heutigen Israel hat man eine noch weit ältere Brauerei gefunden.

SÄMASCHINE ODER DRILLMASCHINE: Ein Gerät zum Ausbringen und Versenken von Reihensaatgut zur Erhöhung der landwirtschaftlichen Produktivität. Manchmal China zugeschrieben, das allem Anschein nach die erste Region war, in der im 2. Jahrhundert v. u. Z. Modelle mit mehreren Röhren nebeneinander verwendet wurden – aber die Sumerer verwendeten bereits mehr als 1000 Jahre früher eine einfachere Ausführung.

NUDELN: Eine beliebte Legende will es, dass der Forschungsreisende Marco Polo Nudeln aus China nach Italien gebracht hat – aber in seinen Niederschriften vergleicht er Nudeln mit Pasta, was die Vermutung nahelegt, dass er bereits wusste, was Pasta war. Damit nicht genug, schrieb der griechische Arzt Galenos bereits im

2. Jahrhundert über etwas, das verdächtig nach Nudeln klingt – eine Mischung aus Mehl und Wasser, die er *itrion* nannte.

Die frühesten schriftlichen Zeugnisse über chinesische Nudeln entstammen der Han-Zeit (25–220 u. Z.), in der sie als Grundnahrungsmittel galten, und archäologische Funde belegen, dass sie bereits 2000 Jahre früher verzehrt wurden. Es ist jedoch nicht klar, ob sie am Mittelmeer, in China oder im arabischen Raum erfunden wurden – oder vielleicht auch von mehreren Kulturen unabhängig voneinander.

Vergangene afrikanische Zivilisationen

Sobald es um Afrika und dessen Kultur geht, verfällt der Westen in zwei schlechte Gewohnheiten: Er behandelt ein Gebiet, das fast so groß ist wie Europa und Nordamerika zusammen und auf dem 54 Nationalstaaten zu Hause sind, als wäre es kein Kontinent, sondern ein Land, und er tut so, als hätte dessen Geschichte erst begonnen, als die ersten Weißen dort auftauchten – also irgendwann im 19. Jahrhundert.

Das ist ganz offensichtlich Unsinn. Anbei eine Auswahl der König- und Kaiserreiche, die es auf diesem Kontinent gab, lange bevor Europäer einen Fuß darauf setzten.

Die Nok-Kultur
Eine eisenzeitliche Zivilisation, benannt nach jenem Dorf in Zentralnigeria, in dem man 1928 die ersten Terrakottafiguren gefunden hat, für die diese Kultur berühmt ist. Bewohnte eine Fläche, die un-

gefähr der von Portugal entsprach. War möglicherweise die erste Kultur in Subsahara-Afrika, die das Schmelzen von Eisen perfektionierte. Stellte aus Terrakotta Figuren von Tieren und stilisierte Menschenköpfe her. Erlebte ihre Blütezeit mindestens vom 5. Jahrhundert v. u. Z. bis zum 2. Jahrhundert u. Z., existierte vermutlich aber mehrere Jahrhunderte länger.

Das Königreich von Aksum

In Anbetracht dessen, dass der persische Prophet Mani es im 3. Jahrhundert (neben Rom, Persien und China) als eine der vier größten Mächte jener Zeit erachtete, wissen wir bemerkenswert wenig darüber: Zeugnisse seiner Geschichte oder schriftliche Aufzeichnungen sind nicht erhalten. Wir wissen, dass das Königreich einen Großteil von Eritrea und des nördlichen Äthiopien einnahm, vom 1. Jahrhundert v. u. Z. bis zum 9. Jahrhundert existierte und Königsgräber mit riesigen Obelisken zierte, darunter einem besonders großen, der mit 33 Meter Höhe an ein elfstöckiges Gebäude herankommt und womöglich der höchste Monolith seiner Art ist, der je errichtet wurde.

Im 4. Jahrhundert konvertierte das Königreich zum Christentum und war außerdem vermutlich die Heimat der Beta Israel – äthiopischer Juden, die Ende des 20. Jahrhunderts nach Israel auswanderten. Sein Niedergang scheint zum Teil darauf zurückzuführen sein, dass ihm mit dem Aufstieg des ersten islamischen Kalifats im 7. Jahrhundert ein mächtiger Konkurrent erwuchs und es dadurch vom internationalen Handel abgeschnitten wurde.

Das Reich von Ghana
Gelegen im Süden des heutigen Mali und in Mauretanien. Erlebte seine Blütezeit zwischen dem 6. und 13. Jahrhundert und verdankte seinen Wohlstand dem Salzhandel zwischen Arabern und Berbern, die die Sahara im Norden des Reichs durchquerten, sowie Gold- und Elfenbeinhändlern im Süden.

Der Name Ghana – der später von der ehemaligen, 1957 in die Unabhängigkeit entlassenen britischen Kolonie an der Goldküste übernommen wurde, obwohl diese außerhalb der Grenzen des Reiches lagen – war ursprünglich der Titel seiner Herrscher und bedeutete »Krieger« oder »Kriegsanführer«. Die Könige selbst nannten ihr Reich Wagadu. Nach seinem Niedergang wurde das Königreich einverleibt vom …

Reich Mali
Blütezeit ungefähr zwischen 1230 und 1645. Was als kleines Königreich der Mandika am Oberlauf des Niger begann, wuchs im Laufe der Jahrhunderte zum größten Reich, das Afrika je gekannt hat. Es umfasste 400 Städte und erstreckte sich über 1800 Kilometer von den Mündungen der Flüsse Gambia und Senegal an der westafrikanischen Küste bis zu den Handelsstädten Gao und Timbuktu.

Einige afrikanische Gelehrte vertreten die Ansicht, dass im frühen 14. Jahrhundert der neunte *Mansa* (König) Abu Bakr (auch Abubakari) II. auf seinen Thron verzichtet habe, um die Weltmeere zu erkunden und dabei 180 Jahre vor Christoph Kolumbus den amerikanischen Doppelkontinent entdeckt habe. Sein Nachfolger Mansa Musa wird gelegentlich als der reichste Mensch gerühmt, der je gelebt hat; auf seiner Pilgerfahrt nach Mekka soll er so viel Gold ausgegeben haben, dass er damit aus Versehen eine galoppierende Inflation in Gang setzte, die in eine größere Wirtschaftskrise mündete. Hoppla.

Wie dem auch sei, zu Beginn des 16. Jahrhunderts kamen dem Reich beträchtliche Teile seines Herrschaftsraumes abhanden, ein Großteil davon ging an das ...

Songhai-Reich

Expandierte von Gao aus, als das Mali-Reich Ende des 15. Jahrhunderts zu zerfallen begann, und umfasste am Ende ein ähnlich großes Stück Westafrika. Das Songhai-Reich ging zugrunde nach der Niederlage gegen das Marokko-Reich in der Schlacht bei Tondibi 1591. Die Songhai zogen sich daraufhin in die Provinz Dendi zurück und versuchten dort einen Nachfolger des Songhai-Reiches zu etablieren. Diese Nachfolge fand mit der Einnahme durch Frankreich 1901 sein Ende.

Königreich Benin

Hat seine Wurzeln in einem Stadtstaat (Edo) in den Wäldern Südnigerias, circa 1000 u. Z. Um 1440 begann es, zunächst unter Oba (König) Ewuare und später den Kriegerkönigen, die ihm nachfolgten, benachbartes Territorium einzunehmen und sich vom Nigerdelta im Osten bis zum heutigen Lagos im Westen auszudehnen, das in seinen Anfängen als Heereslager von Benin gedient hatte.

Zu seiner Blütezeit verfügte die Hauptstadt des Königreichs über eine Straßenbeleuchtung aus Metalllampen, die mit Palmöl betrieben wurden. Vor Angriffen war es geschützt durch das größte Bauwerk, das vor Beginn des industriellen Zeitalters errichtet wurde: Laut Fred Pearce vom *New Scientist* hatten die Mauern von Benin alles in allem eine Länge von 16 000 Kilometern, »viermal so lang wie die Chinesische Mauer, und hundertmal mehr Material verschlungen als die Cheops-Pyramide«.

Zu Beginn des 16. Jahrhunderts stand Benin in extensivem Handelsaustausch mit Portugal, es hatte sogar einen Botschafter nach Lissabon entsendet. Nach 1700 begann jedoch der Niedergang des Königreichs, und 1897 wurde es vom British Empire erobert.

Königreich Simbabwe

Hatte seine Blütezeit zwischen dem 11. und dem 15. Jahrhundert und kontrollierte einen Großteil des Handels zwischen den Ländern im Inneren Afrikas und dessen Südostküste. Archäologen, die die Hauptstadt Groß-Simbabwe (abgeleitet vom Shona-Wort für »großes Haus aus Stein«) untersucht haben, sind auf Porzellan aus China und Persien sowie auf Münzen aus der arabischen Welt gestoßen. Sein Niedergang begann um 1400, und es wurde schließlich überstrahlt vom benachbarten Königreich Mutapa – wobei es sich hier auch um einen Fall von Verlagerung der Hauptstadt durch die herrschende Klasse handeln kann –, das bis zur Mitte des 16. Jahrhunderts Bestand hatte.

Königreich Kongo

Bestand vom 14. bis zum 19. Jahrhundert auf dem Gebiet des heutigen Angola und der Demokratischen Republik Kongo. Wurde reich durch den Handel mit Kupfer, Elfenbein, und, schlimmer noch, Sklaven entlang des Kongo. Nach dem ersten Kontakt zu portugiesischen Händlern um 1482/1483 begann es, durch den Tausch von Seide, Porzellan und anderen Luxusgütern gegen Sklaven zu blühen. Um dieselbe Zeit trat das Königreich zum Christentum über und benannte sogar seine Hauptstadt um in São Salvador. Ab dem 18. Jahrhundert ging es mit der Unabhängigkeit bergab, und das Königreich wurde nach und nach dem portugiesischen Kolonialreich einverleibt.

Königreich Zululand

Eine Monarchie, die es unter der Herrschaft ihres Oberhaupts Shaka (der von 1816 bis zu seiner Ermordung 1828 regierte) fertigbrachte, einen Großteil des heutigen KwaZulu-Natal an der südafrikanischen Küste zum Indischen Ozean militärisch zu beherrschen.

Nach der Invasion durch die Briten 1879 bescherten die Zulu-Krieger in der Schlacht bei Isandhlwana den Truppen des Empire definitiv eine ordentliche Niederlage (wobei sie, wie man der Ehrlichkeit halber sagen muss, ihr traditionelles Kriegsgerät durch Gewehre ersetzt hatten, was nicht sehr sportlich war), aber der Zulukrieg der Angelsachsen endete im darauffolgenden Juli mit der Niederlage der Zulu und der Zerschlagung des Königreichs durch das Empire.

∼

Die sieben Weltwunder und warum Sie sie (zum größten Teil) nicht mehr sehen können

Die Kunde von den sieben Weltwundern der Antike atmet eine gewisse Erhabenheit, verheißt doch der Name eine Reihe von zeitlosen Denkmälern menschlicher Geistesgröße.

Eine Assoziation, die sie nicht auf den Plan ruft, ist eine antike Reiseplattform à la »TripAdvisor Griechenland«, was schade ist, denn in gewisser Hinsicht ist sie genau das. Diejenigen, die Auflistungen dieser Art erstmals aufstellten, verwendeten ursprünglich das Wort θεάματα oder *theamata*, übersetzt »Sehenswürdigkeiten«. Das war keine Auflistung überzeitlicher Wunder, die auf ewig Bestand haben: Es war ein Listicle von der Sorte wie jene »101 Dinge, die Sie getan haben sollten, bevor Sie sterben«.

Die Liste, auf die man letztlich verfiel – es hätte andere Möglichkeiten gegeben –, enthält auch einen Eintrag, der nur für die Dauer eines doch relativ kurzen Menschenlebens existierte, und einen, den es womöglich nie gegeben hat. Es handelte sich um nicht viel mehr als um eine Checkliste für Reisende, die nach den Eroberungen Alexanders des Großen zum ersten Mal in der Geschichte einen ziemlich großen Streifen des östlichen Mittelmeerraums erkunden konnten, um die großen Leistungen der Menschheit zu bewundern, zuerst und zuvörderst natürlich die derjenigen, die das Glück hatten, als Griechen geboren zu sein.

Nur für den unwahrscheinlichen Fall, dass Sie plötzlich eine Stange Zeit zum Totschlagen im 3. Jahrhundert v. u. Z. haben, hier die Dinge, die Sie tatsächlich ansehen sollten.

Zeus-Statue des Phidias

Geschaffen: 435 v. u Z.
Wo: im Zeus-Tempel von Olympia
Von wem: den Eleern, die damals die Olympischen Spiele ausrichteten und Eindruck schinden wollten. Das von ihnen gewählte Mittel bestand in einer mit Gold und Elfenbein verzierten imposanten, 12 Meter hohen Statue, die den Göttervater auf einem Thron sitzend darstellte.
Warum man sie heute nicht mehr besichtigen kann: Das Schicksal der Statue ist nicht völlig geklärt. Eine Überlieferung will es, dass der römische Kaiser Caligula verlangt hatte, den Kopf der Statue zu entfernen und durch eine Skulptur seines Hauptes zu ersetzen, jedoch gemeuchelt wurde, bevor es dazu kam (was die Arbeiter, die für den Job ausersehen waren, offenbar mit großer Begeisterung erfüllt ha-

ben soll). Eine andere Darstellung mutmaßt, dass sie nach Konstantinopel gebracht und dort durch ein Feuer zerstört worden sei. Wie auch immer, im 6. Jahrhundert war sie dahin.

Koloss von Rhodos
Geschaffen: zu Beginn des 3. Jahrhunderts v. u. Z.
Wo: Rhodos, kaum zu glauben
Von wem: den Griechen
Warum man ihn heute nicht mehr besichtigen kann: Die monumentale Bronzestatue des griechischen Sonnengottes Helios, die an der Einfahrt zum Hafen errichtet worden war,* stand nur 60 Jahre lang: Bei dem Erdbeben von 226 v. u. Z. kippte sie um, aber ihre Trümmer waren noch fast 900 Jahre zu besichtigen. Um etwa 635 zerlegten arabische Eroberer die Überreste und verkauften das Metall als Schrott. Es war daher nur ein paar Jahrzehnte möglich, den Koloss in seiner ganzen Pracht zu bewundern.

Leuchtturm von Alexandria
Erbaut: um 280 v. u Z.
Wo: Alexandria an der ägyptischen Mittelmeerküste
Von wem: den Ptolemäern, einer griechisch-mazedonischen Herrscherdynastie, die Ägypten in den letzten Jahrhunderten vor der Zeitenwende beherrschte.
Warum man ihn heute nicht mehr besichtigen kann: Ein Teil des Bauwerks, der in seiner Glanzzeit über 100 Meter – fast 30 Stock-

---

* Anders als häufig vermutet, überspannte sie die Hafeneinfahrt übrigens mit an Sicherheit grenzender Wahrscheinlichkeit nicht, das wäre bautechnisch nicht möglich gewesen.

werke – hoch gewesen sein muss, überdauerte bis zum Ende des 15. Jahrhunderts. Aber es wurde in mehreren Etappen durch Erdbeben zerstört, das größte vom August 1303 gab ihm schließlich den Rest.

Tempel der Artemis in Ephesos
Erbaut: etwa 550 v. u. Z., wobei es sich vermutlich um den zweiten Tempel gehandelt hat, das Ding wurde mindestens zweimal neu errichtet.
Wo: Ephesos in der Nähe of Selçuk im Westen der heutigen Türkei
Von wem: Der ursprüngliche Tempel wurde von König Kroisos (Krösus) von Lydien – dem mit dem sprichwörtlichen unermesslichen Reichtum – mitfinanziert. Nachdem ein Typ namens Herostratos ihn abgefackelt hatte, damit wir uns auch ja alle an seinen Namen erinnnern*, wurde er von den Ephesern wieder aufgebaut.
Warum man ihn heute nicht mehr besichtigen kann: Der Marmortempel verfügte über 127 Säulen, ein schmückendes Relief, das Amazonen zeigte, die sich vor Herkules verbargen, und eine Statue der Artemis. Unglücklicherweise wurde er von den Goten bei einem Überfall zerstört, von Christen in Brand gesetzt und schließlich von den Einwohnern als Baumaterial verwendet. Zu Beginn des 5. Jahrhunderts war er verschwunden.

Mausoleum von Halikarnassos
Erbaut: Mitte des 4. Jahrhunderts v. u Z.
Wo: Halikarnassos, heute Bodrum im Südwesten der Türkei

---

* Hat geklappt. Aber bitte kommen Sie nicht auf Ideen.

Von wem: Maussolos, König von Karien, einem mehr oder weniger griechischen Königtum in einer vom Persischen Reich beherrschten Region Kleinasiens

Warum man es heute nicht mehr besichtigen kann: Das monumentale 45 Meter hohe Grab überdauerte tatsächlich bis ins späte Mittelalter und fiel dann einer Reihe von Erdbeben zum Opfer. Aber wenn Maussolos darauf gehofft hatte, in Erinnerung zu bleiben, so kann er sich mit der Tatsache trösten, dass wir heute den Namen eben seines Grabs für jede großartige Grabstätte verwenden, womit er so etwas wie der Kärcher der antiken Könige wurde.

Hängende Gärten der Semiramis

Erbaut: vermutlich irgendwann zwischen 800 und 600 v. u Z., aber siehe unten

Wo: in der Stadt Babylon nahe dem heutigen Hilla, vielleicht auch Ninive, dem heutigen Mossul, auf jeden Fall im Irak

Von wem: den Assyrern? Oder den Neubabyloniern, deren Reich auf den Zusammenbruch des Reichs der Assyrer folgte? Ganz ehrlich, hier wird es kompliziert, weil …

Warum man sie heute nicht mehr besichtigen kann: … es sehr gut möglich ist, dass die Hängenden Gärten nie existiert haben. Zwar wird der vom Menschen geschaffene Berg mit seinen Terrassengärten in der griechischen und römischen Literatur erwähnt, aber direkte schriftliche oder archäologische Zeugnisse gibt es aus Babylon nicht, weshalb die Möglichkeit besteht, dass es sich um nicht mehr handelte als um eine romantische Darstellung all der unglaublichen Dinge, die sie da im Osten vollbracht haben.

Cheops-Pyramide von Gizeh

Erbaut: im frühen 26. Jahrhundert v. u. Z.
Wo: in der Nekropole von Gizeh, am Rande des heutigen Kairo
Von wem: den alten Ägyptern
Warum man sie nicht mehr besichtigen kann: Nun – Sie können. Nachdem das Erdbeben von 1303 – dasjenige, welches auch das Aus des Leuchtturms von Alexandria zu verantworten hatte – einen großen Teil der weißen Kalksteinfassade hatte abbröckeln lassen, wurde diese von den Einwohnern für andere Bauprojekte verwendet. Obwohl es das älteste Weltwunder ist und seine Errichtung für die Ersteller der Liste fast so weit zurücklag wie diese für uns heute, steht es zum großen Teil immer noch. Ja, bis vor überraschend kurzer Zeit war sie vermutlich das höchste Gebäude der Erde.

Womit wir bei der nächsten Liste wären.

~

Der Griff nach dem Himmel:
Eine Geschichte der Welt anhand ihrer höchsten Gebäude

»Wenn du verstehen willst, was einer Gesellschaft am wichtigsten ist«, erklärte der Literaturtheoretiker Joseph Campbell einst, »dann betrachte nicht ihre Kunst oder ihre Literatur, schau dir einfach ihre größten Bauwerke an.«

Wobei dieser Ausspruch zwar gerne zitiert wird, es aber alles andere als klar ist, ob Campbell wirklich diese Worte gewählt hat. Mit Sicherheit hat er jedenfalls diesen Standpunkt vertreten, und die obige Formulierung ist eine prägnante Zusammenfassung, die zu zitieren sich inzwischen jedermann angewöhnt hat. Vor allem zeigt sie, wie ein kurzer historischer Exkurs über die größten Gebäude hinlänglich zeigt, dass er auf etwas hinauswollte.

Unsere Geschichte beginnt wie so oft in Ägypten.

Circa 2570 – 1311 v. u. Z.: Cheops-Pyramide von Gizeh, 147 Meter

Die größte der Pyramiden von Gizeh ist das einzige der sieben Weltwunder, das bis heute überdauert hat. Es war zudem das älteste – erbaut vor 45 Jahrhunderten vermutlich als Grab für Khufu, einen Pharao der 4. Dynastie im Goldenen Zeitalter des Alten Reichs.

Wozu die Pyramiden im Einzelnen gedacht waren oder was sie darstellen, ist eine ziemlich umstrittene Fragestellung im Feld der Ägyptologie.

Ein Grund könnte gewesen sein, dass sie Pharaonen dabei helfen sollten, den Himmel zu erklimmen. Dort würden sie mit den anderen Göttern zusammen sein.

Aber in jedem Fall bekräftigten sie nachdrücklich, dass die Macht und Göttlichkeit der herrschenden Dynastie auch nach dem Tod ungebrochen bleiben würden.

Und ihre Dimensionen waren Ehrfurcht gebietend. Die Cheops-Pyramide hat die Höhe eines Wolkenkratzers von fast 40 Stockwerken: Ganz hübsch beeindruckend für ein Zeitalter vor der Erfindung von Kränen und anderen modernen Gerätschaften für das Baugewerbe, was sicher der Grund dafür ist, dass sie diesen Rekord fast 4000 Jahre halten konnte.

Bis im Spätmittelalter die christliche Kirche einstieg.

1311–1548: Kathedrale von Lincoln, England – 160 Meter
1549–1647: Sankt Marien, Stralsund – 151 Meter

Die Kathedrale von Lincoln im Osten Englands war das erste Gebäude, das bekanntermaßen* höher war als die Cheops-Pyramide. (So, wie der Eurozentrismus der Geschichte gestrickt ist, ist das alles andere als eine »unverrückbare Wahrheit«, aber sie wird allgemein als das erste Bauwerk betrachtet, von dem wir wissen, dass es den bestehenden Rekord gebrochen hat.) Sie hielt diese Bestmarke 238 Jahre hindurch bis ins Jahr 1548, als der Mittelturm bei einem Sturm zum Einsturz kam. Die Kathedrale steht noch heute, hält aber keinen Rekord mehr, denn sie ist nur 83 Meter hoch. Sankt Marien in Stralsund war die nächste, aber deren Glockenturm wurde vom Blitz getroffen und brannte 1647 nieder. Heutzutage verfügt der Turm über eine barocke Haube.

Für die nächsten paar Jahrhunderte ging die Staffel daher an …

1647–1874: Straßburger Münster – 142 Meter

Das Straßburger Münster wurde zwischen dem 12. und dem 15. Jahrhundert erbaut und steht noch heute, als größtes noch erhaltenes Bauwerk des Mittelalters. Es hielt den Rekord bis zum Ende des 19. Jahrhunderts, als das Zusammenspiel aus industriellen Bauverfahren und zunehmendem Wohlstand in rascher Abfolge einer Reihe weiterer Kirchen ermöglichte, sich dieses Titels zu rühmen.

---

*   »Bekanntermaßen« ist ein starkes Wort an dieser Stelle. Die Höhe der Kathedrale ist heftig umstritten, und fünf Jahrhunderte nach dem Einsturz ihres Vierungsturms ziemlich schwierig nachzuprüfen. Die Olaikirche in der estnischen Hauptstadt Tallinn wird bei Listen dieser Art auch gelegentlich aufgeführt, sehr viel häufiger aber weggelassen, die Höhenschätzungen schwanken in diesem Fall um 30 Meter, und das ist ganz schön viel. Und dann wäre da noch Londons alte St.-Paul-Kathedrale, fertiggestellt um 1221, mit einer Höhe, die allgemein mit 149 Metern angegeben wird, doch [der Architekt] Christopher Wren glaubte, man habe sie damit um etwa neun Meter zu hoch eingeschätzt. Mein Bauchgefühl rät mir, sich an Christopher Wren zu halten.

1874–1876: St. Nikolai, Hamburg – 147 Meter
1876–1880: Kathedrale von Rouen – 151 Meter
1880–1890: Kölner Dom – 157 Meter
1890–1901: Ulmer Münster – 162 Meter

Es fällt auf, dass zu einer Zeit der Spannungen zwischen Frankreich und Deutschland, die in einer Reihe zunehmend dramatischerer Kriege endete, die beiden Länder sich an der Spitze abwechselten – und es fällt leicht, große Kirchen als eine weitere Manifestation imperialer Konkurrenz zwischen europäischen Mächten zu sehen.*

Aber bevor wir uns hier alle zu Tode langweilen und als augenfälliges Zeichen dafür, wohin die Macht als Nächstes wanderte, kommen jetzt die Amerikaner:

1901–1908: Philadelphia City Hall, USA – 167 Meter
1908–1909: Singer Building, New York City, USA – 187 Meter
1909–1913: Metropolitan Life Tower, New York City, USA – 213 Meter
1913–1930: Woolworth Building, New York City, USA – 241 Meter
1930: Bank of Munhattan Trust Building, New York City, USA – 283 Meter
1930–1931: Chrysler Building, New York City, USA – 319 Meter
1931–1972: Empire State Building, New York City, USA – 381 Meter
1972–1974: World Trade Center, New York City, USA – 417 Meter
1973–1998: Sears Tower, Chicago, USA – 442 Meter

---

* Unbestritten gehören in diesen Teil der Auflistung auch das Washington Monument (169 Meter, fertiggestellt 1884) und der Eiffelturm (300 Meter, fertiggestellt 1889). Aber ich weigere mich, die beiden als Gebäude im eigentlichen Sinne anzuerkennen.

Der amerikanische Wettlauf gen Himmel war nur aufgrund zweier neuartiger technischer Errungenschaften möglich geworden. Die erste war der Fahrstuhl, der es praktikabel machte, höher zu bauen, als Menschen realistischerweise steigen konnten. Die andere war der Stahlskelettbau aus Stahlprofilen, denen es zu verdanken ist, dass nicht länger die äußeren Wände (Fassaden) das Gewicht der Konstruktion zu tragen hatten. (Nur, falls Sie sich das je gefragt haben, das ist der Grund dafür, dass Hochhäuser so viel mehr Fenster haben können als herkömmliche Gebäude: Im Unterschied zu den Mauern der Kathedrale von Lincoln zum Beispiel müssen die Fenster des Sears Tower keinerlei Gewicht tragen.)

Das erste US-amerikanische Gebäude, das die europäischen Kathedralen an Höhe übertraf, war das Rathaus von Philadelphia, das über einen Turm mit Aussichtsplattform verfügt. Aber es hat einen gewissen Symbolcharakter, dass dieser Rekordhalter unter den Gebäuden im Herzen der amerikanischen Demokratie rasch von einer Reihe immer höherer Bürotürme überragt wurde, da sich alle möglichen Großindustriellen bemüßigt sahen, zeigen zu müssen, dass *sie* es waren, die das größte Teil bauen konnten. Zu schade für die Leute bei der Manhattan Company, die sich krumm gemacht hatten, um den größten Wolkenkratzer der Welt zu errichten, nur um tatsächlich einen Monat später im wahrsten Sinn des Wortes überholt zu werden. Umso bedauerlicher für sie, als ihr Gebäude heutzutage unter dem Namen Trump Building läuft.

Dieser Wettstreit dauerte bis in die letzten Jahre des 20. Jahrhunderts, als der Kampf um den Ruhm sich Richtung Osten verlagerte.

1998–2004: Petronas Towers, Kuala Lumpur – 452 Meter
2004–2010: Taipei 101, Taipeh, Taiwan – 509 Meter
2010 bis heute: Burj Khalifa, Dubai – 828 Meter

Auch wenn die Spitzenstellung der Petronas Towers kurz währte, so bleiben sie doch immerhin die höchsten Zwillingstürme der Welt – zwei Wolkenkratzer, die auf Höhe des 41. und 42. Stockwerks durch eine Gebäudebrücke verbunden sind.

Aber das Unglaubliche am Burj Khalifa ist nicht allein seine Höhe, sondern die Tatsache, dass er mehr als 60 Prozent höher ist als sein nächster Konkurrent. Zugegeben, er ist nur bis zum 163. Stockwerk bewohnbar, die letzten 244 Meter sind Wartungsräume, Aufbauten und Antenne – aber das ist trotzdem eine verdammt hohe Latte, die es zu überspringen gilt.

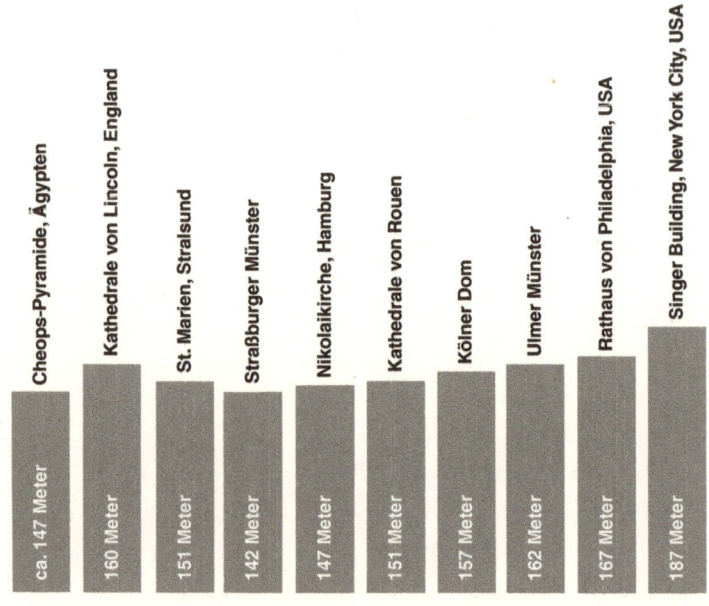

Eine Geschichte der Welt anhand ihrer höchsten Gebäude • 193

Metropolitan Life Tower, New York City, USA	213 Meter
Woolworth Building, New York City, USA	241 Meter
Bank of Manhattan Trust Building, New York City, USA	283 Meter
Chrysler Building, New York City, USA	319 Meter
Empire State Building, New York City, USA	381 Meter
World Trade Center, New York City, USA	417 Meter
Sears Tower, Chicago, USA	442 Meter
Petronas Towers, Kuala Lumpur	452 Meter
Taipei 101, Taipeh, Taiwan	509 Meter
Burj Khalifa, Dubai	828 Meter

Eine kurze Geschichte
der gleichgeschlechtlichen Ehe

In einer Episode der britischen Serie um den Zeitreisenden Dr. Who werden wir 2007 darüber aufgeklärt, dass wir uns in der Zukunft befinden, indem die Story zwei ältere Damen einführt, die miteinander verheiratet sind.* Die TARDIS hätte nicht in das Jahr 5 000 000 053 reisen müssen: Nur sieben Jahre nach der Ausstrahlung der Episode durften im Vereinigten Königreich zwei Frauen heiraten.**

Der weltweite Gesinnungswandel in Bezug auf die gleichgeschlechtliche Ehe gehört zu den rasantesten gesellschaftlichen Umbrüchen der Menschheitsgeschichte. Noch zu Beginn der 1990er-Jahre gab es in Film und Fernsehen nur selten lesbische oder schwule Charaktere zu sehen, und zur Jahrhundertwende war es nirgendwo auf der Welt möglich, als gleichgeschlechtliches Paar zu heiraten. Zehn Jahre später war es in zehn Ländern von Gesetzes wegen erlaubt, weitere zehn Jahre später waren es 28, darunter so ziemlich jedes Land, das man als zum »Westen« gehörig bezeichnen würde.

Hier die Chronologie:

---

* Die Figur des Brannigan (Ardal O'Hanlon), der die beiden als »die Schwestern Cassini« vorstellt, hat sichtlich gewisse Probleme, deren Beziehung zu akzeptieren, obwohl er selbst eine riesige Katze und mit einer Menschenfrau verheiratet ist.

** »England, Wales und Schottland« wäre korrekter, aber auch um einiges weniger nett, und ich werde in Kürze ohnehin auf diesen Umstand zurückkommen, also verzeihen Sie mir dieses eine Mal die grobe Vereinfachung.

Eine kurze Geschichte der gleichgeschlechtlichen Ehe • 195

2001	Niederlande
2003	Belgien
2005	Spanien, Kanada
2006	Südafrika
2009	Norwegen, Schweden
2010	Portugal, Island, Argentinien
2012	Dänemark
2013	Brasilien, Frankreich, Uruguay, Neuseeland
2014	Vereinigtes Königreich (England und Wales, danach Schottland)
2015	Luxemburg, USA, Irland
2016	Kolumbien
2017	Finnland, Malta, Deutschland, Australien
2019	Österreich, Taiwan, Ecuador
2020	Vereinigtes Königreich (Nordirland)*, Costa Rica

Und dann ist da noch Mexiko, wo … aber lassen wir das. Ab hier werden die Dinge kompliziert.

Mexiko-Stadt hatte die gleichgeschlechtliche Ehe bereits 2009 legalisiert, schon vor einem Großteil der europäischen Länder. Als Nächstes folgte der Bundesstaat Quintana Roo** 2012, Coahuila 2014 und so weiter. Während ich dies schreibe, nehmen 18 der 31 Bundesstaaten Mexikos sowie Mexiko-Stadt plus einige Kommunen andernorts gleichgeschlechtliche Eheschließungen vor.

---

* Im Unterschied zu Schottland und Wales wurde hier die Entscheidung von der Regierung des Vereinigten Königreichs erzwungen, statt von der Volksvertretung des eigenen Landes beschlossen zu werden. (England verfügt über keine eigene, von der des gesamten Königreichs getrennte Regierung.)

** Der Staat hat seinen tollen Namen übrigens von dem mexikanischen Politiker und Revolutionär Andrés Quintana Roo. Mir allerdings, und ich hoffe vielen anderen auch, fällt bei dem Namen unweigerlich als Erstes das Baby-Beuteltier aus dem Kinder-Epos *Puh, der Bär* ein.

Aber – 13 Bundesstaaten nicht (wenngleich sie sie als legal anerkennen müssen). Trotz aller Fortschrittlichkeit der Landeshauptstadt schafft das Land es daher nicht auf die Liste. Was echt ein Jammer ist.

Die Vereinigten Staaten blicken auf noch weit verschlungenere Wege bei ihrer Reise hin zu einer Legalisierung gleichgeschlechtlicher Eheschließungen zurück. Eine Entscheidung des Obersten Gerichts von Hawaii erlaubte bereits 1993 die Vermählung von Partnerinnen und Partnern gleichen Geschlechts – das aber löste eine Gegenbewegung aus, die dazu führte, dass der US-Kongress 1996 ein Gesetz zum Schutz der Ehe (den »Defense of Marriage Act«, kurz DOMA) erließ, dem zufolge kein Bundesstaat eine Verbindung zwischen Menschen gleichen Geschlechts als Ehe anerkennen muss. Massachusetts war 2004 der erste Bundesstaat, der gleichgeschlechtlichen Paaren eine Heiratserlaubnis ausstellte, im Laufe der darauffolgenden zehn Jahre zogen andere Bundesstaaten nach, aber 13 Staaten beschlossen im selben Jahr Verfassungsänderungen, die die Ehe allein als Verbindung zwischen Mann und Frau definierten, womit die Zahl der Staaten, die sich dieser Position anschlossen, auf 17 stieg. Uff.

Der Knoten platzte 2013, als der Oberste Gerichtshof der USA Teile des DOMA zurückwies, worauf landesweit Dutzende Gerichte staatliche Einschränkungen bei der Eheschließung für ungesetzlich erklärten und im Verlauf der darauffolgenden Jahre eine wachsende Zahl von Bundesstaaten gleichgeschlechtliche Ehen erlaubte. Landesweit legalisiert wurden sie schließlich nach dem Urteil des Obersten Gerichtshofs im Verfahren Obergefell gegen Hodges im Jahr 2015.

Auch in anderen Ländern erfolgte die Legalisierung der gleichgeschlechtlichen Ehe auf dem Gerichtsweg. In Kanada tat ab 2003 die Rechtsprechung mehrerer Provinzen den ersten Schritt zur Einführung der gleichgeschlechtlichen Ehe, bis schließlich die kanadische Regierung 2005 ein nationales Gesetz dazu erließ.* In Costa Rica erklärte das Oberste Gericht das Verbot gleichgeschlechtlicher Ehen im August 2018 für verfassungswidrig und setzte den Gesetzgebenden eine Frist zum Handeln, bevor das Verbot automatisch aufgehoben würde. Das geschah schließlich im Mai 2020.

Bevor wir weitergehen, scheint es der Erwähnung wert, dass gegenwärtig ungefähr ein Dutzend Länder keine gleichgeschlechtlichen Eheschließungen vornehmen, sondern stattdessen eingetragene Lebenspartnerschaften anbieten, deren rechtliche Stellung im Großen und Ganzen vergleichbar ist. Zu diesen gehören Chile, Italien, die Schweiz und ein großer Teil des restlichen Europas. Als Erstes am Start war Dänemark 1989, das wie die meisten der Staaten, die sich früh dazu bekannt haben, inzwischen zur gleichgeschlechtlichen Ehe übergegangen ist.

Noch eins: Zum Zeitpunkt der Abfassung dieses Textes ist in Israel, wo Ehen nur mit dem Segen des Oberrabbinats geschlossen werden können, die gleichgeschlechtliche Ehe nicht legal – seit 2006 erkennt der Staat sie jedoch an, wenn sie andernorts geschlossen wurde. Das hat eine Menge Israelis dazu veranlasst, im Ausland zu heiraten und die Ehe dann zu Hause eintragen zu lassen. Das scheint mir ein ziemlicher Umstand, aber immerhin bringt es ihnen einen Urlaub ein, nehme ich an.

---

* Es erscheint auf seltsame Weise passend, dass Kanada einen ähnlichen Weg ging wie die USA, aber früher und mit extrem viel weniger Wind um das Ganze.

DIE WELT DER NATUR

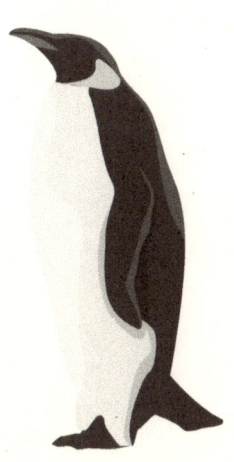

Irdische Extreme

1. Der nördlichste und der südlichste Punkt der Erde sind natürlich der Nord- und der Südpol. Während Letzterer jedoch auf dem Kontinent Antarktika fest verankert ist, befindet sich Ersterer mitten im Nordpolarmeer und ist nicht von Land, sondern von beweglichem Meereis umgeben.

   Als das nördlichste Fleckchen *Land* gilt die Nordspitze der Kaffeklubben-Insel nördlich von Grönland, deren Name übersetzt wirklich »Kaffeeklub-Insel« heißt. Der dänische Forschungsreisende Lauge Koch benannte sie nach dem Kaffeeklub am Geologischen Museum Kopenhagen. Andere Forscher (zufällig ebenfalls Dänen) haben gemutmaßt, dass es unter dem Eis womöglich noch eine weitere Insel gäbe, die näher am Nordpol liegt, aber bisher steht eine Bestätigung noch aus. Sicher gibt es weiter nördlich Kiesbänke, aber die werden von den Gezeiten herumgeschubst, womit sich die Frage stellt, ob sie wirklich als »Land« im eigentlichen Sinne gelten können.

2. Über einen östlichsten beziehungsweise westlichsten Punkt dieser Art verfügt die Erde hingegen nicht.* Aber wenn man einmal die internationale Datumsgrenze – welche grob dem 180. Längengrad folgt, allerdings einen leicht zickzackförmigen Verlauf

---

* Nord- und Südpol sind die beiden Enden der Achse, um die die Erde sich dreht: Wenn Sie immer weiter nach Norden fahren, passieren Sie den Nordpol, ab da geht es wieder nach Süden. Einen vergleichbaren »westlichsten« Punkt gibt es hingegen nicht: Nach Westen können Sie immer weiter gehen.

nimmt, damit sie Landflächen ausspart – als theoretisches Ende der Erdumrundung betrachtet, dann
- befindet sich der westlichste Punkt an der Spitze von Attu, der letzten Insel in der Inselgruppe der Aleuten.
- Der östlichste ist das Caroline-Atoll, ein Korallenriff unter der Oberhoheit der Republik Kiribati, rund 1500 Kilometer südlich von Hawaii. Vor 1995 befand es sich eigentlich auf der anderen Seite der Datumsgrenze, also weit im Westen statt weit im Osten, bis die Linie so verändert wurde, dass ganz Kiribati in einer Zeitzone unterkam. Im Jahr 1999 verfiel irgendeine Unternehmerseele auf die Idee, das Atoll in »Millennium Island« umzubenennen, um es als den ersten Fleck auf Erden zu vermarkten, der das neue Jahrtausend zu sehen bekommen würde.

Das bedeutet schrägerweise, dass der westlichste Punkt der Erde ein paar tausend Kilometer östlicher liegt als ihr östlichster, aber sowas haut Sie ja nicht um.

3. Der höchste Punkt auf der Erde ist bekanntermaßen der Gipfel des Mount Everest an der Grenze zwischen Nepal und China mit einer Höhe von grob 8848 Metern über dem Meeresspiegel. Aber ...
4. ... der Punkt der Erdoberfläche, der am weitesten vom Mittelpunkt des Planeten entfernt ist, ist eigentlich der Gipfel des Chimborazo, eines inaktiven Vulkans in den ekuadorianischen Anden. Er misst zwar nur 6263 Meter über dem Meeresspiegel, aber da die Erde an den Polen abgeflacht und keine ideale Kugel – mit anderen Worten: ein bisschen dicker um die Taille – ist, befindet sich sein Gipfel in einer Entfernung von 6384 Kilometern vom Erdmittelpunkt, beim Mount Everest hingegen sind es nur 6382 Kilometer.

Beim tiefsten Punkt liegen die Dinge sogar noch komplizierter.

5. Der tiefste *bekannte* Punkt ist das Challenger-Tief und liegt am Grund des Marianengrabens auf der westlichen Seite des Pazifiks. Obwohl er etwas mehr als elf Kilometer unter der Meeresoberfläche verläuft, ist bislang etwa ein Dutzend Menschen bis zum Grund des Marianengrabens vorgedrungen, darunter, wer hätte es gedacht, James Cameron, der Regisseur von *Titanic*.

   Es gibt einen Disput darüber, ob der tiefste Punkt an Land womöglich der Denman-Gletscher an der Ostküste von Antarktika ist, unter dem ein Canyon 3500 Meter in die Tiefe reicht. Aber im Grunde handelt es sich nicht um Festland im eigentlichen Sinne, denn man kann nicht auf den Grund des Canyons gelangen, da dieser vollständig von Eis ausgefüllt ist.

   Der tiefste Punkt, den Sie wirklich aufsuchen können, ist das Ufer des Toten Meeres, das sich 420 Meter unter dem Meeresspiegel befindet und mit dem Rückgang des Wassers immer noch tiefer zu liegen kommt.

6. Der tiefste Punkt, der je mit künstlichen Mitteln erreicht wurde, liegt 12 262 Meter tief. Es handelte sich um eine Bohrung im Rahmen eines wissenschaftlichen Projekts auf der russischen Halbinsel Kola.

7. Die Antwort auf die Frage, welche Stadt am tiefsten oder höchsten liegt, wird erschwert durch unsere Definition des Begriffs »Stadt«. (Kleine Ansiedlungen fallen womöglich unter den Tisch.) Als die am tiefsten gelegene Stadt der Erde wird allgemein Jericho in der West Bank angesehen, nur ein Stück die Straße hinauf vom Toten Meer – Heimat für immerhin 50 000 Menschen und 258 Meter unter dem Meeresspiegel gelegen. Die höchste ständig bewohnte Ansiedlung ist La Rinconada in den peruanischen Anden, dort lebt und arbeitet eine vergleichbare Anzahl an Menschen und betreibt eine Goldmine in circa 5000 Metern Höhe.

8. Das Fleckchen Land, das sich am weitesten von der nächsten Küstenlinie entfernt befindet – etwas, das sehr hübsch als kontinentaler »Pol der Unzugänglichkeit« oder »Pol der Unerreichbarkeit« bezeichnet wird –, liegt vermutlich* in zehn Kilometern Entfernung von der Stadt Suluk im äußersten Nordwesten der chinesischen Region Xinjiang nahe der Grenze zu Kasachstan. Hier beträgt die Entfernung zum nächsten Meer rund 2645 Kilometer.
9. Der Flecken Meer, der am weitesten vom Land entfernt liegt – der maritime Pol der Unerreichbarkeit –, liegt im Südpazifik, ungefähr 2688 Kilometer von den Pitcairn-Inseln, der Osterinsel und Antarktika entfernt. Man nennt ihn Point Nemo – das lateinische Wort für »niemand« –, was überaus bezeichnend ist, denn da ist wirklich absolut verflixt niemand – nicht einmal in einem Umkreis von 1000 Meilen. Und in den Gewässern da ist auch nicht allzu viel Leben. Ich würde einen Besuch dort nicht empfehlen, ehrlich.
10. Die entlegenste Insel ist die Bouvet-Insel, ein Stückchen norwegisches Territorium im Südatlantik.** Da wohnt kein Mensch, und es sind gut 1700 Kilometer bis zum antarktischen Königin-Maud-Land. Da wohnt auch keiner.
11. Die entlegenste *bewohnte* Insel ist vermutlich Tristan da Cunha, ein britisches Überseeterritorium*** im Südatlantik mit ungefähr 300 Einwohnern, die in der Mehrzahl in der Siedlung Edinburgh of the Seven Seas leben. Es liegt 2400 Kilometer von der

---

* Ich sage »vermutlich«, weil 2007 einige Wissenschaftler einwandten, die erste Forscherriege habe womöglich den Obbusen (Mündung des Ob) vergessen (passiert leicht), und verschiedene Alternativen präsentierten, aber diese liegen allesamt in der gleichen Gegend.
** Wo sonst würden Sie Norweger erwarten?
*** Wo sonst würden Sie die Briten erwarten, wenn wir schon dabei sind.

nächsten permanent bewohnten Insel Saint Helena entfernt und verfügt nicht über einen Flughafen. Dorthin zu kommen verlangt eine sechstägige Reise mit dem Schiff von Südafrika aus. Es ist wirklich ziemlich abgelegen.

12. Aber: 400 Kilometer von Tristan da Cunha entfernt finden Sie dessen südlichsten Ableger, die Gough-Insel, normalerweise unbewohnt, aber Sitz einer Forschungsstation. Je nachdem wie wir die Regeln definieren, werden sich Tristan und Gough womöglich gegenseitig disqualifizieren. Falls dem so wäre, ist die nächste entlegene und bewohnte Inseln die Osterinsel – ja, die mit den Köpfen –, deren etwa 7000 Einwohner ungefähr 2075 Kilometer von den nächsten dauerhaft angesiedelten Menschen auf den Pitcairn-Inseln entfernt leben.

13. Die entlegenste Stadt ist eine weitere Frage, die von Definitionen abhängt. Unter den Städten mit mehr als einer Million Einwohnern ist das neuseeländische Auckland am weitesten von der nächsten Stadt mit über einer Million entfernt: Von dort sind es 2154 Kilometer bis nach Sydney. (Gleich dahinter folgt Perth, das 2131 Kilometer von Adelaide entfernt ist.)

14. Gehen Sie jedoch um den Faktor zehn zurück auf 100 000, dann gibt es deutlich mehr Möglichkeiten allein deshalb, weil es mehr kleinere Städte gibt als große. In dieser Größenordnung ist der Sieger Honolulu auf Hawaii, von dem aus es rund 3850 Kilometer bis nach San Francisco sind.

15. Und beim Titel um die entlegenste Landeshauptstadt liegen Wellington, Neuseeland, und Canberra, Australien, gleichauf. Sie sind 2324 Kilometer voneinander entfernt – aber verdammt viel weiter von jeder anderen Hauptstadt.

Die längsten Flüsse der Welt

Das ist wieder so eine Frage, die sich einfach anhört, es aber am Ende nicht ist. Die Länge eines Flusses ist überraschend schwer zu bestimmen, und das hat alle möglichen Gründe, einschließlich, aber nicht beschränkt auf die folgenden:
- Viele Flüsse haben mehrere Quellen, und nicht immer ist klar, welche die am weitesten entfernte ist.
- Am anderen Ende eines Flusses ist nicht immer klar, wo er aufhört und wo das Meer beginnt.
- Manchmal hängt die Länge eines Flusses davon ab, ob Sie das rechte Ufer vermessen oder das linke oder eine Linie in seiner Mitte.
- Manche Teile mancher Flüsse verfügen über mehrere parallel verlaufende Flussarme – welchen davon messen Sie?
- Wenn wir schon dabei sind, so ist auch nicht klar, wie man die Länge eines Flusses dort bestimmt, wo er durch einen See fließt.
- Der Lauf eines Flusses ändert sich unter Umständen mit den Jahreszeiten ...

... und so weiter, und so fort.

Dabei ist noch nicht einmal die Tatsache berücksichtigt, dass Menschen durchaus in der Lage sind, die Länge eines Flusses zu verändern. Zwischen Mitte des 18. und Ende des 19. Jahrhunderts bewirkte eine Kombination aus natürlicher Erosion und dem Einfluss der Bewohner Nordamerikas, die zwischen Illinois und New Orleans 18 Kanäle buddelten, um die für sie nervigen Flussschlingen des Mississippi zu begradigen, dass dem Fluss 350 Kilometer an Länge abhandenkamen.

All das bedeutet, dass Sie zu krass unterschiedlichen Einschätzungen bezüglich der Flusslänge kommen können, je nachdem, welche Annahmen Sie zugrunde legen und wann Sie Ihre Vermessung unternehmen. Das hat unter anderem zur Folge, dass, obwohl der Nil allgemein als längster Fluss der Welt gilt, manche Wissenschaftler die Ansicht vertreten, der Amazonas sei eigentlich länger. Es ist nicht klar, wer hier richtigliegt – oder ob es überhaupt ein »richtig« gibt.

Nachdem all diese Vorbehalte nun geklärt sind, im Folgenden eine Liste der zehn längsten Flüsse der Welt, nicht besser und nicht schlechter als jede andere:

Rang	Fluss	Kontinent	Verschiedene Namen entlang des längsten Verlaufs	Geschätzte Länge in Kilometern	Quelle	Abfluss (zugehöriges Weltmeer in Klammern)	Länder
1	Nil	Afrika	Weißer Nil, Kagera, Rukarara, Mwogo, Nyabarongo	zwischen 6650 und 7088	Ruanda (Weißer Nil) und Äthiopien (Blauer Nil)	Mittelmeer (Atlantik)	Ägypten, Sudan, Südsudan, Äthiopien, Uganda, Demokratische Republik Kongo, Kenia, Tansania, Ruanda, Burundi*
2	Amazonas	Südamerika	Ucayali, Tambo, Ene, Mantaro	zwischen 6575 und 6992	verschiedene, die meisten in Peru	Atlantik	Brasilien, Kolumbien, Peru

---

* Die angegebene Länge ist die des Weißen Nils. Unter den aufgeführten Ländern ist allerdings auch Äthiopien, das eigentlich an dem zweiten Flussarm, dem Blauen Nil liegt, der sich nahe der sudanesischen Hauptstadt Khartum mit dem Weißen Nil vereinigt. Es wäre töricht, so zu tun, als läge ein Land, das am Blauen Nil liegt, nicht am Nil.

Rang	Fluss	Kontinent	Verschiedene Namen entlang des längsten Verlaufs	Geschätzte Länge in Kilometern	Quelle	Abfluss (zugehöriges Weltmeer in Klammern)	Länder
3	Jangtse	Asien	(Jangtsekiang, Chang Jiang = »Langer Strom«)	zwischen 6300 und 6418	Westchina	Ostchinesisches Meer (Pazifik)	China
4	Mississippi	Nordamerika	Missouri, Jefferson, Beaverhead, Red Rock, Hell Roaring	6275	Lake Itasca, Minnesota	Golf von Mexiko Atlantik)	USA, einige Nebenflüsse reichen bis Kanada
5	Jenissei	Asien	Angara, Selenge, Ider	5539	Nordmongolei	Karasee (Polarmeer)	Russland, Mongolei
6	Huang He	Asien	Gelber Fluss	5464	Bayan-Har-Gebirge (Tibetisches Hochland)	Golf von Bohai (Gelbes Meer/Pazifik)	China
7	Ob mit Irtysch	Asien	As, Omar, Toibodym	5410	Südsibirien	Obbusen (Karasee/Polarmeer)	Russland, einige Nebenflüsse reichen nach Kasachstan, China und in die Mongolei hinein
8	Río de la Plata	Südamerika	Paraná, Rio Grande	4880	zentrales Südamerika	Atlantik	Brasilien, Argentinien, Paraguay, Bolivien, Uruguay

Rang	Fluss	Kontinent	Verschiedene Namen entlang des längsten Verlaufs	Geschätzte Länge in Kilometern	Quelle	Abfluss (zugehöriges Weltmeer in Klammern)	Länder
9	Kongo	Afrika	Lualaba, Luvua, Luapula, Chambeshi	4700	Mitumba-Gebirge entlang des Ostafrikanischen Grabens	Atlantik	Demokratische Republik Kongo, Zentralafrikanische Republik, Angola, Republik Kongo, Tansania, Kamerun, Sambia, Burundi, Ruanda
10	Amur	Asien	Argun, Kerulen, Heilong Jiang	4444	Ostmongolei	Tatarensund (Ochotskisches Meer/ Pazifik)	Russland, China, Mongolei

Das Bemerkenswerte an dieser Liste ist – zumindest für den westlichen Betrachter –, wie unbekannt zumindest die Hälfte dieser Flüsse ist. Der Jenissei ist über 5500 Kilometer lang – aber bis gerade eben hätte ich ehrlicherweise nicht behaupten können, je von ihm gehört zu haben. Dasselbe gilt für den Amur und in meinem Fall den Ob – zwei weitere lange Flüsse, die der in weiten Teilen unbewohnten Mitte Asiens entspringen – und für den Río de la Plata Südamerikas. Die andere Auffälligkeit ist, dass keiner von diesen Flüssen in Europa liegt.* Der längste Fluss auf diesem Kontinent ist die Wolga, die mit 3645 Kilometern weltweit nur Platz 18 belegt. Der längste Fluss im nicht russischen Teil Europas ist die Donau, die es mit rund 2850 Kilo-

---

* Der Gerechtigkeit halber sei gesagt, dass auch keiner davon in der Antarktis liegt, aber das hat ziemlich sicher andere Gründe.

metern mit Mühe und Not in die Top Dreißig der Welt schafft. Europa ist einfach zu klein für richtig lange Flüsse.

Und *noch* etwas ist auffällig, nämlich dass diese Flüsse wirklich, wirklich lang sind. Um diese Zahlen einmal in Relation zu setzen, seien an dieser Stelle fünf weltberühmte Flüsse angeführt. Sie alle sind, wie Sie feststellen werden, winzig im Vergleich.
- Rhein, Schweiz/Deutschland/Niederlande – 1230 Kilometer
- Seine, Frankreich – 780 Kilometer
- Hudson, New York, USA – 507 Kilometer
- Tiber, Italien – 405 Kilometer
- Themse, England – 330 Kilometer

Weißt du, wie viel Krähen* fliegen: Die globale Populationsgröße verschiedener Arten

Niemand weiß genau, wie viele Tiger es noch gibt. Tiere in freier Wildbahn zu zählen ist ein trickreiches Geschäft, und je kleiner die Population ist, desto trickreicher wird es: Die Internationale

---

* Die Überschrift dieses Abschnitts ist irreführend, denn er enthält in Wirklichkeit keine Schätzung zur globalen Krähenpopulation. Dafür gibt es einen sehr guten Grund: Es gibt um die 40 Krähenarten, und nur eine davon (die in Teilen Indonesiens heimische Floreskrähe) ist gefährdet (weniger als 2000 geschlechtsreife Exemplare). Daher hat sich scheint's nie jemand bemüht herauszufinden, wie viele Krähen es weltweit noch gibt. Dennoch, falls Sie diesen Eintrag in der Hoffnung aufgeschlagen haben, detaillierte Informationen entweder über die globale Krähenpopulation zu finden oder über amerikanische Rockbands wie Counting Crows aus den 1990er-Jahren, kann ich mich nur entschuldigen.

Union zur Bewahrung der Natur, kurz IUCN (International Union for the Conservation of Nature), schätzt die Zahl der freilebenden geschlechtsreifen Tiger auf 2154 bis 3159, eine Zahl, die pedantische Genauigkeit mit völlig nutzloser Ungenauigkeit vereint. Was die Tiere in Gefangenschaft angeht, so wird in einem Bericht von 2018 vermutet, dass es allein in den USA an die 7000 geben könnte – aber die Wahrheit ist, dass niemand es wirklich weiß. Das Einzige, was wir mit einiger Verlässlichkeit sagen können, ist, dass es derzeit noch irgendetwas in der Größenordnung von 10 000 Tigern auf dem Planeten gibt.

Anderen Tieren geht es, ungeachtet dessen, dass wir ihnen in den Geschichten, die wir unseren Kindern erzählen, gleiche Prominenz einräumen, in Wirklichkeit besser. Wieder anderen geht es schlechter. Hier ein paar Zahlen, damit Sie ein Gefühl dafür bekommen, was für Unterschiede bei den Populationsgrößen einzelner Arten bestehen.

PANDAS: vermutlich weniger als 2500. Schätzungen über die Zahl der in freier Wildbahn noch verbliebenen Tiere schwanken zwischen weniger als 1000 und über 2000. Es gibt vielleicht noch 300 weitere in Gefangenschaft, aber da scheinen sie finster entschlossen, sich nicht fortzupflanzen. Wir können also mit Sicherheit sagen, dass es nicht viele sind. Auf der Habenseite ist laut IUCN zu verbuchen, dass die Population sich wieder erholt.

LÖWEN: 23 000 bis 39 000 geschlechtsreife Exemplare. Noch Ende der 1950er-Jahre gab es allein in Afrika über 400 000 Löwen in freier Wildbahn. Zu Zeiten der Antike waren sie auch in Griechenland und anderen Teilen Südeuropas anzutreffen. Heutzutage werden sie von der IUCN als gefährdet eingestuft.

GIRAFFEN: unter 70 000 geschlechtsreife Exemplare. Auch wenn Giraffen gelegentlich als Wildbret oder ihrer Häute wegen gejagt werden, so besteht doch die größte Gefahr für ihre Art in der Zerstörung ihres Habitats. Noch 2010 wurden Giraffen von der IUCN als »nicht gefährdet« eingestuft, 2016 standen sie bereits auf der Liste der gefährdeten Arten. Heutzutage gelten drei Subspezies als gefährdet, zwei davon als vom Aussterben bedroht.

NILPFERDE: 115 000 bis 130 000. IUCN-Erhebungen haben gezeigt, dass die Population nach 1996 binnen zehn Jahren um ein Fünftel zurückgegangen ist. Ursachen dafür sind die Wilderei und der zweite Kongokrieg. Der Verkauf von Nilpferdfleisch ist illegal, aber an manchen Orten gilt es noch immer als Delikatesse.

ELEFANTEN: um die 460 000. Zwar gibt es nur noch ungefähr 45 000 Indische Elefanten, dafür aber 415 000 Afrikanische, ziemlich gut für ein großes Wildtier im Anthropozän. Das ist vor allem deshalb beachtlich, weil die afrikanischen Bauern sie als Gefahr für ihre Nutzpflanzen sehen. Dennoch ist es nur ein Bruchteil der Zahl, die es vor 200 Jahren dort gab.

PFERDE: 60 Millionen. Man nimmt an, dass Pferde ungefähr um 4000 v. u. Z. erstmals in Zentralasien domestiziert wurden. Dass es sie auf dem amerikanischen Doppelkontinent seinerzeit nicht gab, gilt als einer der Faktoren, die den europäischen Mächten bei der Eroberung der Neuen Welt geholfen haben.

KATZEN: mindestens 200 Millionen, möglicherweise dreimal so viel. Erstmals domestiziert im Nahen Osten um 7500 v. u. Z., wobei, seien wir ehrlich, »domestiziert« ein ziemlich starker Begriff ist. Naturschützer ordnen Katzen dank ihrer Fähigkeit, wirklich überall gedeihen zu können, und wegen ihres verheerenden Einflusses auf andere Arten als eine der schlimmsten invasiven Arten der Erde ein. Wie dem auch sei, die klitzekleine Hauskatze kommt sehr viel besser zurecht als ihre furchteinflößenden großen Cousins.

HUNDE: 900 Millionen. Das erste Tier, das der Mensch – vor mindestens 14 000 Jahren, möglicherweise auch noch um einiges früher – gezähmt hat. Wie bei den Katzen hat sich auch für Hunde die

Domestikation als nützliche Überlebensstrategie für ihre Art erwiesen: Hunde sind gegenüber ihren wilden Cousins, den Wölfen, in ungefähr dreitausendfacher Überzahl.

KÜHE: 1,5 Milliarden. Erstmals domestiziert im Mittleren Osten vor ungefähr 10 500 Jahren, haben sich Rinder für den Menschen als nützlicher Lieferant von Milch, Fleisch und Arbeitskraft erwiesen, was dazu geführt hat, dass wir eine ganze Menge davon halten.

MENSCHEN: 7,8 Milliarden.* Das bei Weitem erfolgreichste Säugetier auf der Erde.

Wenn man sich die Zahlen so anschaut, fällt es schwer, der Schlussfolgerung zu widerstehen, dass für eine Art, die auf dem heutigen Planeten Erde erfolgreich bestehen will, die beste Strategie darin besteht, sich gut mit dem Menschen zu stellen. Vielleicht wissen jene Tiger in den Gärten und Hinterhöfen von Texas ja genau, was sie tun.

∼

Anmerkung zum Gefährdungsstatus

Die von der IUCN herausgegebenen Roten Listen bedrohter Tierarten führen Tiere auf, die bereits bedroht sind oder es sehr bald sein werden und ordnet sie nach dem Grad der Gefährdung, der sie ausgesetzt sind. Sie teilen dabei nicht einfach auf in »ungefährdet« und »gefährdet«, sondern beziehen Kriterien wie Populationsgröße, Grad des Rückgangs, geographische Verteilung und bekannte Bedrohungen mit ein, um genau zu bestimmen, wie gefährdet die

---

* Zum Jahreswechsel 2021/2022 waren es bereits über 7,9 Milliarden, im Laufe des Jahres 2023 werden 8 Milliarden überschritten (Anm. d. Ü.).

betreffende Art im Einzelnen ist und wie viele Ressourcen Naturschützer investieren müssten, um sie zu retten. Im Folgenden die sieben Abstufungen zwischen »alles super« und »viel, viel zu spät«.

Geringes Risiko

Nicht gefährdet (englisch *least concern*, kurz LC): die unterste Gefährdungskategorie. Hierunter fällt jede Art, die noch weit verbreitet und häufig ist. (Ein bisschen enttäuschend vielleicht in Anbetracht des oben beschriebenen globalen Katzenproblems, dass es keine Unterkategorie gibt wie »… zu viel von den Viechern vorhanden«.)

Potenziell gefährdet (englisch *near threatened*, kurz NT): wird vermutlich in naher Zukunft zu den gefährdeten Arten gehören. Der Fischotter zum Beispiel erlebte im 20. Jahrhundert aufgrund des Einsatzes von Pestiziden einen massiven Rückgang. Inzwischen erholt er sich in manchen Regionen wieder, in anderen ist er noch immer gefährdet.

Bedrohte Arten

Gefährdet (englisch *vulnerable*, kurz VU): hohes Risiko für das Aussterben der Art in freier Wildbahn. Mehr als 5100 Tier- und 6700 Pflanzenarten fallen in diese Kategorie, vor 20 Jahren waren es noch 2815 beziehungsweise 3222. Zu den betroffenen Arten gehören Giraffen, Elefanten und einige Opossum-Arten.

Stark gefährdet (englisch *endangered*, kurz EN): sehr hohes Risiko dafür, dass die Art in freier Wildbahn aussterben wird. In diese Kategorie fallen über 3000 Tier- und 2600 Pflanzenarten, 1998 waren es noch 1102 und 1197. Beispiele sind der Brillenpinguin, der Rote Panda und der Königstiger.

Vom Aussterben bedroht (englisch *critically endangered*, kurz CR): extrem hohes Risiko dafür, dass die Art in naher Zukunft aussterben wird. Stand 2020 gehören in diese Klasse 6811 Arten, darunter der Arabische Leopard (nur noch 200 Exemplare), das Java-Nashorn (man kennt nur noch eine Population mit weniger als 60 Tieren) und der Chinesische Flussdelphin (noch immer in dieser Kategorie geführt, vermutlich aber bereits ausgestorben).

Ausgestorbene Arten

In der Natur ausgestorben (englisch *extinct in the wild*, kurz EW): lebende Exemplare nur noch in Gefangenschaft anzutreffen oder in eingebürgerten Populationen außerhalb des natürlichen Verbreitungsgebiets der Art. Eine Reihe von Exemplaren des Südchinesischen Tigers (Amoytiger) ist zum Beispiel noch in chinesischen Zoos anzutreffen – aber in freier Wildbahn wurden die letzten Tiere in den 1970er-Jahren gesichtet.

Ausgestorben (englisch *extinct*, kurz EX): Auf der Welt gibt es kein bekanntes lebendes Exemplar mehr. Zu den Vertretern in dieser Kategorie gehören der Dodo, letztmals 1662 auf Mauritius gesichtet, und die Wandertaube, deren Anzahl der Mensch zu reduzieren verstanden hat von mehreren Milliarden zur Zeit der Entdeckung Amerikas durch die Europäer auf null am 1. September 2014; an diesem Tag starb das letzte Exemplar im Zoo von Cincinnati.

Ihr Name war Martha, nur falls Sie sich das gerade gefragt haben.

Etwas über Pinguine

Pinguine sind flugunfähige Seevögel und mehrheitlich auf der Südhalbkugel beheimatet. Sie ernähren sich von Fisch, Tintenfischen, Krill und anderen Meeresfrüchten. Alle haben einen schwarzen Rücken und einen weißen Bauch als optimale Tarnung bei der Jagd nach Futter. Es gibt sie in einer großen Bandbreite an Formen und Größen, der größte ist fast dreimal so groß und zehnmal so schwer wie der kleinste. Im Folgenden ein paar von ihnen.

Königspinguin (Aptenodytes patagonicus)
Gefährdungskategorie: nicht gefährdet
Größe (cm): 70–100
Gewicht (kg): 9–18
Habitat: subantarktische Inseln
Anzahl: über 2 Millionen brütende Paare
Besondere Kennzeichen: orangefarbene Schnäbel und gelbe Federn im Nacken.

Die Jungen bleiben, sobald sie groß genug sind, in Krippen, sogenannten Crèches (französisch für Hort), zusammen, während die Alttiere jagen. Die flauschigen bräunlichen Jungtiere sehen so anders aus als die Erwachsenen, dass Forscher zuerst glaubten, eine eigene Art vor sich zu haben, die sie Wollpinguin nannten.

Kaiserpinguin (Aptenodytes forsteri)
Gefährdungskategorie: Potentiell gefährdet
Größe (cm): bis zu 130
Gewicht (kg): 22–45

Habitat: Antarktika
Anzahl: über 500 000
Besondere Kennzeichen: größte Pinguinart, deutlich größer als der ganz ähnlich aussehende Königspinguin

Lebt und brütet während des antarktischen Winters auf dem offenen Eis. Ganz schön harte Kiste.

Zügelpinguin oder Kehlstreifpinguin (Pygoscelis antarctica)

Gefährdungskategorie: Nicht gefährdet
Größe (cm): 68–76
Gewicht (kg): 3,2–5,4
Habitat: Südpazifik und Südpolarmeer
Anzahl: 8 Millionen Brutpaare
Besondere Kennzeichen: dünner schwarzer Streifen entlang der Kehle, daher der Name

Der laute, schrille Ruf brachte dem Vogel den Spitznamen »Stonecracker« ein. Roy und Silo, ein männliches Zügelpinguinpärchen im Central Park Zoo von New York City, erlangten einige Berühmtheit damit, dass es gemeinsam ein Junges aufzog.[*]

---

[*] Als die Tierwärter feststellten, dass die beiden Paarungsrituale aufführten und einen Stein wie ein Ei behandelten, schoben sie den beiden das Zweit-Ei von einem Pärchen unter, das schon mit einem Jungen zu kämpfen hatte. Die beiden zogen das weibliche Jungtier, genannt Tango, auf, bis Letzteres sich mit einem anderen Weibchen zusammentat. Leider verließ Silo Roy für ein Weibchen, und Roy fand, wie es hieß, Anschluss an eine »Gruppe alleinstehender männlicher Pinguine«. Nun sagen Sie bloß, das gäbe nicht einen besseren Pinguinfilm ab als *Happy Feet*.

Felsenpinguin (Eudyptes chrysocome)
Gefährdungskategorie: Gefährdet
Größe (cm): 45–58
Gewicht (kg): 2–3,4
Habitat: subantarktische Gewässer des Pazifischen und des Indischen Ozeans sowie die Küsten Südamerikas
Anzahl: 2,5 Millionen geschlechtsreife Tiere
Besondere Kennzeichen: rote Augen, orangefarbener Schnabel, rosafarbene Schwimmfüße, lange gelbe und schwarze Federn am Kopf

Tristanpinguin (Eudyptes moseleyi)
Gefährdungskategorie: Stark gefährdet
Größe (cm): 52–55
Gewicht (kg): 2,5–3
Habitat: Südatlantik
Anzahl: ca. 480 000 geschlechtsreife Tiere
Besondere Kennzeichen: hmm … rote Augen, orangefarbener Schnabel, rosafarbene Schwimmfüße, lange gelbe und schwarze Federn am Kopf. Anhand ihrer Genetik und ihres Habitats, nicht aber anhand der Erscheinung, lassen sich nördliche und südliche Varianten unterscheiden, was zu langwierigen Debatten über die Frage geführt hat, wie viele Tristanpinguine es gibt.

Cody Maverick, ein 17 Jahre alter Tristanpinguin, der davon träumt, ein berühmter Surfer zu werden, ist die Hauptfigur in dem Zeichentrickfilm *Surf's up* von 2007. Shia LaBeouf leiht ihm seine Stimme.

Kronenpinguin (Eudyptes sclateri)
Gefährdungskategorie: Stark gefährdet
Größe (cm): 50–70
Gewicht (kg): 2,5–6
Habitat: Inseln südlich von Neuseeland
Anzahl: ca. 150 000
Besondere Kennzeichen: leuchtend gelbe Federbüschel über den Augen, die wie sehr buschige Augenbrauen wirken[*]

Extrem schräges Brutverhalten. Das Weibchen legt ein Ei, das die Alten anschließend sofort verlieren – oftmals vorsätzlich, indem sie es aus dem Nest schubsen. Dann legt das Weibchen ein zweites, sehr viel größeres, tatsächlich bis doppelt so großes Ei, das es dann ausbrütet. Die Art ist so wenig erforscht, dass niemand weiß, warum dem so ist.

Goldschopfpinguin (Eudyptes chrysolophus)
Gefährdungskategorie: Gefährdet
Größe (cm): 62–70
Gewicht (kg): 3,2–6,4
Habitat: Südatlantik und Indischer Ozean
Anzahl: um die 12 Millionen
Besondere Kennzeichen: auffällige gelbe Federbüschel, die wie ein schlechtsitzendes Toupet wirken

Die zahlenmäßig stärkste Pinguinart – aber die Zahlen sind in den vergangenen Jahrzehnten beträchtlich zurückgegangen, weshalb die

---

[*] Kenner der britischen Politik der 1970er-Jahre sehen womöglich eine verblüffende Ähnlichkeit zu Denis Healey.

IUCN die Art als gefährdet bis »vom Aussterben bedroht« eingestuft hat.

Gelbaugenpinguin (Megadyptes antipodes)
Gefährdungskategorie: Stark gefährdet
Größe (cm): 60
Gewicht (kg): 5–6
Habitat: Südinsel von Neuseeland, Auckland-Inseln und Campbell Island
Anzahl: ca. 3000
Besondere Kennzeichen: blassgelbe Augen und Augenbinde, Kopf schwarz und gelb befiedert

Der in Neuseeland auch als »Hoiho« bezeichnete Vogel ziert die Rückseite der neuseeländischen Fünf-Dollar-Note. Seine Anzahl nimmt rapide ab, er könnte binnen Jahrzehnten ausgestorben sein.

Zwergpinguin (Eudyptula minor)
Gefährdungskategorie: Nicht gefährdet
Größe (cm): 30–33
Gewicht (kg): 1,5
Habitat: Südaustralien und Neuseeland
Anzahl: ca. 470 000 geschlechtsreife Tiere
Besondere Kennzeichen: blaues Kopf-, Rücken- und Flossengefieder

In ihrer Heimat heißen sie auch *little blue penguins* oder *fairy penguins*. Manche Wildkolonien brüten in urbaner Umgebung, unter anderem in den Häfen von Sydney und Wellington.

Brillenpinguin (Spheniscus demersus)
Gefährdungskategorie: Stark gefährdet
Größe (cm): 60–70
Gewicht (kg): 2,2–3,5
Habitat: südwestafrikanische Küste
Anzahl: 50 000 geschlechtsreife Tiere
Besondere Kennzeichen: rosafarbene manchmal brillenförmige Hautflecken über und um den Augen

Manchmal im Englischen auch *jackass penguin* genannt (»Eselspinguin« – wobei im Deutschen »Eselspinguin« der vor allem auf den Falklandinseln vorkommende *Pygoscelis papua* ist – Anm. d. Ü.), weil sein Ruf entsprechend klingt. Huch!

Galápagos-Pinguin (Spheniscus mendiculus)
Gefährdungskategorie: Stark gefährdet
Größe (cm): 49
Gewicht (kg): 2,5
Habitat: Galápagos-Inseln
Anzahl: nur noch ca. 1200 geschlechtsreife Tiere
Besondere Kennzeichen: zweitkleinste Pinguinart, Gesicht von einer dünnen weißen Konturlinie umrissen

Dies ist die einzige Pinguinart, die nördlich des Äquators zu finden ist, wenn auch zugegebenermaßen nicht allzu weit nördlich. Auf der Isla Isabela, die größte unter den Galapagos-Inseln.

Sie liegt auf dem Äquator, ein paar Exemplare leben also gerade noch eben auf der Nordhalbkugel.

Das ist keine vollständige Liste. Andere Pinguinarten haben wir mit Bedauern aus Platzgründen weggelassen: Rotschnabel-/Esels-,

Adélie-, Fiordland-, Snareinsel-, Humboldt-, Magellan- und Haubenpinguin.* Aber wir haben noch eine Menge vor, also weiter geht's.

Chimären, die es wirklich gibt

In Homers *Ilias* war die Chimäre ein feuerspeiendes Wesen, dessen Vorderkörper der eines Löwen, dessen Hinterteil der einer Ziege und dessen Schwanz eine Schlange war.** In den etwa 3000 Jahren, seit Homer sich hier zuletzt herumgetrieben hatte, hat sich der Begriff gewandelt und bezeichnet heute jedes Wesen, dass aus Anteilen von zwei oder mehr anderen Lebewesen besteht: ein Greif (Löwe und Adler) oder vielleicht ein Hippogryph (Adler und Pferd).

Solche Tiere sind Fabelwesen, möchte man meinen: Ganz allgemein paaren sich Tiere nur mit Angehörigen ihrer eigenen Art. Das ist aus allen möglichen Gründen eine gute Idee: Ein Hybrid aus zwei unterschiedlichen Arten ist womöglich nicht fruchtbar, andere sehen vielleicht seltsam aus oder haben, soweit man weiß, total andere Vorstellungen von Bildung und Kindererziehung als unsereiner, und so weiter.

---

* Tatsächlich bestehen zwischen einigen dieser Arten womöglich Überlappungen: Der Haubenpinguin ist möglicherweise nur eine Varietät des Goldschopfpinguins, Felsenpinguin und Tristanpinguin bilden womöglich nur eine Art und so weiter. Verschiedene Fachleute setzen die Zahl der Pinguinarten irgendwo zwischen 16 und 20 an, und auch wenn man sich gegenwärtig auf 17 oder 18 geeinigt hat: Wer weiß, wie lange das so bleibt.

** Warum in dieser unseligen Mischung alle drei Kreaturen ihren Kopf behalten haben, ist ein bisschen rätselhaft, aber vielleicht auch nicht rätselhafter als ihre Fähigkeit, damit Feuer zu speien.

Manchmal aber kommt es *doch* zu einer Kreuzung zwischen Angehörigen unterschiedlicher, aber nahe verwandter Arten. Mal zerstört der Klimawandel Lebensräume und zwingt eine Art dazu, in ein anderes Habitat umzusiedeln, das vielleicht von einem nahen Verwandten bewohnt wird, den sie ein paar Millionen Jahre nicht zu Gesicht bekommen hat. Ein anderes Mal bosseln züchtende Menschen herum und probieren aus Jux oder Geldgier aus, was möglich ist. Oder vielleicht finden sie einander auch toll. Die Natur findet ihren Weg.

Wie dem auch sei, es kommt vor, und manchmal sind die so entstandenen Tiere sogar fruchtbar. Hier eine Auswahl solcher Geschöpfe mitsamt der in kreativer Hinsicht läppischen Namen, die Biologen ihnen verpasst haben.

LIGER: Männlicher Löwe trifft weiblichen Tiger, die Natur nimmt ihren Lauf. Das Resultat ist die größte Katze auf dem Planeten: Der Rekordhalter, ein Männchen namens Nook, wog über 550 Kilogramm und liegt damit mehr als 10 Prozent über dem Gewicht der größten Exemplare seiner beiden Elternarten in Gefangenschaft. Er ist außerdem über vier Meter lang und kann knapp 70 Kilo Fleisch (also einen ausgewachsenen Menschen) auf einen Schlag verdrücken.

Liger lassen sich von ihrem Aussehen am ehesten als Löwen mit Tigerstreifen beschreiben. Die Zeichnung ist nicht sehr eindrucksvoll, aber, ganz ehrlich, niemand wird es ihnen je sagen.

TIGON (TÖWE): dasselbe mit umgekehrter Geschlechterverteilung. Es ist interessant, wenngleich nicht sonderlich überraschend, dass – zumindest im Englischen und Deutschen – der Vater bei diesen Kofferwörtern die erste Silbe bekommt, obwohl die Mutter die meiste Arbeit hat.

Im Unterschied zu Ligern sind Tigons im Allgemeinen ähnlich groß wie ihre Eltern, weil sie, anders als Liger, von der Mutter Gene erben, die verhindern, dass sie immer weiterwachsen. Danke, Mama.

LILIGER: Löwenmännchen und Ligerweibchen. Eine Reihe von Liligergeburten in russischen Zoos veranlasste Craig Parker, den Leiter des Lion Research Center an der University of Minnesota, zu der Bemerkung: »In Sachen Natur und Umwelt ist das sowas von abwegig, dass es fast schon sinnlos ist zu sagen, es sei bedeutungslos.« Was zu hören einer jungen Mutter teuflisch weh tun muss.

LITIGON: Löwenmännchen und Tigonweibchen. Selten. Gut möglich, dass jemand den nur des Namens wegen gezüchtet hat.

(An dieser Stelle der Auflistung ist Ihnen vielleicht aufgefallen, wie viele von diesen verrückten Hybridwesen Katzen sind, die aus völlig freien Stücken vom Menschen gezüchtet wurden. Dass andere Menschen diese Riesenkatzen mit Begeisterung anschauen, ist sicher kein Zufall. Wenn der Biologe und Naturschützer Luke Dollar in *National Geographic* verkündet: »Mir fällt keine legitime Rechtfertigung dafür ein, dass Liger oder Tigons existieren«, kann man nur schwer der Schlussfolgerung widerstehen, dass die »Rechtfertigung« dafür, legitim oder nicht, lautet: weil es Geld bringt. Egal. Die Show geht weiter.)

LEOPON: männlicher Leopard und Löwin. Sieht ein bisschen aus wie ein Leopard mit Löwenkopf. Ist außerhalb eines Zoos vermutlich nie vorgekommen, was nicht so sonderbar ist, wenn man bedenkt, dass Löwen mehr als doppelt so groß wie Leoparden sind.

JAGULEP/JAGUPARD/JAGLEOP/LEGUJAR/LEPJAG: in höchst ärgerlicher Weise ungeklärte Namensgebung für Jaguar-Leoparden-Kreuzungen. (Dieses eine Mal scheint die Frage, wer Vater und wer Mutter ist, keinen Einfluss auf die Namensgebung zu haben.)

Es wird berichtet, dass diese Tiere in der Unterhaltungsindustrie bevorzugt werden, weil sie zahmer sind als Leoparden – wobei die einzige Quelle, die ich dazu habe finden können, auf ein Paar verweist, das von dem Magierduo Siegfried & Roy Anfang der 1990er-Jahre gehalten wurde und es fertiggebracht hat, seine beiden Trainer an ein und demselben Abend gemeinschaftlich anzufallen und so schwer zu verletzen, dass das Duo sich gezwungen sah, in verschiedene Krankenhäuser zu gehen, um negative Publicity zu vermeiden. Was in meinen Augen ein paar Fragen zu obiger Theorie aufwirft (zu der PR-Strategie übrigens auch).

DIE SAVANNAH-KATZE: Hauskatze trifft Serval, eine kleine Wildkatzenart aus Afrika, und beide zusammen bringen die größte Hauskatzenrasse der Welt hervor. »Kann recht temperamentvoll sein«, heißt es auf einer Katzen-Website, was definitiv einen Hauch von euphemistischer Umschreibung hat für »kann Ihren Hund killen«.

PIZZLY: eine Kreuzung aus Grizzly und Eisbär, größer als Ersterer und kleiner als Letzterer. Ungewöhnlich für Hybridtiere ist dieses ohne menschliches Zutun dort entstanden, wo die beiden Arten in der Natur aufeinandertreffen: in den arktischen Zonen Nordamerikas.

MAULTIER ODER MULI: Kreuzungsprodukt aus Eselhengst und Pferdestute, traditionell als Lastentier geschätzt, weil es zäher und langlebiger ist als Pferde, aber intelligenter und weniger störrisch als Esel.

MAULESEL: das Gleiche mit umgekehrter Elternkonstellation. Schwieriger zu züchten als Mulis, verfügen aber wie diese über einen ungeraden Chromosomensatz* und sind daher unfruchtbar.

ZORSE/ZEDONK/ZONKEY/ZONY: die gesammelten Versuche, Pferdeartige mit schicken Streifen zu züchten. Kreuzungen zwischen Zebras und Eseln kommen in Teilen des südlichen Afrikas, wo die beiden Arten aufeinandertreffen, hin und wieder von Natur aus vor, der daraus entstehende Nachwuchs ist allerdings in aller Regel nicht imstande, sich fortzupflanzen, weil es seine Chromoso-

---

* Maulesel haben 63 Chromosomen, Pferde 64 und Esel 62.

menzahl nicht zulässt. Diese Zebroide, wie man sie nennt, neigen außerdem zu Zwergwuchs.

Coydog: Kojote und Hund. Fruchtbar, aber die Welpen haben eine geringere Überlebensrate, weil die Eltern zur Bindungslosigkeit neigen. (Ach.) Wurden im präkolumbischen Mexiko gezielt als Wachhunde gezüchtet. Haben nach Eintreffen der Europäer an Beliebtheit eingebüßt.

Coywolf. Da kommen Sie vermutlich allein drauf.

Cama: der Nachwuchs eines Dromedar-Hengstes und einer Lama-Stute, per künstlicher Befruchtung in Dubai kreiert. Beweggrund dafür war der Wunsch nach einem Tier, das das schöne weiche Fell eines Lamas hat, aber größer und leichter zu zähmen ist. Zum Leidwesen der Kleidungsbranche sind die Hybride bislang unfruchtbar.

Afrikanisierte Honigbiene oder »Killerbiene«: geschaffen 1956 bei dem gezielten Versuch, in Brasilien afrikanische und europäische Honigbienen einzuführen, um den Honigertrag zu steigern.

Man hoffte damals, die neue Art würde das friedfertige Wesen europäischer Bienen mit der Hitzeresistenz afrikanischer Bienen vereinen.

Der Umstand, dass die Art, die daraus hervorging, als Killerbiene bekannt geworden ist, sollte Ihnen einen Eindruck davon vermitteln, wie gut das geklappt hat.

Bei ihrer unaufhaltsamen Ausbreitung gen Norden – 1982 Mittelamerika, 1985 Mexiko, 1990 Texas – haben sie mehr als 1000 Menschen das Leben gekostet. Die Killerbienen stechen zehnmal häufiger auf ihre Opfer ein als ihre europäischen Vorfahren. Wenn sie einmal die Spur aufgenommen haben, jagen sie manchmal über einen halben Kilometer.

Die Tatsache, dass die ersten Ausreißer bereits 1957, nur ein Jahr nach ihrer Entstehung, in freier Wildbahn anzutreffen waren, sollte uns außerdem fragen lassen, wie schlau es ist, an der Natur herumzuschrauben.*

WIR: Seit man die Knochen einer anderen vorzeitlichen Menschenart im Neandertal gefunden hat, sind diejenigen, die solche Dinge untersuchen, die meiste Zeit über davon ausgegangen, dass die Neandertaler irgendwann ausstarben, wobei die Frage, ob durch Krankheit, Klimawandel oder Konkurrenz durch den modernen Menschen**, Gegenstand hitziger Diskussionen ist. DNA-Analysen aus jüngerer Zeit legen jedoch die Vermutung nahe, dass jeder Mensch außerhalb des afrikanischen Kontinents wohl einen kleinen Prozentsatz an Neandertaler-DNA in sich trägt, was bedeutet, dass es irgendwann in grauer Vorzeit auch zu einem gewissen Maß von Vermischung gekommen ist.

Die Menschen, die zur indigenen Bevölkerung von Neuguinea, Australien und den umliegenden Inseln gehören, tragen die DNA einer weiteren ausgestorbenen Menschenart in sich, die des Denisova-Menschen. Mit anderen Worten: Wir sind allesamt Hybride, und die Grenze zwischen zwei Arten ist manchmal ganz schön schwierig zu ziehen.

---

* Die Geschichte ihres Entkommens liefert einen weiteren Einblick in die menschliche Geistesgröße. Die Bienenstöcke der afrikanisierten Honigbienen waren mit einem Gitter versehen, das Drohnen und Königinnen am Ausfliegen hindern sollte, damit es nicht zur Kreuzung mit lokalen Populationen kam. 1957 fiel einem zu Besuch kommenden Imker auf, dass besagte Gitter den Bewegungsradius der Bienen einschränkten – mithin ihren Job taten –, und er entfernte sie mit vorhersehbaren und desaströsen Folgen.

** »Vielleicht«, mutmaßt Matt Ridley in einer besonders launigen Passage seines Buchs *Alphabet des Lebens,* »haben wir sie gefressen.«

Die Erde bebt:
Wie misst man die Stärke eines Erdbebens?

Es gab einmal eine Zeit, da orientierte man sich, wenn man wissen wollte, wie stark ein Erdbeben war, an dessen Auswirkungen: wie groß die Erschütterung war, die es ausgelöst hat, was es zum Einsturz brachte und so weiter. Das hat eine gewisse Logik, weil Sie etwas Sichtbares messen und weil die Folgen für Leib, Leben und Besitz ohnehin das sind, was Menschen am meisten interessiert.

Aber das Ganze ist ein bisschen so, als bemäßen sie die Härte eines Schlages, den jemand gegen Sie führt, daran, wie weh er tut: Die Wirkung kann jedoch auch abgemildert werden: zum Beispiel durch ein Kissen (wenn Sie geschlagen werden) oder die richtige Art von Gesteinsformation oder Bauweise (wenn wir von Erdbeben reden). Es gibt daher eine Grenze im Hinblick darauf, was eine beobachtete Wirkung über ihre Ursache aussagt. Auch sagt Ihnen das Wissen um die Auswirkungen eines Bebens an einem Ort nichts darüber, wie dieses sich andernorts auswirkt. Wenn Sie Wissenschaft betreiben wollen, nützt Ihnen das also wenig.

In den 1920er- und 1930er-Jahren versuchten Seismologen in Kalifornien und Japan daher, etwas Objektiveres zu finden. Das gipfelte schließlich 1935 in einem Artikel von Charles Richter, der den Vorschlag machte, Erdbeben anhand der Amplitude ihrer höchsten seismischen Welle einzuordnen, aufgezeichnet von Standardseismographen in 100 Kilometer Entfernung vom Epizentrum des Bebens, die auf eine definierte Skala geeicht wurden. Da die so gemessenen Zahlen eine so irrsinnig große Bandbreite abdeckten, schlug er eine logarithmische Skala vor, das heißt, ein Anstieg um einen Punkt, sagen wir von 2,4 auf 3,4, steht für eine Verzehnfachung der vom Seismographen aufgezeichneten Welle und näherungsweise einen

Wie misst man die Stärke eines Erdbebens? • 229

31-fachen Anstieg der freigesetzten Energiemenge. (Deshalb spielt die Zahl hinter dem Komma hier eine große Rolle.)

Richter, der damals Mitte dreißig war und sich auf Arbeiten vieler anderer vor ihm stützte, nannte die von ihm vorgeschlagene Skala bescheiden »Magnitudenskala«. Aber das ist nicht sehr aussagekräftig – eine Menge Dinge können anhand einer Magnitudenskala vermessen werden –, also blieb irgendwann sein Name daran hängen.

Richter war sich zudem der Grenzen seiner Einteilung bewusst – sie war speziell auf die geologische Beschaffenheit von Südkalifornien zugeschnitten, und die Messungen, auf denen sie beruhte, führten zu einer Unterbewertung der Stärke von größeren Erdbeben – und brachte den Rest seines Berufslebens damit zu, diese zu verbessern. Heutzutage basieren die meisten Messungen der Erdbebenstärke auf einer anderen Skala mit Namen Momenten-Magnituden-Skala.* Dennoch ist in Nachrichten über Erdbeben verständlicherweise, wenn auch inkorrekterweise, noch immer häufig von der Richterskala die Rede.

Hier ein kurzer Leitfaden, aus dem hervorgeht, was die Zahlen, die mit den Erdbeben genannt werden, im Einzelnen bedeuten.

---

* Diese Skala wurde Ende der 1970er-Jahre von dem japanischen Seismologen Hiroo Kanamori und dem amerikanischen Seismologen Thomas C. Hanks entwickelt. Statt sich auf die maximalen Amplituden von Erdbebenwellen zu beziehen, bewertet diese Skala das sogenannte »seismische Moment« eines Erdbebens, in das das Verhalten des Gesteins gegenüber Scherkräften (Schermodul), die Gesamtbruchfläche und die durchschnittliche Verschiebung entlang der Bruchfläche eingehen.

Magni-tuden	Kategorie	Auswirkungen	Häufigkeit*
Bis 1,9	Mikro	Mikroerdbeben. Für Menschen fast nie zu spüren, nur von Seismographen registriert.	Millionen, praktisch ununterbrochen
2,0–2,9	Mikro/extrem leicht	Für Menschen sehr leicht zu spüren – keine Schäden an Gebäuden.	1 000 000
3,0–3,9	sehr leicht	Oft zu spüren, richtet aber keine Schäden an	100 000
4,0–4,9	leicht	Von den meisten Menschen gespürt, sichtbare Erschütterungen, unter Umständen fallen Gegenstände von Regalen herab.	10 000
5,0–5,9	mittelstark	Von jedermann gespürt, bei anfälligen Gebäuden ernstere Schäden.	1000
6,0–6,9	stark	Heftige Erschütterungen im Epizentrum, Auswirkungen in weitem Umkreis spürbar. Schäden an allen Gebäuden mit Ausnahme besonders robuster Bauten.	100
7,0–7,9	groß	Große Schäden, Einsturz von Gebäuden, selbst erdbebensichere Gebäude werden in Mitleidenschaft gezogen. Gefahr von Todesopfern.	10
8 und höher	Sehr groß	Schwere Verwüstungen und hohe Opferzahlen über einen großen Bereich. Nur wenige Gebäude bleiben verschont	weniger als 3

In der Theorie gibt es bei dieser Skala keine Obergrenze. In der Praxis aber wurde noch nie ein Erdbeben über 8,6 auf der Richterskala gemessen: Diese Stärke hatte das Erdbeben in Chile, seine Stärke auf der Momenten-Magnituden-Skala betrug 9,5.

Womit wir bei unserer nächsten Liste wären.

---

* Unterschiedliche Quellen warten hier mit sehr unterschiedlichen Zahlen auf, was seltsam ist, denn man sollte doch annehmen, dass ein Erdbeben der Stärke 7,4 etwas ist, dessen man sich sicher ist. Ich habe daher nur sehr grobe Zahlen gewählt, um einen allgemeinen Eindruck davon zu vermitteln, über welche Häufigkeiten wir hier reden.

Die stärksten Erdbeben
seit Beginn der Aufzeichnungen

Die größten Erdbeben, von denen wir wissen, sind natürlich nicht die größten aller Zeiten: Wir zeichnen solche Dinge seit etwas mehr als hundert Jahren systematisch auf, und in Anbetracht dessen, dass die Erde 4 Milliarden Jahre alt ist, scheint es unwahrscheinlich, dass die zehn größten Erdstöße sich ausgerechnet nur in dem Zeitabschnitt seit der Gründerzeit ereignet haben sollten.

Aber von den Erdbeben, über die wir etwas wissen, sind laut geologischem Dienst der USA (United States Geological Survey, USGS) die folgenden die größten.

Rang	Magnitude	Datum	Ort	Name	Todesopfer
1	9,5	22. Mai 1960	Biobío, Chile	Erdbeben von Valdivia oder Großes Chile-Erdbeben	1655 bestätigt, manche Schätzungen kommen auf ein Mehrfaches
2	9,2	28. März 1964	im Süden Alaskas	Karfreitagsbeben 1964, Prince-William-Sound-Erdbeben, Großes Alaska-Beben	131 Tote, 122 durch die anschließenden Tsunamis
3=	9,1	26. Dezember 2004	vor der Westküste von Nordsumatra	Sumatra-Andamanen-Beben, Erdbeben im Indischen Ozean	Mindestens 283 100 Tote, die meisten durch Tsunamis
3=	9,1	11. März 2011	nahe der Ostküste von Honshu, Japan	Tōhoku-Erdbeben 2011	15 703 Tote, 4647 Vermisste

Rang	Magnitude	Datum	Ort	Name	Todesopfer
5	9	4. November 1952	vor der Ostküste der russischen Halbinsel Kamtschatka	Seebeben vor Sewero-Kurilsk	10 000 – 15 000 Tote durch Tsunamis. In der russischen Stadt Sewero-Kurilsk, so berichten lokale Quellen, seien die Menschen vor der ersten Flutwelle geflohen, aber dann zu früh zu ihren Häusern zurückgekehrt und dort der zweiten Welle zum Opfer gefallen.
6=	8,8	27. Februar 2010	vor der Küste von Biobío, Chile	Maule-Erdbeben 2010 Chile-Erdbeben 2010	mindestens 523 Tote, 24 Vermisste
6=	8,8	31. Januar 1906	vor der Küste von Ecuador	Erdbeben Ecuador-Kolumbien 1906	Schätzungen schwanken zwischen 500 und 1000, in erster Linie durch Flutwellen
8	8,7	4. Februar 1965	Rat Islands, Aleuten, Alaska	Erdbeben auf den Ratteninseln	Anscheinend keine. Nur Schäden in Höhe von 10 000 Dollar.
9=	8,6	15. August 1950	Gebiet an der Grenze zwischen östlichem Xizang (Tibet) und Indien	Assam-Tibet-Erdbeben von 1950	Mindestens 780, möglicherweise ein Mehrfaches
9=	8,6	11. April 2012	vor der Westküste von Nordsumatra	Erdbeben vor Sumatra 2012	10, davon 8 durch Herzinfarkt

Zwei Dinge erstaunen mich an dieser Auflistung. Das eine ist, dass die Opferzahlen alles in allem ziemlich gering sind, wenn man bedenkt, dass es sich um die größten Erdbeben handelt, von denen wir Aufzeichnungen besitzen. Bei einem waren es zehn, bei einem offenbar gar niemand, und nur drei davon haben mehr als 10 000 Tote zu verzeichnen – wenn auch in einem Fall sehr viel mehr als das.

Das leitet elegant über zu meinem zweiten Punkt. Dort, wo die Erdbeben Menschen das Leben kosteten, war es nicht das Beben selbst, sondern die dadurch entfesselten Tsunamis: riesige Flutwellen, ausgelöst durch die massive Verdrängung von Wasser.*

Diese beiden Faktoren haben mit großer Sicherheit etwas miteinander zu tun. Die meisten dieser Beben ereigneten sich weit weg von bewohnten Gebieten und forderten daher keine großen Opferzahlen an Land. Doch weil sie im Meer geschahen, verursachten sie massive Flutwellen. Am Weihnachtstag 2004 reichten diese, um 283 100 Menschen in 14 Ländern zu töten – eine der tödlichsten Naturkatastrophen der überlieferten Geschichte.

Die tödlichsten Erdbeben der Geschichte

Im Jahr 1556 lebten auf der Erde rund 500 Millionen Menschen. Im Nachhall eines einzigen Ereignisses in China starb fast eine Million von ihnen.

Im Folgenden habe ich den Versuch unternommen, die elf tödlichsten Erdbeben aller Zeiten aufzulisten. Solche Zahlen sind unweigerlich mit riesigen Fragezeichen versehen: Opferzahlen von Ereignissen, die vor Jahrhunderten stattgefunden haben, sind zwangsläufig überaus fehleranfällig, und wir können nie sicher sein, dass es nicht noch größere Katastrophen gegeben hat, von denen

---

* Früher wurden diese Ereignisse auch Gezeitenwellen genannt, aber Wissenschaftler lehnen diesen Begriff ab, weil Gezeitenwellen absolut nichts mit Gezeiten zu tun haben.

keine Aufzeichnungen erhalten sind. Aber statt nun in Kaffeesatzleserei zu verfallen, habe ich die Arbeiten kluger Leute herangezogen, die sich ihrerseits auf die von noch klügeren Köpfen stützen.*

Selbst wenn man über die Reihenfolge im Einzelnen streiten kann, so scheinen doch ein paar Aspekte immer wieder durch. Der eine ist, dass ein großer Risikofaktor die falsche Art von Wohngebäude ist. Der andere, dass es nicht nur das Erdbeben selbst ist, vor dem man sich fürchten muss, sondern die Tsunamis und Feuerstürme, die es im Schlepptau hat.

Ein dritter ist, dass manche Gegenden der Erde, insbesondere solche, wo Kontinentalplatten aufeinandertreffen, sehr viel gefährdeter für diese Art von Ereignis sind als andere. Sie können also beruhigt zur Kenntnis nehmen, dass eine reelle Chance dafür besteht, dass dies da, wo auch immer Sie sich gerade aufhalten, nicht zu den Dingen gehört, über die Sie sich Sorgen machen müssen.

1. Shaanxi, China, 1556
Magnitude: 8
Todesopfer: 830 000

Aufzeichnungen aus der Zeit der Ming-Dynastie zufolge zerstörte das Erdbeben, das am Morgen des 23. Januar 1556 die Provinz Shaanxi traf, ein Gebiet von mehreren hundert Kilometern Ausdehnung, trug Berge ab, lenkte Flussläufe um und dezimierte die Bevölkerung der beiden am meisten betroffenen Provinzen um 60 Prozent. Die hohe Zahl an Todesopfern hat man der Tatsache zu-

---

* In diese Falle waren das *Our World in Data* und die US National Centers for Environmental Information.

geschrieben, dass so viele Menschen an Berghängen in Wohnhöhlen aus Löss lebten, die bei dem Beben einstürzten.

2. Port-au-Prince, Haiti, 2010
Magnitude: 7
Todesopfer: 316 000

Das Epizentrum des Bebens lag 25 Kilometer westlich der haitianischen Hauptstadt Port-au-Prince. Armut und baufällige Behausungen leisteten ihren Beitrag zu den Dimensionen dieses Unglücks. Die tatsächliche Zahl der Opfer ist allerdings umstritten: Die hier genannte ist die von der Regierung Haitis veröffentlichte und ersetzte am ersten Jahrestag des Bebens kommentar- und erklärungslos die anfänglich genannten 230 000. Andere Quellen haben sie bei nur* 160 000 angesetzt.

3. Sumatra, Indonesien, 2004
Magnitude: 9,1
Todesopfer: 283 100

Ein Erdbeben im Indischen Ozean vor der Küste von Sumatra löste eine Reihe von Tsunamis mit Höhen von bis zu 30 Metern aus. Viele von denen, die dabei ums Leben kamen, lebten mehrere hundert Kilometer vom Epizentrum entfernt in Küstenregionen. Insgesamt starben 283 100 Menschen in 14 Ländern, wobei Indonesien und Sri Lanka am schwersten betroffen waren.

---

* Das ist nicht »nur«, wie Sie vermutlich finden werden.

4. Antakya, Türkei, 115
Magnitude: 7,5
Todesopfer: 260 000

Das Erdbeben, das am 13. Dezember 115 u. Z. Antiochia (am Orontes) und seine Umgebung verwüstete. Sowohl der römische Kaiser Trajan als auch sein Nachfolger Hadrian wurden bei dem Erdbeben verletzt. Außerdem kam es zu einer Flutwelle im östlichen Mittelmeerraum.

5. Antakya, Türkei, 526
Magnitude: 7
Todesopfer: 250 000

Man könnte es den Einwohnern von Antiochia nicht verdenken, wenn sie sich für Pechvögel hielten. Tatsächlich war ihre Stadt nahe am Ort des Aufeinandertreffens dreier Kontinentalplatten erbaut worden, was sie über Jahrtausende zu einem Erdbeben-Hotspot machte. Bei diesem wurde ein Großteil der Stadt zerstört – wobei ein großer Teil der Verwüstung durch die nachfolgenden Feuer bedingt war, heißt es.

6. Tangshan, China 1976
Magnitude: 7,5
Todesopfer: 242 769 – vermutlich aber mehr als 650 000

Die Erdbebenanfälligkeit dieser Region im Norden Chinas galt lange Zeit als gering, daher war Tangshan als eine Stadt aus unbewehrten Ziegelhäusern erbaut worden. Als am 26. Juli 1976 um 3.24 Uhr morgens die Erde bebte, wurden binnen weniger Minuten 85 Prozent der Gebäude zerstört.

7. Gəncə (Gandscha), Aserbaidschan, 1139
Magnitude: unbekannt
Todesopfer: 230 000

Hier sind die Berichte etwas lückenhaft, es ist daher möglich, dass die Todeszahlen falsch sind. Aber es wird gesagt, das Beben habe die Stadt dem Erdboden gleichgemacht und Teile des Berges Kəpəz (Kapaz) zum Einsturz gebracht, wodurch der Flusslauf des Kürəkçay blockiert wurde. Das Ergebnis war ein wunderschöner See namens Göygöl.

8.= Dāmghān, Iran, 856
Magnitude: 7,9
Todesopfer: 200 000

Bei diesem Erdbeben kam es in einem fast 350 Kilometer breiten Streifen am südlichen Ende des Elburs-Gebirges zu schwersten Verwüstungen. Die antike Stadt Qumis, ein Jahrtausend zuvor noch die Hauptstadt des Partherreichs, wurde so schwer zerstört, dass Archäologen der Ansicht sind, sie sei danach endgültig aufgegeben worden.

8.= Gansu, China, 1920
Magnitude: 8,3
Todesopfer: 200 000

Bei diesem Beben starben viele Menschen durch Erdrutsche, in manchen Städten wurden so gut wie alle Gebäude zerstört. Die Todeszahlen sind womöglich durch andere äußere Ursachen erhöht worden: Die Nachbeben währten drei Jahre und hinderten die Überlebenden am Wiederaufbau, dabei starben viele Menschen den Kältetod in provisorischen Unterkünften, die den harten Wintern der Region nichts entgegenzusetzen hatten.

10. Dvin (Duin), Armenien, 893
Magnitude: unbekannt
Todesopfer: 150 000[*]

Das Beben verwüstete die Stadt Duin, seinerzeit die Hauptstadt Armeniens: Die Zerstörung der Stadtmauern erleichterte einem konkurrierenden Emir die Einnahme der Stadt.

11. Tokio, Japan, 1923
Magnitude: 7,9
Todesopfer: 142 807

Dieses Erdbeben verwüstete Tokio und Yokohama mitsamt den umliegenden Provinzen nicht nur durch das ursprüngliche Beben, das stark genug war, um mehr als die Hälfte der Ziegelgebäude in der Region zu zerstören, sondern auch durch anschließende Feuersbrünste und Tsunamis. Fast 2 Millionen Menschen wurden obdachlos.

---

[*] Auch hier sind die Todeszahlen heftig umstritten: In den verschiedenen historischen Aufzeichnungen finden sich Zahlen zwischen 30 000 und 180 000. Schlimm war es allemal.

Wenn der Wind bläst:
Anmerkungen zur Beaufortskala

Wenn Sie Windgeschwindigkeiten messen wollen, benötigen Sie ein Gerät namens Anemometer. Es besteht aus vier konischen oder halbkugelförmigen Schalen, die in symmetrischer Anordnung so auf einen senkrechten Schaft montiert sind, dass sie bei Wind mit einer Geschwindigkeit rotieren, die der des Windes proportional ist.[*]

Nicht jeder, für den Wetter wichtig war, hatte in der Vergangenheit Zugriff auf solche Geräte. Zu Beginn des 19. Jahrhunderts ersann daher ein irischer Hydrograph – jemand, der von Berufs wegen wässrige Umgebungen vermisst und beschreibt – namens Francis Beaufort ein System zur Einteilung von Winden anhand der beobachteten Auswirkungen, das ohne eine Messung auskam. Das war 1805, Beaufort stand in den Diensten der Königlichen Marine (er stieg später zum Konteradmiral auf), ein Job, bei dem es recht nützlich war zu wissen, wie groß die Gefahr war, dass der herrschende Wind das eigene Schiff zum Kentern bringen und jedermann an Bord das Leben kosten würde.

Die Beaufortskala, wie man sie heute nennt, orientierte sich ursprünglich daran, was Winde unterschiedlicher Geschwindigkeiten bei Segeln und Takelage eines Schiffs anrichten. Mit der zunehmenden Verbreitung von Dampfschiffen zu Beginn des 20. Jahrhunderts

---

[*] Dabei gibt es wie immer noch andere Dinge zu beachten. Die Windgeschwindigkeit nimmt ganz allgemein mit der Höhe zu. Sie wird beeinflusst durch Gegenstände wie Gebäude, Bäume, ja sogar die Beschaffenheit des Erdbodens. Aber das Prinzip ist damit beschrieben.

überarbeitete der meteorologische Dienst des Vereinigten Königreichs das System und stellte nun die beobachtete Wirkung des Windes auf das Meer selbst und an Land in den Mittelpunkt.

Noch später wurde die Skala, die ursprünglich von 0 bis 12 ging, mittels einer mathematischen Formel* auf höhere Zahlen erweitert. In Teilen der Welt, in denen es häufig zu Taifunen kommt, hat man Windstärken von bis zu 17 auf der Beaufortskala beobachtet.

Aber in Anbetracht dessen, dass Sinn und Zweck der ursprünglichen Skala ja darin bestand, dass man eben keine objektive Messung benötigte, um sie anzuwenden, scheint das am Wesentlichen ein bisschen vorbeizugehen. Hier die Version für den Einsatz zu Hause oder auf See, egal, ob Sie ein Anemometer zur Hand haben oder nicht.

Windstärke	Beschreibung	km/h	Knoten	Wirkung an Land	Wirkung auf See	Zu erwartende Wellenhöhe (m)
0	Windstille, Flaute	< 1	<1	Rauch steigt senkrecht empor	Spiegelglatte See	-
1	Leiser Zug	1–5	1–3	Rauch zeigt leicht die Windrichtung an, Windfahnen unbewegt	Leichte Kräuselwellen, keine Schaumkronen	0,1
2	Leichte Brise	6–11	4–6	Wind im Gesicht spürbar, Blätter rascheln, Windfahne leicht bewegt	Kleine Wellen auf glasiger Oberfläche, brechen nicht	0,2
3	Schwache Brise	12–19	7–10	Blätter und dünne Zweige in ständiger Bewegung, leichte Fahnen entfalten sich	Größere Wellen, beginnen zu brechen, meist aber noch glasig, erste Schaumbildung	0,6

---

* V = 0,836 B3/2 m/s, wobei v für die Windgeschwindigkeit und B für den Beaufort-Wert steht.

Anmerkungen zur Beaufortskala

Windstärke	Beschreibung	km/h	Knoten	Wirkung an Land	Wirkung auf See	Zu erwartende Wellenhöhe (m)
4	Mäßige Brise	20–28	11–16	Wirbelt Staub und loses Papier auf, kleinere Äste bewegen sich	Die Wellen werden länger, weiße Schaumkronen häufig zu sehen	1
5	Frische Brise	29–38	17–21	Kleine belaubte Bäume beginnen zu schwanken, auf Binnengewässern bilden sich Kräuselwellen	Mäßige Wellen von größerer Länge, überall weiße Schaumkronen, hin und wieder Gischtbildung	2
6	Starker Wind	38–49	22–27	Starke Äste in Bewegung, Pfeifen an Telefonleitungen, Regenschirme schwer zu halten	Größere Wellen, überall Schaumkronen, häufig Gischtbildung	3
7	Steifer Wind	50–61	28–33	Größere Bäume schwanken, gegen den Wind zu gehen wird schwierig	Aufgewühlte See, der Schaum der brechenden Wellenkämme wird in Windrichtung fortgetragen, Sprühnebel, deutlich sichtbare Gischt	4
8	Stürmischer Wind	62–74	34–40	Zweige brechen von Bäumen, Vorankommen beim Gehen erschwert	Höhere Wellenberge von größerer Länge, an den Enden brechen die Wellen zu Sprühnebel, der Schaum wird in ausgeprägten Streifen vom Wind getrieben	5,5
9	Sturm	75–88	41–47	Leichte Gebäudeschäden (Schornsteine und Dachziegel werden fortgetragen)	Hohe Wellen, dichte Schaumstreifen in Windrichtung, leicht rollende See, Sprühnebel behindert die Sicht	7

Wind-stärke	Beschrei-bung	km/h	Kno-ten	Wirkung an Land	Wirkung auf See	Zu er-wartende Wellen-höhe (m)
10	Schwerer Sturm	89–102	48–55	Im Binnenland selten, Bäume werden entwurzelt, beträchtliche Gebäudeschäden	Sehr hohe Wellen mit langen überhängenden Kämmen, der entstehende Schaum wird in dichten weißen Flocken vom Wind getrieben, die gesamte Wasseroberfläche wirkt weiß, das Rollen der See nimmt zu, Sicht behindert	9
11	Orkanartiger Sturm	103–117	56–63	Sehr selten, weitreichende Schäden	Außergewöhnlich hohe Wellen, kleine und mittelgroße Schiffe geraten hinter den Wellenbergen außer Sicht, Meeresoberfläche von langen weißen Schaumstreifen bedeckt, Sicht stark eingeschränkt	11,5
12	Orkan	118+	64+	Verwüstung	See vollkommen weiß, die Luft voller Schaum und Gischt, Sicht extrem eingeschränkt	14+

FRAGEN der KOMMUNIKATION

Das Problem mit den Sprachen

Wie viele Menschen eine bestimmte Sprache sprechen, ist wieder so eine von den Fragen, die aussehen, als müsste es darauf eine definitive Antwort geben, die es jedoch nicht gibt.

Zum Teil liegt das daran, dass nirgends offiziell definiert ist, welches Niveau man erreicht haben muss, damit man sagen kann, man »spricht« eine Sprache, aber mehr noch daran, dass nicht immer klar ist, was eine »Sprache« als solche ausmacht. Es ist verlockend – aus der Komfortzone der englischsprachigen Welt zumindest –, sich vorzustellen, dass die Dinge ganz einfach liegen: Zwei Idiome, die sich zwar unterscheiden, aber dennoch untereinander verständlich sind, kann man als unterschiedliche Dialekte auffassen; wenn sie untereinander nicht verständlich sind, hat man es mit zwei Sprachen zu tun. Simpel.

Tatsächlich aber gibt es zahlreiche Beispiele von Sprachen, die als unterschiedliche Sprachen gelten, deren Sprecher einander aber dennoch verstehen. Jemand, der Norwegisch spricht, versteht in groben Zügen auch Schwedisch oder Dänisch. Jemand, der Hindi spricht, versteht sehr häufig umgangssprachliches Urdu.[*] Dennoch haben wir es nach allgemeiner Sichtweise mit fünf und nicht mit zwei Sprachen zu tun, zum großen Teil deshalb, weil jede davon ihr

---

[*] Das trifft übrigens nicht notwendigerweise auf die Sprecher der beiden unterschiedlichen Sprachen in gleichem Maße zu – dann zum Beispiel, wenn die eine Grammatik komplizierter ist als die andere oder wenn die eine verbreiteter ist, sodass ihre Eigenheiten allgemein vertrauter sind. Man bezeichnet dieses Phänomen als »asymmetrische gegenseitige Verständlichkeit«.

eigenes Wörterbuch hat sowie eine eigene Literatur und politische Identität. (Die Tatsache, dass Englisch auf einer Insel entstanden ist und es mit keiner anderen Sprache, die sich außerhalb dieser Insel entwickelt hat, einen passablen Grad an gegenseitiger Verständlichkeit gibt, ist sicher kein Zufall.)

Am anderen Ende des Spektrums werden manchmal Sprachen in einen Topf geworfen, die untereinander nicht immer verständlich sind. Betrachten Sie das Arabische zum Beispiel. Jemand aus dem Irak hat mitunter Probleme, den Alltagsjargon von jemand aus Marokko oder Oman zu verstehen, dennoch werden diese drei Sprachen oft als bloße Dialekte des Arabischen gehandelt.

Um die Dinge noch weiter zu verkomplizieren, sind manche Sprachen gegenseitig verständlich, wenn sie geschrieben, nicht aber, wenn sie laut gesprochen werden. Das, was gemeinhin als Chinesisch bezeichnet wird, ist eine Sprache, die einzig und allein auf Papier existiert. In gesprochener Form besteht sie aus einer Reihe völlig unterschiedlicher Sprachen wie Mandarin, Kantonesisch, Yue und so weiter.*

Vor dem Zeitalter der Massenkommunikationsmedien gab es vermutlich genauso viele Sprachen, wie es Dörfer oder Täler gab: Bedeutungen änderten sich unmerklich von einem Ort zum nächsten, sodass Sie immer weniger verstanden, je weiter Sie sich von zu Hause wegbegaben, bis sich irgendwann, ohne dass Ihnen bewusst geworden wäre, eine Grenze überschritten zu haben, die Sprache um Sie herum von etwas sehr dem Spanischen Ähnlichem in etwas sehr

---

* Wenn Ihnen die Vorstellung, dass Menschen imstande sein sollen, dieselbe Zeichenanordnung in zwei komplett verschiedenen Sprachen lesen zu können, komisch vorkommt, denken Sie einfach daran, dass jemand, der Englisch spricht, die Abfolge »1, 2, 3« als »one, two, three« liest, ein Franzose »un, deux, trois« und so weiter.

dem Französischen Ähnlichen verändert hatte. Dann aber betrat die Druckpresse die Bühne, fingen Regierungen an, bestimmte Dialekte gegenüber anderen mit Privilegien zu versehen, wurde das Reisen gang und gäbe, und schließlich verstärkte das Aufkommen von Radio, Kino und Fernsehen, dass die Menschen bestimmte Sprachmuster zu bevorzugen begannen. Mit einem Mal galt irgendeine Version einer Sprache als Italienisch oder Polnisch, während alle anderen Versionen zu Dialekten erklärt wurden.

Der in Russland geborene Sprachwissenschaftler des Jiddischen, Max Weinreich, witzelte einst, »eine Sprache ist ein Dialekt mit Heer und Marine«. Aus dem Blickwinkel des frühen 21. Jahrhunderts betrachtet hätte er auch sagen können, eine Sprache sei ein Dialekt mit TV-Industrie.

Wie dem auch sei: Die fließenden Grenzen zwischen einzelnen Sprachen machen es schwieriger, als man denken würde, genau zu bestimmen, wie viele Menschen eine Sprache sprechen – und damit, exakt zu sagen, welche Sprache die meisten Sprecher hat.* Das hat die Menschen allerdings nicht davon abgehalten, es zu versuchen.

~

---

* Ein anderes sehr schönes Zitat zu alledem stammt aus einem Artikel des Linguisten John McWhorter, veröffentlicht im Januar 2016 im *Atlantic* (dem übrigens dieses Kapitel ganz besonderen Dank schuldet): »Im allgemeinen Verständnis wird eine Sprache nicht nur gesprochen, sondern auch geschrieben, während ein Dialekt nur gesprochen wird. Aber wissenschaftlich betrachtet, ist die Welt erfüllt von einer flirrenden Kakophonie aus gleichwertigen ›Dialekten‹, die oftmals wie Farben ineinanderlaufen (und sich außerdem mischen) – all das ein Abbild dessen, wie wunderbar komplex menschliche Sprache sein kann.«

In welchen Sprachen gibt es die meisten Muttersprachler?

Seit 1951 versucht ein amerikanisches Kompendium namens *Ethnologue,* den Sprachen der Welt auf den Grund zu gehen. In seiner 23. Ausgabe aus dem Jahr 2020 finden sich Informationen über die Anzahl der Sprecher, die Sprachgebiete und Dialekte von 7117 verschiedenen Sprachen. Noch erstaunlicher ist vielleicht, dass es auch über die Verfügbarkeit der Bibel in den einzelnen Sprachen informiert, denn es wird von einer christlichen Nichtregierungsorganisation herausgegeben, deren ursprüngliche Motivation weniger das Sammeln von Fakten als vielmehr die »christliche Wahrheit« war.

Ungeachtet seiner überraschenden Entstehungsgeschichte gibt *Ethnologue* heute den wohl ausführlichsten Katalog zu den Sprachen der Welt heraus.[*] Hier seine Liste der 15 Sprachen mit den meisten Muttersprachlern:

Rang	Sprache	Muttersprachler in Millionen
1	Mandarin/Hochchinesisch	921,5
2	Spanisch	463,0
3	Englisch	369,7

---

[*] Wie genau diese Zahlen sind, wird wie so oft bei solchen Dingen kontrovers diskutiert. Nur ein Beispiel: Die USA, das Vereinigte Königreich, Kanada, Australien und Neuseeland haben zusammen eine Gesamtbevölkerung von 464 Millionen. Das ist – abgesehen davon, dass es sich um eine ziemlich eng gefasste Definition von »Englisch sprechenden Personen« handelt – doch um einiges mehr als die 370 Millionen, die *Ethnologue* nennt. Der Unterschied lässt sich womöglich durch überholte Daten oder Definitionsfragen erklären. Aber in Ermangelung einer anderen Person oder Institution, die den Sprachen der Welt nachspürt und sie einordnet, habe ich beschlossen, mich allen Mängeln zum Trotz an *Ethnologue* zu halten.

Die Sprachen mit den meisten Muttersprachlern

Rang	Sprache	Muttersprachler in Millionen
4	Hindi*	342,0
5	Bengali	228,5
6	Portugiesisch	227,9
7	Russisch	153,6
8	Japanisch	126,2
9	Kantonesisch/Yue	84,5
10	Marathi (indische Sprache, gesprochen in Maharashtra, Goa und Daman)	83,1
11	Telugu (weitere indische Sprache, wird im Südosten gesprochen)	82,4
12	Wu oder Wu-Yue (Hierzu gehört auch Shanghaiisch; wo das gesprochen wird, können Sie vermutlich erraten.)	81,7
13	Türkisch	79,5
14	Tamil (Südindien und im Norden Sri Lankas)	77,8
15	Französisch	77,3

Die meisten stehen offensichtlich in dieser Liste, weil die Sprachen ihren Ursprung in heute sehr bevölkerungsreichen Staaten haben (China, Indien, Russland und so weiter). Die augenfälligen Ausnahmen sind Spanisch, Englisch und Portugiesisch – allesamt Sprachen europäischer Kolonialreiche, die in bevölkerungsstarken ehemaligen Kolonien heute noch gesprochen werden.

---

* Die beiden großen indischen Sprachen Hindi und Urdu werden manchmal als Dialekte ein und derselben Sprache namens Hindustani betrachtet, damit wäre Letztere bei 411 Millionen Muttersprachlern und läge vor Englisch.

Was sind die beliebtesten
Zweitsprachen?

Englisch, die Sprache, in der dieses Buch verfasst wurde*, ist die international wohl meistverbreitete Sprache. Und doch verzeichnet sie, wie Sie der vorhergehenden Liste entnommen haben werden, nicht die meisten Muttersprachler: Sie liegt mit weit weniger als der Hälfte der Mandarin-Sprechenden weltweit auf Platz 3.

Warum also ist es die Sprache der Welt? Weil nach fast einem Jahrhundert amerikanischer Vorherrschaft** eine Menge Leute rund um die Welt festgestellt haben, dass es kulturell und wirtschaftlich von Nutzen ist, auch Englisch zu sprechen. Hier die 15 populärsten *Zweitsprachen* weltweit:

Rang	Sprache	Zweitsprache: Sprecher in Millionen
1	Englisch	898,4
2	Hindi	295,3
3	Hocharabisch	274,0
4	Französisch	199,3
5	Mandarin	198,7
6	Indonesisch	155,4
7	Russisch	104,3

---

* Als englischer Muttersprachler aufzuwachsen hat den Vorteil, dass die Chancen gut stehen, sich verständlich machen zu können, wohin auch immer man geht. Als englischer Muttersprachler aufzuwachsen hat aber auch den Nachteil, dass die Wahrscheinlichkeit dafür, dass man nie eine Zweitsprache richtig lernt, überproportional groß ist (dabei ist Letzteres eine höchst bereichernde Erfahrung) und man sich irgendwann komplett verzweifelt in Paris wiederfindet, weil man sich in einer Sprache, die man *sieben Jahre* in der Schule hatte, nicht verständlich machen kann.

** Das British Empire wird hier manchmal auch als Faktor genannt. Mag sein. Aber ich komme nicht umhin, zur Kenntnis zu nehmen, dass niemand dieser Tage Niederländisch oder Portugiesisch als internationale Sprache erachtet.

Rang	Sprache	Zweitsprache: Sprecher in Millionen
8	Urdu	101,6
9	Suaheli	82,3
10	Spanisch	74,9
11	Deutsch	56,1
12	Philippinisch	45,0
13	Thailändisch	40,0
14	Bengali	36,8
15	Hausa	25,0

Hausa, falls Sie den Namen nicht kennen sollten, ist eine Sprache, die im Norden Nigerias gesprochen wird und sich für einen Großteil Westafrikas zur *Lingua franca* (Verkehrssprache) entwickelt hat.

Genau genommen stehen die meisten Sprachen auf dieser Liste nur deshalb, weil sie Amts- oder Verkehrssprachen sind. Einige davon wurden den Ländern von europäischen Kolonialherren aufgezwungen. Andere sind Eigengewächse: Suaheli zum Beispiel kommt eigentlich von der ostafrikanischen Küste, wird aber heute bis weit ins Innere des Kontinents von Millionen Menschen gesprochen. Jede Sprache aber kennt auch Millionen Nichtmuttersprachler, weil dies die Kommunikation und den Handel mit Sprechern anderer Sprachen erleichtert. Englisch ist in Wirklichkeit nichts weiter als die *Lingua franca* der Welt.

Welche Sprachen verzeichnen insgesamt die meisten Sprecher?

Was Sie natürlich wirklich interessiert, ist die Frage, welche Sprachen weltweit von den meisten Menschen gesprochen werden. Englisch führt aus all den bereits erwähnten Gründen höchstwahrscheinlich die Liste an. Aber was kommt dann?

Hier noch einmal die Top 15:

Rang	Sprache	Sprecher insgesamt
1	Englisch	1,268 Milliarden
2	Mandarin	1,120 Milliarden
3	Hindi*	637,3 Millionen
4	Spanisch	537,9 Millionen
5	Französisch	276,6 Millionen
6	Hocharabisch**	274,0 Millionen
7	Bengali	265,2 Millionen
8	Russisch	258,0 Millionen
9	Portugiesisch	252,2 Millionen
10	Indonesisch	199,0 Millionen
11	Urdu	170,6 Millionen
12	Deutsch	131,6 Millionen
13	Japanisch	126,4 Millionen
14	Suaheli	98,5 Millionen
15	Marathi	95,3 Millionen

---

* Nur fürs Protokoll: Hindustani, die Zusammenführung von Hindi und Urdu hätte weltweit 807,9 Millionen Sprecher.

** Hier haben wir es mit einem Definitionsproblem zu tun: Kaum jemand spricht Hocharabisch als Muttersprache, man spricht ägyptisches oder irakisches Arabisch. Aber eine Zweitsprache im eigentlichen Sinne ist es auch nicht, eher eine Co-Muttersprache. Ich sagte ja, Definitionen machen die Sache nicht notwendigerweise übersichtlicher.

Auf den ersten Blick will es so scheinen, als sei Mandarin dem Englischen schwer auf den Fersen. Der Eindruck täuscht aber vermutlich: Diejenigen, die Ersteres sprechen, leben zum überwiegenden Teil auf einem fest umrissenen Teil des Globus, während diejenigen, die Letzteres sprechen, anscheinend überall sind.

Ob das auch noch in hundert Jahren so ist, sei natürlich dahingestellt.

Sprachen von gegenseitiger Verständlichkeit*

PORTUGIESISCH UND SPANISCH: Jemand, der eines von beiden spricht, ist nahezu sicher imstande, Textpassagen zu lesen, die in der anderen Sprache abgefasst sind. Wenn es um das gesprochene Wort geht, ist die Sache nicht ganz so einfach, man spricht in diesem Fall von »asymmetrisch« – jemand, der das kompliziertere Portugiesisch spricht, tut sich mit an Sicherheit grenzender Wahrscheinlichkeit leichter, das im Vergleich dazu einfachere Spanisch zu verstehen als umgekehrt.

TSCHECHISCH UND SLOWAKISCH: Die beiden Sprachen sind einander extrem ähnlich – tatsächlich gab es im 19. Jahrhundert Bestrebungen, beide zu einer Sprache zu verschmelzen, und die 1918

---

* Ihnen fällt womöglich auf, dass die meisten davon europäische Sprachen sind. Ich nehme an, das spiegelt zum Teil wider, welchen Sprachen die meiste Aufmerksamkeit entgegengebracht wird, zum Teil aber meine Vermutungen bezüglich dessen, welche Sprachen dem Leser vertraut und damit interessant für ihn sind. Aber das ist furchtbar eurozentrisch von mir, tut mir aufrichtig leid.

gegründete Tschechoslowakische Republik erklärte Tschechoslowakisch zu ihrer offiziellen Amtssprache. Seit der »samtenen Scheidung«, in der sich die beiden Staaten wieder trennten, sind sie seit 1993 wieder jeweils eigenständig, und die Bestrebungen zur Vereinheitlichung der Sprache fielen weg. Die Ähnlichkeiten zwischen dem Slowakischen und dem literarischen Tschechisch haben zur Folge, dass die Slowaken im Allgemeinen die Tschechen besser verstehen als umgekehrt.

NORWEGISCH, DÄNISCH UND SCHWEDISCH: Dänen und Norweger verfügen über ein äußerst ähnliches Vokabular, klingen jedoch ziemlich verschieden. Norwegisch und Schwedisch klingen ähnlicher, verwenden aber ärgerlicherweise unterschiedliche Wörter. Alles in allem bedeutet dies, dass Norweger es einfacher finden, ihre Nachbarn zu verstehen als umgekehrt. Dennoch besteht bei allen dreien eine reelle Chance, dass sie einander ihre Ansichten mitteilen können.

ENGLISCH UND SCHOTTISCH: Das Schottisch im Süden (den Lowlands) des Landes ist, auch wenn es von manchen lediglich als Dialekt betrachtet wird (wiewohl ich nicht raten würde, so etwas gegenüber einem eingefleischten Schotten zu erwähnen), von der UNESCO als gefährdete Sprache eingestuft worden und anders als die anderen schottischen Idiome doch so nahe am Englischen, dass ihre jeweiligen Sprecher sich gegenseitig verstehen können. Wobei das Verständnis nicht ganz und gar gleich verteilt ist: Während jemand, der Schottisch spricht, mit großer Sicherheit Englisch versteht, kann ein Englisch Sprechender, der mit der anderen Sprache keinen intensiven Kontakt gehabt hat, den Gefallen nicht unbedingt erwidern.

SERBOKROATISCH, BOSNISCH, MONTENEGRINISCH: Im Wesentlichen eine Sprache, aus politischen Gründen aber manchmal zu mehreren erklärt. Einer der großen Unterschiede zwischen der serbischen und der kroatischen Version besteht darin, dass die Sprecher von Ersterem (die zumeist der orthodoxen Kirche angehören) eine kyrillische Version des Alphabets verwenden, während die Sprecher der kroatischen Version (vorwiegend katholisch) das lateinische Alphabet mit ein paar Sonderzeichen verwenden. Das alles war, wie Sie sich erinnern werden, in den 1990er-Jahren eine Zeitlang in ausgesprochen schrecklicher Weise von Bedeutung.

AFRIKAANS UND NIEDERLÄNDISCH: Afrikaans – der Name bedeutet wörtlich übersetzt nichts weiter als »afrikanisch« – stammt aus dem Niederländischen und wurde von denen verwendet, die Südafrika im 17. und 18. Jahrhundert besiedelten/kolonialisierten/besetzten. Die Tochtersprache hat allerdings die Grammatik beträchtlich entschlackt, was bedeutet, dass jemand, der Niederländisch spricht, es in aller Regel sehr viel einfacher findet, Afrikaans zu verstehen als umgekehrt. Allerdings können Sprecher beider Sprachen Texte in der jeweils anderen lesen.

PHILIPPINISCH UND TAGALOG: Das ist eigentlich ein bisschen geschummelt, denn Philippinisch ist nur eine Spielart von Tagalog, die Worte aus anderen Sprachen wie Spanisch oder Malaysisch beinhaltet. Da Ersteres jedoch die Landessprache der Philippinen ist, scheint das wohl trotzdem zu gelten.

HINDI UND URDU: Von ihrer Struktur her ein und dieselbe Sprache, oftmals als Hindustani bezeichnet, verwenden beide jedoch unterschiedliche Alphabete (Dewanagari und ein modifiziertes Perso-Arabisch) und beziehen ihr Vokabular aus unterschiedlichen Quellen (Sanskrit und Persisch). Doch auch wenn sich ihre offiziellen Varianten beträchtlich unterscheiden mögen, im Alltag können sich Sprecher beider Sprachen problemlos miteinander verständigen.

Wenig bekannte Länder: Manche Namen erkennen Sie womöglich nicht

Ein Exonym ist der Name für ein Volk, einen Ort oder eine Sprache, der von Außenstehenden verwendet wird. Ein Endonym ist der Name, den die dort Lebenden oder Sprecher selbst verwenden. In den meisten Fällen sind beide deckungsgleich oder zumindest als Ableitungen voneinander zu erkennen: Es ist kein sonderlich lustiger Denksport zu raten, welche Länder sich (grob, sie verwenden nicht alle das lateinische Alphabet) Lao, ʿUmān oder Türkiye nennen.*

Bei anderen liegen die Dinge allerdings nicht so einfach. Im Folgenden eine Liste von Landesnamen, die im Land selbst verwendet werden, und daneben die Namen, unter denen die Welt sie kennt. Decken Sie alles außer der linken Spalte ab und schauen Sie, wie viele davon Sie erkennen.

Land (Endonym)	Land (Exonym)	Muttersprache
Shqipëria	Albanien	Albanisch
Hayastán Հայաստան	Armenien	Armenisch
Druk Yul འབྲུག་ཡུལ	Bhutan	Dzongkha
Zhōngguó 中国	China (Volksrepublik)	Mandarin
Hrvatska	Kroatien	Kroatisch

---

* Laos, Oman und Türkei natürlich.

Wenig bekannte Länder • 257

Land (Endonym)	Land (Exonym)	Muttersprache
Misr مصر	Ägypten	Arabisch
Eesti	Estland	Estnisch
Suomi	Finnland	Finnisch
Sak'art'velo საქართველო	Georgien	Georgisch
Hellas Ελλάς	Griechenland	Griechisch
Magyarország	Ungarn	Ungarisch
Ìsland	Island	Isländisch
Bhārat	Indien	Hindi
Nihon/Nippon 日本	Japan	Japanisch
Al-'Urdunn الأردن	Jordanien	Arabisch
Lietuva	Litauen	Litauisch
Crna Gora Црна Гора	Montenegro	Montenegrinisch
Bukchosŏn 북조선	Nordkorea	Koreanisch*
Norge	Norwegen	Norwegisch
Namhan 남한	Südkorea	Koreanisch

---

* Wie so häufig bei internationalen Angelegenheiten ist Korea ein schwieriger Fall, denn die beiden Hälften der Halbinsel haben nicht nur verschiedene Namen für sich selbst, sondern auch für Korea insgesamt. Im Norden nennen die Koreaner ihr Land »Chosŏn« – abgeleitet vom Namen der Joseon-Dynastie, die das Land von 1392 bis zur Annexion durch Japan 1910 regierte. Im Süden verwendet man mittlerweile für Korea die Bezeichnung »Hanguk«, was übersetzt in etwa »große Han-Nation« bedeutet.

Die Menschen im Norden bezeichnen den Süden bisweilen als Namchosŏn (Südkorea), diejenigen im Süden den Norden als Bukhan (Nord-Han). Keiner von beiden verwendet den Namen »Korea«, der seine Wurzeln vermutlich in einer weiteren Dynastie, der Goryeo-Dynastie, hat, die dem Königreich, das sie von 918 bis 1392 regierte, diesen Namen gab, aber bereits seit sehr langer Zeit keinerlei politische Bedeutung mehr hat.

Land (Endonym)	Land (Exonym)	Muttersprache
Zhōnghuá Mínguó 中華民國	Taiwan (Republik China	Mandarin
al-Imārāt al-ʿArabiyya al-Muttahida الإمارات العربية المتحدة	Vereinigte Arabische Emirate	Arabisch

Tourismus-Werbeslogans
aus dem wirklichen Leben

Im Jahr 2019 haben weltweit fast 1,5 Milliarden Menschen ein anderes Land bereist. Alles in allem verkörpert die globale Tourismusindustrie einen Wert von 9 Billionen Dollar.

Wenig verwunderlich also, dass so gut wie jedes Land ein Stück von diesem Kuchen abhaben will. In Anbetracht der exquisiten Arbeit von Marketingagenturen rund um den Globus ist es genauso wenig verwunderlich, dass viele der Slogans aus ihrer Feder irgendwo auf einer Skala zwischen »ein bisschen rätselhaft« bis »haltlos hirnverbrannt« landen. Anbei ein paar meiner Lieblingsbeispiele.

Portugal – Die Westküste Europas
Kolumbien, das ist magischer Realismus
Reisen in der Slowakei – Gute Idee
Ja, es ist Jordanien
Albanien – Geh deinen eigenen Weg (»Go your own way«)

Man kann nur hoffen, dass niemand, der an diesem letzten Beispiel Beteiligten, realisiert hat, dass der gleichnamige Song von Fleetwood Mac (»Go your own way«) von einer traumatischen Trennung handelt.

Nigeria – Tolle Menschen, tolles Land
Belize – Ein besonderer Ort
Nicaragua – Einzigartig. Original!
El Salvador – Das 45-Minuten-Land

Impliziert bedauerlicherweise, dass es sinnlos ist, dort zwei Wochen verbringen zu wollen.

Antigua & Barbuda – Der Strand ist nur der Anfang ...
Venezuela ist Ihre Bestimmung!
Uruguay natürlich
Paraguay – Sie müssen es spüren!

Müssen Sie, jetzt.

Entdecken Sie Ihr England
Scotland – Der Geist für sich
Wales - #FindenSieIhrHeldenlied
Das Vereinigte Königreich – Heimat besonderer Momente
Holland – Das Original-Cool!
Ich wünschte, ich wäre in Finnland
Denken Sie Ungarn mehr als Sie erwarten

Bei dem hier fehlt, da bin ich sicher, ein Bindestrich (»Denken Sie Ungarn – mehr als Sie erwarten«). Tut er aber nicht.

I FEEL SLOVENIA
Kurdistan – der andere Irak
Unsers. Ihres. Bahrain.
Tansania – Das Land von Kilimandscharo, Sansibar und Serengeti.

Bewundernswertes Stück Prosa aus einem Land, das seinen Namen aus dem Zusammenziehen von »Tanganjika« und »Sansibar« bezogen hat.

Tadschikistan – Spüre die Freundschaft!
Usbekistan – Natürlich unwiderstehlich!
Marokko – Much Mor (»Viel mer«)

Very nic.

Lettland – Am besten langsam genossen
Leb dein überraschendes Luxemburg
Liechtenstein – Fürstliche Augenblicke
Natürlich Nepal – Einmal ist keinmal
China wie noch nie
Malawi – das warme Herz Afrikas

Afrika ist, wie jeder weiß, ein bekanntermaßen kalter Kontinent.

Außergewöhnliches Ruanda
Bildschönes Bangladesch
Es ist schön – Es ist Pakistan
Besuchen Sie Armenien, es ist wunderbar
Laos – einfach schön
Oman – Schönheit hat eine Adresse

Dieser Liste zufolge hat sie mehrere.

Bhutan – Das Glück ist ein Ort

Gott sei Dank, noch ein Abstraktum.

Iran – Sie sind eingeladen

Immerhin. Ja, wirklich.

~

Bemerkungen über das Fliegen

1. Der erste Flug mit einem motorbetriebenen Flugzeug fand am 17. Dezember 1903 in der Nähe von Kitty Hawk, North Carolina, statt. Die Gebrüder Wright, Wilbur und Orville, die das Flugzeug gebaut hatten, wechselten sich als Piloten ab – wobei Orville der erste von beiden war, der einen Flug erfolgreich absolvierte, und so wurde er zum ersten Piloten der Welt.
2. Fast 114 Jahre später veröffentlichte FlightAware, der Flugdatendienst, Zahlen, denen zufolge in den Jahren 2016 und 2017 zu jedem beliebigen Zeitpunkt im Durchschnitt 9728 Flugzeuge in der Luft waren und dabei fast 1,3 Millionen Passagiere an Bord hatten. Im belebtesten Zeitfenster, am 5. August 2016, waren 12 856 Maschinen mit fast 1,6 Millionen Passagieren unterwegs und selbst im ruhigsten, an Neujahr 2017, noch 3354 Maschinen, was, auch wenn die Zahlen nicht veröffentlicht wurden, immer noch ein paar hunderttausend Menschen in der Luft bedeutet.

    Es ist ein außerordentlich seltsamer Gedanke, dass es fast ein Jahrhundert her ist, dass alle Menschen gleichzeitig auf der Erde waren.
3. Der kürzeste Linienflug verbindet Westray und Papa Westray, zwei der Orkney-Inseln im Norden Schottlands, miteinander. Die Route, die seit 1967 in Betrieb ist, wird von zwei Acht-Sitzern bedient, überbrückt eine Distanz von 2,7 Kilometern – unge-

fähr dieselbe Länge wie die Landebahn am Flughafen von Edinburgh – und kostet hin und zurück um die 50 Dollar. Die Flugdauer beträgt anderthalb Minuten, es ist aber bei »günstigem Wind« in 57 Sekunden zu schaffen. Wenn Ihnen danach ist, können Sie sich den Flug in ganzer Länge auf YouTube anschauen.

4. Mit dem längsten Linienflug ist es ein bisschen komplizierter. Reden wir von der kürzesten Entfernung zwischen Start- und Zielpunkt – der sogenannten Orthodrome (Luftlinie)?* Oder reden wir über die längste geflogene Entfernung, die, da Flugzeuge manchmal vom Großkreis abweichen, weil günstige Aufwinde oder das Vermeiden ungünstigen Gegenwinds Zeit und Treibstoff sparen helfen können, manchmal länger ist als die Strecke entlang des Großkreises? Solche Überlegungen spielen bei der Suche nach dem kürzesten Flug keine Rolle.

5. Rein zufällig bringen uns beide Überlegungen vermutlich zur selben Antwort. Im Juni 2004 startete Singapore Airlines ihren Flug Nummer SQ21, der es von Newark, New Jersey, vor den Toren von New York City, nach Singapur in etwas mehr als 18 Stunden schafft. Die Großkreis-Strecke zwischen den beiden Orten, die bis auf 130 Kilometer an den Nordpol herankommt, hat die Rekordlänge von 15 344 Kilometern. (Großkreis-Routen sehen auf Karten oftmals sonderbar umständlich aus, gehen sehr viel weiter nach Norden oder Süden, als man erwarten würde, weil bei den Standardprojektionen zur Erstellung von zweidimensionalen

---

* Warum das so heißt? Ich bin sehr froh, dass Sie fragen. Die Orthodrome ist die kürzeste Verbindung von zwei Punkten auf einer Kugeloberfläche (natürlich der kürzere Abschnitt) und Teil eines sogenannten »Großkreises« – des größtmöglichen Kreises, der einmal um die Kugel herumläuft und dessen Mittelpunkt mit dem der Kugel zusammenfällt. Alle anderen Kreise heißen Kleinkreis (deren Mittelpunkte nicht mit dem der Kugel zusammenfallen).

Karten aus dreidimensionalen Oberflächen die Entfernungen um die Pole größer dargestellt werden, als sie sind.)

6. Der Rückflug, SQ22, brach prompt den Rekord der Bodenentfernung und legte eine noch längere Stecke zurück. Obwohl er mit 16 600 Kilometern mehr als 1000 Kilometer länger als der Hinflug war, brauchte er dank der vorherrschenden Winde etwas weniger Zeit (17 Stunden und 45 Minuten).

7. Wie es das Schicksal will, wurden beide Flüge, SQ21 und SQ22, aufgrund der Coronavirus-Pandemie im März 2020 vorübergehend eingestellt und unter diesen Umständen von einem anderen Flug übertroffen: Ein Flug von Air Tahiti Nui schaffte die Distanz von Tahiti nach Paris (15 715 Kilometer Bodenentfernung) in weniger als 16 Stunden. Das aber war nur möglich, weil ihm aufgrund der pandemiebedingten Verringerung der Passagierzahlen und damit des Gewichts sein üblicher Zwischenstopp zum Auftanken in Los Angeles erspart blieb. Ich bin daher nicht sicher, ob dies wirklich als neuer Rekord gilt. In jedem Falle ist es der längste Inlandflug, denn Tahiti gehört zu Französisch-Polynesien.

8. Ein Letztes, bevor es weitergeht – was bedeutet Flugzeit eigentlich? Ihr Ticket sagt Ihnen, Ihr Flug geht um 15.30 Uhr. Trotzdem gehen Sie um 14.45 Uhr an Bord, und in der Luft sind Sie frühestens kurz nach 16.00 Uhr. Niemand kann es einem übelnehmen, wenn man auf die Idee kommt, dass das alles nur erfunden ist.

Tatsächlich werden die offiziellen Flugzeiten angegeben ab dem Moment, in dem die Maschine vom Abflug-Gate zurücksetzt und die Bremsklötze entfernt wurden (»off-blocks«), bis zu dem Moment, in dem sie am Zielort angelangt am Gate wieder mit Bremsklötzen versehen wird (»on-blocks«). Die Zeit dazwischen heißt, höchst kreativ, »Blockzeit« (*block time*) und ist die Zeitspanne, in der der Flug offiziell unterwegs ist. Dazu gehört auch die Zeit, in der die Maschine am Boden ist.

Da verschiedene Maschinen und verschiedene Fluglinien nach verschiedenen Boarding-Mustern arbeiten, kann das bedeuten, dass die Zeiten, zu denen Sie tatsächlich an oder von Bord eines Flugzeugs gehen, sehr unterschiedlich ausfallen, sodass für verschiedene Flüge auf derselben Route ganz unterschiedliche Flugdaten angegeben werden. Es heißt auch, dass die tatsächliche Flugzeit kürzer sein wird als angegeben – und verrückterweise auch, dass von Abflug die Rede ist, obwohl der Flieger noch am Boden ist.

Fakten zu Flughäfen

1. Airport Council International (»Die Stimme der Flughäfen«), der Dachverband der Flughafenbetreiber, vertritt seit 30 Jahren die Interessen der Flughäfen, liefert die entsprechenden Informationen und, für uns besonders spannend, zählt die Passagiere, die über die verschiedenen Flughäfen reisen.[*] Daraus werden Ranglisten erstellt, aus denen wir herauslesen können, welcher Flughafen der Welt am meisten frequentiert wird.

---

[*] »Total passengers enplaned or deplaned« (»An- und abfliegende Passagiere insgesamt«). Um sicherzugehen, dass Leute, die umsteigen, den Flughafen dabei aber nicht verlassen, die Zahlen nicht verzerren, werden »Transit-Passagiere [nur] einmal gezählt«.

Rang	Flughafen	Land	Passagiere insgesamt (2019)
1	Hartsfield–Jackson Atlanta International Airport	USA	110 531 300
2	Beijing Capital International Airport	China	100 011 438
3	Los Angeles International Airport	USA	88 068 013
4	Dubai International Airport	Vereinigte Arabische Emirate	86 396 757
5	Tokyo Haneda Airport	Japan	85 505 054
6	O'Hare International Airport, Chicago	USA	84 649 115
7	London Heathrow Airport	Vereinigtes Königreich	80 888 305
8	Shanghai Pudong International Airport	China	76 153 455
9	Paris Charles de Gaulle Airport	Frankreich	76 150 009
10	Dallas/Fort Worth International Airport	USA	75 066 956

Der geschäftigste Flughafen, gemessen an der Gesamtzahl an Passagieren, ist – ein bisschen überraschend – Hartsfield–Jackson Atlanta International Airport, und er verteidigt diesen Titel seit der Jahrhundertwende Jahr um Jahr. Er verfügt über fünf Landebahnen und 192 Gates (152 für Inlands- und 40 für Auslandsflüge) und wird tagtäglich für 1000 Flüge zu mehr als 200 Zielflughäfen beansprucht.

Warum der Flughafen, der über den Daumen gepeilt neuntgrößten Stadt der Vereinigten Staaten, fast doppelt so viele Passagiere durchschleust wie der John F. Kennedy International Airport von New York City (mit 62,5 Millionen auf Platz 21)? Weil Delta Airlines, umsatz- und passagiertechnisch eine der größten Fluglinien der Welt, ihn als Knotenpunkt nutzt. Wenn Sie in den USA zwischen zwei Städten, für die es keinen Direktflug gibt, einen Delta-Flug buchen, stehen die Chancen gut, dass Sie in Atlanta umsteigen müssen. Das ist auch der Hauptgrund dafür, dass

Dallas/Fort Worth auf der Liste steht (nur dass es hier American Airlines ist und nicht Delta).
2. Aber die USA sind ein Sonderfall, da sie groß, reich und umweltignorant genug sind, so viel Inlandsverkehr per Flugzeug abzuwickeln. Lenken wir den Blick weg von der Gesamtzahl an Passagieren allein auf internationale Passagiere, und schon verändert sich das Bild total. Nur drei der Top Ten in Bezug auf den Gesamtdurchsatz sind auch unter den Top Ten des internationalen Flugverkehrs.

Rang	Flughafen	Land	Passagiere insgesamt (2019)
1	Dubai International Airport	Vereinigte Arabische Emirate	86 328 896
2	London Heathrow Airport	Vereinigtes Königreich	76 043 973
3	Amsterdam Airport Schiphol	Niederlande	71 679 691
4	Hong Kong International Airport	Hongkong/China	71 287 552
5	Seoul Incheon International Airport	Südkorea	70 578 050
6	Paris Charles de Gaulle Airport	Frankreich	69 823 084
7	Singapore Changi Airport	Singapur	67 601 000
8	Frankfurt Airport	Deutschland	63 067 739
9	Suvarnabhumi Airport, Bangkok	Thailand	52 933 565
10	Taoyuan International Airport, Taipeh	Taiwan	48 360 290

Diese Auflistung mag ein Schock sein für Londoner, die sich einst rühmten, mit Heathrow über den Flughafen mit der größten Passagierzahl der Welt zu verfügen, als wäre das in irgendeiner Weise etwas Tolles. In Wirklichkeit hatte er diese Auszeichnung bereits 2014 verloren (obschon er noch immer der verkehrsreichste Flughafen in Europa ist).

Im Falle Dubais sind die Passagierzahlen für internationale Flüge, wie Ihnen vielleicht aufgefallen ist, nahezu identisch mit der *Gesamtzahl* an Passgieren. Zusammengenommen sind etwa 99,92 Prozent der Flugpassagiere Dubais international Reisende. Das ist nicht allzu verwunderlich. Ja, in Anbetracht dessen, dass in den Vereinigten Arabischen Emiraten weniger als 10 Millionen Menschen leben und das Land von einer Grenze zur anderen keine 500 Kilometer misst, wäre meine Frage eher, was die anderen 0,08 Prozent machen.

3. Ein Trostpreis für London/Quelle des Zorns für Umweltschützer: Gemessen am Gesamtverkehr über all seine Flughäfen zusammengenommen verfügt London über das meistbeanspruchte Flughafen-*System* der Welt. Hier liegt Dubai leider abgeschlagen auf Platz 12.

Rang	Großraum	Land	Gesamtzahl an Passagieren (2018)	Flughäfen
1	London	Vereinigtes Königreich	177 276 807	Heathrow, Gatwick, Luton, City, Southend
2	New York	USA	141 964 323	JFK, Newark, LaGuardia, Newburgh, Islip, White Plains
3	Tokio	Japan	130 589 705	Haneda, Narita, Chōfu, Ibaraki
4	Shanghai	China	117 636 331	Pudong, Hongqiao
5	Los Angeles	USA	109 825 171	LAX, Long Beach, Burbank, Orange County, Ontario
6	Paris	Frankreich	109 003 265	Charles de Gaulle, Orly, Beauvais-Tillé, Châlons Vatry, Le Bourget
7	Beijing	China	107 496 290	Capital, Nanyuan, Daxing
8	Atlanta	USA	107 394 029	Hartsfield–Jackson
9	Chicago	USA	105 990 422	O'Hare, Midway, Rockford
10	Bangkok	Thailand	104 137 071	Suvarnabhumi, Don Mueang

4. Zu guter Letzt die zehn größten Flughäfen, gestaffelt nach der dort umgeschlagenen Fracht. Dieses Mal findet sich in der Liste

VI. Fragen der Kommunikation

weder ein europäischer Flughafen noch einer an der amerikanischen Ostküste.

Rang	Flughafen	Land	Gesamt-Güterumschlag (Tonnen)
1	Hong Kong International Airport	Hong Kong/China	4 809 485
2	Memphis International Airport	USA	4 322 740
3	Shanghai Pudong International Airport	China	3 634 230
4	Louisville International Airport	USA	2 790 109
5	Seoul Incheon International Airport	Südkorea	2 764 369
6	Ted Stevens Anchorage International Airport	USA	2 745 348
7	Dubai International Airport	Vereinigte Arabische Emirate	2 514 918
8	Hamad International Airport	Katar	2 215 804
9	Taoyuan International Airport, Taipeh	Taiwan	2 182 342
10	Narita International Airport, Tokio	Japan	2 104 063

5. Der älteste Flughafen der Welt ist übrigens, wie man annimmt, der College Park Airport in Maryland in den nördlichen Vororten von Washington, D.C. Er wird ohne Unterbrechung seit 1909 betrieben, in Betrieb genommen weniger als sechs Jahre nach dem ersten Flug der Gebrüder Wright in Kitty Hawk als Trainingsareal für die Militärpiloten, die Wilbur Wright für die allerersten Maschinen in Diensten der Regierung unterwies.

Seit 1977 wird College Park im National Register of Historic Places, der amerikanischen Liste von Kulturdenkmälern, geführt, etwas, das sich nicht eben häufig über einen Flughafen sagen lässt. Seit dem 11. September 2001 ist der Flugverkehr hier aus Sicherheitsbedenken eher gering (er liegt beunruhigend nahe an Regierungsgebäuden). Für diejenigen aber, die es durch die Sicherheitsüberprüfung schaffen, bietet er laut seiner Website

»konkurrenzfähige Treibstoffpreise, freundliches Personal und ausgezeichneten Kundenservice«.
6. Zu den anderen alteingesessenen Flughäfen gehört unter anderem Hamburg, 1911 ursprünglich als Luftschiffhafen gegründet und damit der zweitälteste Flughafen der Welt. Er verzeichnet noch immer 17 Millionen Passagiere im Jahr und verfügt über eine eigene S-Bahn-Station. Der älteste unter den großen Flughäfen ist sicher Amsterdam Schiphol, 1916 als Militärflughafen gegründet. Für die zivile Luftfahrt wurde er nach dem Ersten Weltkrieg geöffnet.

Freizeit: KULTUR, ESSEN und SPORT

Ein paar extrem berühmte Leute, von denen Sie vermutlich noch nie gehört haben

Manchmal ändern Menschen ihren Namen, weil jemand in ihrem Umfeld denselben trägt und die Branchenregeln verlangen, dass ein Name unverwechselbar ist. Manchmal ändern Menschen ihren Namen, um eine Bühnenfigur zu erschaffen, die anders ist als sie selbst. Und manchmal ändern sie ihren Namen einfach nur, weil sie den ihnen gegebenen blöde finden.*

Wie dem auch sei, es gibt viele, viele berühmte Menschen auf der Welt, mit deren Leben und Lieben Sie aufs Innigste vertraut sind, aber die Sie anhand ihres bürgerlichen Namens nie erkennen würden.**

Robyn Fenty – Rihanna
(In diesem Fall ist es der zweite Vorname.)

Robert Zimmerman – Bob Dylan
Reginald Dwight – Elton John
Caryn Johnson – Whoopi Goldberg

---

*   Paradebeispiel: Ich heiße eigentlich Jon, aber ich habe mich immer Jonn geschrieben, weil ich mit 19 Jahren a) ein Angeber und b) auf sonderbare Weise konservativ war. »Ich dachte, es ginge vorüber«, sagt meine Mutter.

** Zwei Personen fehlen in dieser Liste, weil sie, möglicherweise unerwartet, unter ihrem richtigen, wenn auch unvollständigen Namen berühmt geworden sind: Prince Nelson und Madonna Ciccone. Als hätten ihre Eltern gewollt, dass aus ihnen Pop-Ikonen werden.

Ella Yelich-O'Connor – Lorde
Christopher Breaux – Frank Ocean
Declan MacMagnus – Elvis Costello
Onika Maraj – Nicky Minaj
Amethyst Kelly – Iggy Azalea

Warum um alles in der Welt man einen so wunderschönen Namen wie »Amethyst« gegen »Iggy« würde eintauschen wollen, übersteigt mein Vorstellungsvermögen.

Elizabeth Woolridge Grant – Lana Del Rey
Edward Hardy – Tom Hardy
Calvin Broadus Jr. – Snoop Dog
David Jones – David Bowie

Lustigerweise soll Bowie sich dazu veranlasst gesehen haben, um eine Verwechslung mit Davy Jones von den Monkees zu vermeiden.

Gordon Sumner – Sting
Krishna Bhanji – Ben Kingsley
Natalie Hershlag – Natalie Portman
Mark Sinclair – Vin Diesel

»Vin« hat er von seinem Stiefvater Irving und dem Nachnamen seiner Mutter nach der Eheschließung, Vincent.

Stefani Germanotta – Lady Gaga
Eric Bishop – Jamie Foxx
Melissa Jefferson – Lizzo
Michael Douglas – Michael Keaton

Keaton wollte verständlicherweise nicht mit dem älteren amerikanischen Schauspieler Michael Douglas verwechselt werden.

> Alicia Foster – Jodie Foster
> David McDonald – David Tennant
> Christopher Wallace – The Notorius BIG
> Ramón Estévez – Martin Sheen
> Peter Hernandez – Bruno Mars
> Aubrey Graham – Drake

Wieder ein zweiter Vorname. Aber man versteht, warum er kein Rapper namens »Aubrey« sein wollte, oder?

> Kathryn Hudson – Katy Perry
> Nicholas Coppola – Nicholas Cage

Um den Anschein der Vetternwirtschaft zu vermeiden, denn Francis Ford Coppola ist sein Onkel. Ich bin sicher, niemand hat seither an Cages Talent gezweifelt.

> Farrokh Bulsara – Freddie Mercury
> Vera Chokalingam – Mindy Kaling
> *Schon wieder* ein zweiter Vorname.

> John Stephens – John Legend
> Paul Hewson – Bono
> Julie Smith – Julianne Moore

Um Verwechslungen mit den beiden Schauspielerinnen Julie Smith und Julie Anne Smith vorzubeugen. Ihr Vater hieß mit zweitem Namen Moore, ihre Mutter Anne mit Vornamen.

Jorge Bergoglio – Papst Franziskus
Ioseb Dzhugashvili – Josef Stalin
Maurice Micklewhite – Michael Caine

Wunderbare Story: Michael Caine ließ 2016 seinen bürgerlichen Namen tatsächlich von Amts wegen umändern, um besser durch die Flughafenkontrollen zu kommen. »[Der Beamte] sagte: ›Oh, hallo, Michael Caine‹, und ich gab ihm darauf einen Pass mit einem ganz anderen Namen. Konnte sein, dass ich nach einer Stunde immer noch dastand. Also habe ich meinen Namen geändert.«

∼

Die größten Film-Franchises der Welt

Und nun zu der wirklich wichtigen Frage: Wer würde in einem Kampf Mann gegen Mann gewinnen – Spider-Man oder Harry Potter?

Okay, wir können nicht sagen, wer eine physische Auseinandersetzung zwischen Figuren gewinnt, die es nicht gibt und die ohnehin beide auf der Seite von Recht und Gerechtigkeit stehen und daher nie und nimmer gegeneinander antreten würden.* Aber wir können ganz klar feststellen, zu welcher der größere Konzessions- und Lizenzkosmos gehört.

Die Internetseite *The Numbers* (Untertitel: »Wo Zahlen und Filmgeschäft zusammenkommen«) verfolgt weltweit die Einnahmen und

---

* Das stimmt nicht. Natürlich gewinnt Harry. Zauberkraft schlägt ein paar Netzfäden jederzeit.

Einspielergebnisse der Filmindustrie. Im Folgenden eine Auflistung der größten Film-Franchises der Branche, Stand September 2020.[*]

Franchise	Jahre	Zahl der Filme	Einspielergebnis USA (in Millionen Dollar)	Einspielergebnis USA inflationsbereinigt (in Millionen Dollar)	Einspielergebnis weltweit (in Millionen Dollar)	Durchschnittliche Einnahmen pro Film (in Millionen Dollar)	Inlandsanteil
Marvel Cinematic Universe	2008-	23	8454	9130	22 588	982	38 %
Star Wars[**]	1977-	12	5079	8040	10 324	860	49 %

---

[*] An dieser Stelle ein paar langweilige, aber notwendige Anmerkungen zur Methodik. Erstens: Die Filmzahl, die auf *The Numbers* angegeben wird, entspricht häufig nicht der, die Sie im Kopf haben. Manchmal liegt es daran, dass dort auch Filme auftauchen, die nie auf den Markt gebracht wurden, manchmal sind es 3-D-Fassungen, geänderte Versionen für Doppelvorstellungen oder andere alternative Editionen. Hin und wieder geht es auch um so etwas wie einen für das Fernsehen produzierten Zeichentrickfilm, der in einer limitierten Kino-Auflage 40 000 Dollar eingespielt hat. Ganz allgemein habe ich solche Dinge aus den Zahlen herausgenommen, weil sie im Grunde nicht wirklich zählen und ohnehin nicht genügend Geld eingespielt haben, um einen messbaren Unterschied zu bewirken. Ab und zu habe ich unerwartetes Zeug drin gelassen, dann aber erklärt, warum.
Zweitens habe ich immer dort, wo offensichtlich nichts in Entwicklung ist, angenommen, dass das Lizenzverhältnis beendet ist. Da Hollywood nun einmal so ist, wie es ist, kann es sein, dass mir hier und da etwas entgangen ist.
Schließlich und endlich wird es eines der ewigen Geheimnisse des Lebens bleiben, warum der weltweite Kartenverkauf nie inflationsbereinigt angegeben wird. Hat das damit zu tun, dass das in internationalen Währungen schwieriger ist? Aber werden internationale Einnahmen nicht ohnehin in Dollar umgerechnet? Oh, keine Ahnung, fragen Sie Ihre Mutter.

[**] In diesem Falle enthält die Zahl auch den Animationsfilm *Clone Wars*. Nicht zu verwechseln mit der ebenfalls animierten Fernsehserie *Clone Wars*.

Franchise	Jahre	Zahl der Filme	Einspielergebnis USA (in Millionen Dollar)	Einspielergebnis USA inflationsbereinigt (in Millionen Dollar)	Einspielergebnis weltweit (in Millionen Dollar)	Durchschnittliche Einnahmen pro Film (in Millionen Dollar)	Inlandsanteil
Harry Potter	2001–	10	2787	3639	9195	920	30 %
Spider-Man*	2002–	9	2711	3293	7220	802	38 %
James Bond**	1963–	24	2137	5931	7120	297	30 %
Batman	1989–	13	2787	3949	6052	466	46 %
X-Man	2000–	12	2435	2879	6034	503	40 %
Fast and Furious	2001–	9	1691	1994	5901	656	29 %
Peter Jacksons Herr der Ringe	2001–2018	6	1852	2522	5858	976	32 %
DC Extended Universe***	2013–	8	2148	2228	5474	684	39 %
Jurassic Park	1993	6	1883	2706	5009	835	38 %

---

* Hier enthält die Zahl auch *Venom* von 2018, weil dessen Protagonist später als Gegenspieler von *Spider-Man* in Erscheinung tritt. Keine Ahnung, wie ich das finde, aber was soll man machen?

** Enthalten sind auch *Casino Royale* (die Komödienversion von 1967) und *Sag niemals nie* (1983), den Puristen nicht mitzählen, weil er nicht von Eon produziert wurde. Aber sie vermarkten den Namen James Bond, es besteht daher kein vernünftiger Grund, ihn nicht mitzuzählen.

*** Hier bestehen Überschneidungen zu *Batman*, aber es gibt keine vernünftige Möglichkeit, die beiden auseinanderzudröseln, also müssen wir die Doppelzählung wohl hinnehmen.

Die größten Film-Franchises der Welt • 279

Franchise	Jahre	Zahl der Filme	Einspielergebnis USA (in Millionen Dollar)	Einspielergebnis USA inflationsbereinigt (in Millionen Dollar)	Einspielergebnis weltweit (in Millionen Dollar)	Durchschnittliche Einnahmen pro Film (in Millionen Dollar)	Inlandsanteil
Transformers*	1986, 2007-	7	1582	1863	4847	692	33%
Fluch der Karibik	2003-	5	1452	1912	4518	904	32%
Ich – einfach unverbesserlich	2010-	4	1220	1335	3714	929	33%
Mission Impossible	1996-	6	1154	1594	3578	596	32%
Shrek	2001-	5	1420	1953	3546	709	40%
Twilight	2008-2012	5	1366	1611	3317	663	41%
Ice Age	2002-	5	794	1039	3180	636	25%
Toy Story**	1995-2019	5	1317	1788	3054	611	43%
Tribute von Panem	2012-2015	4	1452	1622	2958	740	49%

---

* Die modernen *Transformers*-Filme fingen erst 2007 an, aber der kinematische Klassiker dazu *Transformers – Der Kampf um Cybertron* (*The Transformers: The Movie*) kam 1986 heraus, und ich sehe keinen Grund, ihn auszulassen.
** »Moment mal«, so fragen Sie sich vermutlich gerade leicht verärgert, »es hat doch nur vier *Toy Story*-Filme gegeben?« Sie haben recht. Aber der 3-D-Zusammenschnitt der beiden ersten hat 35 Millionen eingespielt, das ist eine ganze Menge Geld, für unsere Zwecke zählt das also.

Welche Schlüsse können wir nun daraus ziehen?

Als ersten und wenig überraschend den, dass Franchises heute eine sehr viel größere Rolle spielen als früher. Deutlich mehr als die Hälfte dieser Filmreihen gingen im 21. Jahrhundert an den Start und laufen noch immer.

Als zweiten: Wenn Sie ein Mega-Franchise-Unternehmen aufbauen wollen, vergessen Sie Ihre Ambitionen auf einen Arthouse-Filmzyklus mit den Werken von Marcel Proust. Zeichentrick und Explosionen, Superhelden, Science-Fiction und Fantasy sind angesagt.

Zu erwähnen ist auch, dass es weder im Positiven noch im Negativen eine klare Korrelation gibt zwischen der Anzahl an Filmen, die ein Franchise-Unternehmen herausgebracht hat, und dessen Platz im Ranking. Klar, *James Bond* sticht heraus, weil die Filme seit über einem halben Jahrhundert produziert werden und sich inzwischen auf zwei Dutzend belaufen.* Aber die Einnahmen pro Film sind tatsächlich die geringsten der ganzen Liste – eine Folge seiner langen Geschichte und des Umstands, dass Filme, die Mitte der 1960er-Jahre produziert wurden, einfach nicht so viel eingespielt haben wie Filme, die in der 2010ern herauskamen. Es gibt auch zwei Dutzend Marvel-Filme, aber die verzeichnen im Gegensatz dazu die höchsten Einnahmen pro Film. Kein Wunder, dass sie die Ranglisten anführen.**

Lassen Sie uns als Nächstes anschauen, welche Filme für ihre Einnahmen am meisten auf den heimischen Markt angewiesen waren: *Toy Story* (43 Prozent), *Batman* (46 Prozent), *Die Tribute von Panem*

---

* Gegenbeispiel: Hoppla, die Filme aus der Reihe *Ich, einfach unverbesserlich* bringen ganz schön viel Geld ein, oder?

** Auf *The Numbers* gibt es eine sehenswerte Grafik, die die Entwicklung etlicher Mega-Franchises im Lauf der Jahrzehnte nachzeichnet. Im Jahr 2008 erscheint MCU aus dem Nichts und hat im Lauf eines Jahrzehnts alle anderen überflügelt. Ob man das nun für gut oder schlecht für die Filmindustrie der Welt hält – es ist eine Mordsleistung.

und *Star Wars* (beide 49 Prozent) bezogen fast die Hälfte ihres Einspielergebnisses aus den USA – allesamt ziemlich rustikale amerikanische Storys über persönliche Autarkie und Einzelheldentum, aber da das für ziemlich viele Filme gilt und ich an dem Punkt angelangt bin, wo ich nach Gemeinsamkeiten zwischen Buzz Lightyear und Batman suche, sollte ich es vielleicht gut sein lassen.

Am anderen Ende der Skala, bei *Harry Potter* und *James Bond*, beide aus der Feder britischer Autoren, waren die Einkünfte international sehr viel breiter gestreut. Dasselbe gilt für *The Fast and the Furious* (29 Prozent) und *Ice Age* (25 Prozent). Die Welt liebt offensichtlich Zeichentrickfilme über Autos und Tiere.

Oh, und noch eins – wenn die Arena des Wettkampfs der Ticketverkauf wäre, würde Harry Potter tatsächlich den Kampf gegen Spider-Man gewinnen. Aber es wäre ganz schön knapp.

~

Die größten Filme* aller Zeiten

Es gibt einen Grund dafür, dass ich unseren kurzen Exkurs in die Geschichte des Kinos mit Franchises begonnen habe (außer, dass mir die Idee gefallen hat, Harry Potter und Spider-Man zum Kampf

---

* Man kann trefflich darüber streiten, nehme ich an, ob die Zahl der verkauften Tickets der einzige Maßstab ist, um die »Größe« eines Films zu beurteilen. *Avatar* war ein ganzes Jahrzehnt hindurch der umsatzstärkste Film aller Zeiten. Dennoch war er von bemerkenswert wenig kultureller Relevanz: Es fand in den allgemeinen Medien wenig Resonanz, ist keine Geschichte, auf die andere Geschichten Bezug nehmen. Die *Avengers* oder, der Himmel sei mit uns, die *Minions* sind in der populären Kultur weitaus sichtbarer. War also *Avatar* wirklich der »größte« Film aller Zeiten? Oder nur der, der das meiste Geld eingespielt hat?

gegeneinander antreten zu lassen): Es mag manch einen zu einem gewissen Grad deprimieren, aber heutzutage ist Kino gleichbedeutend mit Franchise.

Schauen Sie sich nachfolgendes Ranking der kommerziell erfolgreichsten Filme aller Zeiten an, Stand September 2020. Wenn Sie sehr genau hinschauen, entdecken Sie womöglich einen einzigen darunter, der nicht zu einem solchen Serienkosmos gehört.

Rang	Jahr	Film	Einspielergebnis weltweit ($)	Einspielergebnis USA ($)	Einspielergebnis international ($)	US-Anteil
1	2019	Avengers: Endgame	2 797 800 564	858 373 000	1 939 427 564	31 %
2	2009	Avatar	2 788 701 337	760 507 625	2 028 193 712	27 %
3	1997	Titanic	2 208 208 395	659 363 944	1 548 844 451	30 %
4	2015	Star Wars Episode VII: Das Erwachen der Macht	2 068 223 624	936 662 225	1 131 561 399	45 %
5	2018	Avengers: Infinity War	2 048 359 754	678 815 482	1 369 544 272	33 %
6	2015	Jurassic World	1 670 400 637	652 270 625	1 018 130 012	39 %
7	2019	Der König der Löwen	1 656 943 394	543 638 043	1 113 305 351	33 %
8	2015	Furious 7	1 518 722 794	353 007 020	1 165 715 774	23 %
9	2012	The Avengers	1 515 100 211	623 357 910	891 742 301	41 %
10	2019	Die Eiskönigin II	1 447 561 655	477 373 578	970 188 077	33 %

Sagten Sie, es sei *Der Löwenkönig*, so täte es mir leid, darauf hinweisen zu müssen, dass es sich in diesem Fall um das computeranimierte Remake von 2019 handelt und nicht um das Original von 1994*, deshalb bin ich auch nicht ganz sicher, ob das nicht doch unter

---

* Das spielte nur 986 Millionen Dollar ein und liegt auf Platz 47.

Franchising fällt. Tippten Sie auf *Avatar*, so habe ich schlechte Nachrichten im Zusammenhang mit dessen *vier* geplanten Fortsetzungen.

Tatsächlich sind zusammen mit diesen beiden nicht weniger als neun von zehn Filmen Teil eines Franchise-Systems: Sieben Fortsetzungsfilme, ein Remake und ein Film, der ein eigenes Franchise-System losgetreten hat. Der einzige, der hier herausfällt, ist *Titanic*. Gott sei Dank ist bisher niemand darauf verfallen, davon einen Fortsetzungsfilm zu drehen.*

Dieses Muster zieht sich tatsächlich ganz schön weit durch die Liste. Der *nächste* unter den umsatzstärksten Filmen nach *Titanic*, der nicht Teil eines Serienuniversums oder ein weitgehendes Remake eines früheren Films ist, war *Zootopia* von 2016 (Platz 45) und die Filmbiographie über Freddie Mercury, *Bohemian Rhapsody*. (ganz unten auf Platz 61).

In meinen Augen sagt uns das drei Dinge:
1. Das Publikum schaut gern Filme über vertraute Figuren.
2. Hollywood *dreht* gern Filme über vertraute Figuren.
3. Sobald ein Film über neue Figuren das obere Ende der Liste erreicht, nähert sich die Wahrscheinlichkeit dafür, dass jemand einen Haufen Geld für ein Remake oder eine Fortsetzung in die Hand nimmt, unaufhaltsam der 100-Prozent-Marke.

---

* Ein paar Vorschläge für *Titanic*-Fortsetzungen, nur für den Fall, dass hier vielleicht ein Produzent mitliest. 1. Rose untersucht an der Spitze eines Teams das Wrack der Titanic und findet Seeungeheuer. 2. Rose erblickt in New York ein vertrautes Gesicht. Aber Jack ist doch ganz sicher tot! Oder nicht …? 3. Als sich ein anderes Schiff einem Eisberg nähert, hat ein Passagier eine Warnung parat … Bitte nehmen Sie über meinen Verlag Kontakt mit mir auf.

Okay, aber was ist mit der Inflation?

Noch etwas ist Ihnen vielleicht in Bezug auf die kommerziell erfolgreichsten Filme aller Zeiten aufgefallen: Sie stammen alle aus allerjüngster Zeit. Unter den Top Ten finden sich nur drei Filme von vor 2015: *Titanic* (1997), *Avatar* (2009) und *The Avengers* (2012).

Das ist nicht verwunderlich, denn diese Einnahmen wurden nicht inflationsbereinigt. Absolute Zahlen sind hier sehr nützlich, weil sie einen direkten Vergleich ermöglichen, aber sie sind auch irreführend, weil sowohl die Inflation als auch die völlig unterschiedlichen Preise für Kinokarten damals und heute es dieser Tage irre viel teurer machen, ins Kino zu gehen als, sagen wir 1935. (Leider sind 300 Millionen Dollar nicht mehr das, was sie mal waren.)

Die Zahlen anzupassen, um der Inflation Rechnung zu tragen, ist allerdings nicht so einfach. Es gibt auf der Welt 200 Währungen, die in unterschiedlichem Tempo an Wert verloren haben und von denen nicht einmal alle in den Kindertagen des Kinos existiert haben. Darüber hinaus stammen die Zahlen von der Filmindustrie – einem Haufen Leute, die von Berufs wegen grundsätzlich ein Interesse daran haben, den Erfolg von Gegenwartsfilmen hochzujazzen, auch auf Kosten derer, die davor kamen. Die Versuche, die Liste der Inflation anzupassen, sind daher immer inoffiziell, und die Ergebnisse variieren beträchtlich je nachdem, welche Inflationsrate und welcher Wechselkurs verwendet wurden. Es gibt keine unumstößliche Antwort.

Es gibt jedoch zwei Arten von Leuten, die es trotzdem versuchen: Das sind zum einen diejenigen, die das *Guinnessbuch der Rekorde* zusammenstellen, zum anderen die Autoren von Wikipedia. Im Jahr 2014 veröffentlichten erstere die ihren Berechnungen nach zehn erfolgreichsten Filme aller Zeiten. Seither haben letztere unentwegt die Zahlen inflationsbereinigt und bei Bedarf neue Filme auf die Liste gesetzt.

Das Ergebnis ist die folgende Auflistung der kommerziell erfolgreichsten Filme aller Zeiten, die Einnahmen sind umgerechnet worden auf US-Dollar 2019. Sie zeigt, dass die wirklich großen Filme der letzten paar Jahre tatsächlich groß waren. Aber sie macht auch deutlich, dass es Zeiten gegeben hat, in denen man kein Franchising betreiben musste, um Rekordeinnahmen zu erzielen.

Rang	Titel	Einspielergebnis weltweit (2019)	Jahr
1	Vom Winde verweht	$ 3,71 Milliarden	1939
2	Avatar	$ 3,26 Milliarden	2009
3	Titanic	$ 3,08 Milliarden	1997
4	Star Wars	$ 3,04 Milliarden	1977
5	Avengers: Endgame	$ 2,80 Milliarden	2019
6	The Sound of Music	$ 2,55 Milliarden	1965
7	E.T. – Der Außerirdische	$ 2,49 Milliarden	1982
8	Die zehn Gebote	$ 2,36 Milliarden	1956
9	Doktor Schiwago	$ 2,23 Milliarden	1965
10	Star Wars: Das Erwachen der Macht	$ 2,20 Milliarden	2015

Eine Liste von Filmen mit zeitweiligem Anspruch auf den Titel »kommerziell erfolgreichster Film aller Zeiten«

Mindestens 11 Filme* konnten zu ihrer Zeit den Titel »kommerziell erfolgreichster Film aller Zeiten« für sich verbuchen. Die Filmfreaks von Wikipedia (ja, ja, ich weiß, zwei Erwähnungen in Folge, aber, mal ehrlich, nennen Sie mir jemanden, der das besser macht) haben das verfolgt, hier ihre Statistik:

Jahre an der Spitze	Film	Einspielergebnis zur Zeit des Rekords
1915 – 1940	Die Geburt einer Nation	$ 5,2 Millionen
1940 – 1966	Vom Winde verweht	$ 32 Millionen
1966 – 1971	The Sound of Music	$ 115 Millionen
1971 – 1972	Vom Winde verweht*	$ 116 Millionen
1972 – 1976	Der Pate	$ 128 Millionen**
1976 – 1978	Der weiße Hai	$ 194 Millionen
1978 – 1983	Star Wars	$ 269 Millionen
1983 – 1993	E.T. – Der Außerirdische	$ 701 Millionen
1993 – 1998	Jurassic Park	$ 915 Millionen
1998 – 2010	Titanic	$ 1,8 Milliarden

---

* Ein anderer Film, der manchmal auf dieser Liste erscheint, ist der Pornofilm *Deep Throat* (1972), der laut einer Aussage seiner Hauptprotagonistin Linda Lovelace vor dem amerikanischen Kongress im Jahr 1984 600 Millionen Dollar eingespielt haben soll, womit er kommerziell erfolgreicher wäre als *Star Wars*. Wenige Leute im Filmgeschäft glauben diese Zahl – er war einfach nicht weit genug verbreitet. Der Kritiker Roger Ebert hat spekuliert, dass er vielleicht auf dem Papier so viel gebracht hat, weil die meisten Pornokinos der 1970er-Jahre im Besitz der organisierten Kriminalität waren und zur Geldwäsche benutzt wurden.

* Dank einer Reihe hochlukrativer Neuauflagen kurzfristig wieder an der Spitze der Charts.

** Hier schwanken die Zahlen je nach Quelle, manche setzten ihn gar bei 142 Millionen an.

Jahre an der Spitze	Film	Einspielergebnis zur Zeit des Rekords
2010 – 2019	Avatar	$ 2,7 Milliarden
2019 –	Avengers: Endgame	$ 2,8 Milliarden

Es hat etwas unglaublich Deprimierendes, dass dieser Titel der Filmindustrie das erste halbe Jahrhundert hindurch an zwei Filme ging, die in ihrer Darstellung von Afroamerikanern unbestritten zutiefst rassistisch sind, oder?

∼

Einige Filme, für die vermutlich mehr Karten verkauft wurden als für jeden Avenger-Film

Noch etwas, das an diesen Listen ins Auge fällt: Die Filme darauf sind sämtlich in Englisch, und sie wurden alle in Hollywood produziert.

Aber es gibt noch einige andere Länder auf der Welt, die größer sind als die USA, und andere Filmindustrien, die ebenfalls Filme produzieren.

Einige davon verzeichnen vermutlich Kartenverkaufszahlen, von denen die westlichen Franchises nur träumen können – und dass sie nicht auf der Liste mit den höchsten Einnahmen stehen, liegt einzig und allein daran, dass Kinokarten in Beijing oder Bangalore sehr viel billiger sind als in Boston.

Im Folgenden werden ein paar der größten Allzeitbestseller unter den Filmen, von denen Sie vermutlich noch nie etwas gehört haben, vorgestellt.

FULL HOUSE OF JOY oder IN-LAWS (1981): Ein Drama auf Mandarin-Chinesisch über die Beziehungen zwischen einer Familie und den Ehefrauen der beiden Söhne, von denen die eine ihre Schwiegereltern wie Fußabtreter behandelt und die andere, ehrlich gesagt, ein bisschen wie ein naiver Gutmensch daherkommt. Klingt in der Zusammenfassung nicht nach viel, aber einigen Internetquellen zufolge wurden dafür 469 Milliarden Karten verkauft. Damit wäre dies der absolute Bestseller unter allen Filmen, die je gedreht wurden. Wobei man sagen muss: Weil es im Internet darüber dermaßen wenige Informationen gibt, besteht durchaus die Möglichkeit, dass da jemand etwas durcheinandergebracht hat.

MYSTERIOUS BUDDHA (1980): Der erste Martial-Arts-Film, der auf dem chinesischen Festland produziert wurde. Die Handlung spielt in Nationalchina, das von 1912 bis 1949 existiert hat, und dreht sich um ein japanisches Komplott zur Entwendung einer antiken Buddha-Statue, das dankenswerterweise von tapferen chinesischen Kommunisten und braven Geheimagenten in harmonischer Zusammenarbeit aufgedeckt wird. Mehr als 400 Millionen Karten sollen verkauft worden sein, wobei diese Zahl auch hier wieder schwer zu verifizieren ist. Dennoch handelte es sich zweifellos um einen Big Deal.

CARAVAN (1971): Indischer Thriller um eine junge Frau namens Sunita, die herausfindet, dass ihr Mann ihren Vater ermordet hat, flüchtet und zufällig auf eine Gruppe indischer »Zigeuner« trifft. In Indien wurden »nur« um die 19 Millionen Tickets verkauft, aber der Film wurde in China zum Megaüberraschungshit und kam dort auf 300 Millionen Tickets – so viele wie für *Titanic* weltweit verkauft wurden.

THE SHAOLIN TEMPLE (1982): Noch ein Martial-Arts-Film, dieses Mal ist die Handlung im mittelalterlichen China angesiedelt. Eine der ersten Koproduktionen zwischen der Filmindustrie Hongkongs und der des chinesischen Festlands. Über 300 Millionen verkaufte Karten, was dazu beigetragen hat, das Shaolin-Kloster in der Provinz Henan zu einer touristischen Hauptattraktion zu machen.

GUNSHOTS IN THE CIB oder GUNSHOTS OF THE SECRET SERVICE (1979): Ein Spionagethriller in Schwarz-Weiß, spielt in Shanghai in den ersten Jahren nach dem Zweiten Weltkrieg. Es sollen um die 300 Millionen Karten verkauft worden sein.

SHOLAY (1975): Ein weiterer indischer Klassiker, dieses Mal über einen pensionierten Polizeibeamten, der ein paar Gauner anheuert, um, nun ja, einen anderen Gauner gefangen zu nehmen. Analog zum Spaghetti-Western wird das Genre gerne als »Curry-Western« bezeichnet. Man nimmt an, dass 260 Millionen Eintrittskarten verkauft wurden, darunter verwunderlicherweise 60 Millionen in der Sowjetunion.

Das Rennen um den Bestseller unter den englischsprachigen Filmen ist übrigens ein Remis zwischen dem Original-*Star Wars* und *Vom Winde verweht*, für beide sollen um die 338 Millionen Karten verkauft worden sein.

Gestohlene Gemälde

»Das Konzert«, Jan Vermeer, ca. 1664
Beschreibung: ein Mann und zwei Frauen aus dem 17. Jahrhundert in den Niederlanden beim Musizieren
Wert: 250 Millionen Dollar, Stand 2015
Schicksal: vermisst

Am Sonntag, den 18. März 1990, klingelten in den frühen Morgenstunden zwei als Polizeibeamte verkleidete Männer am Isabella Stewart Gardner Museum in Boston, erklärten den diensthabenden Wachen, es habe eine Störung gegeben, und baten um Einlass. Einer der Wachhabenden bemerkte, dass der größere der beiden Polizisten offensichtlich einen falschen Schnurrbart trug, und wurde misstrauisch. Das sollte ihm allerdings nichts nützen: Am nächsten Morgen fanden andere Museumsangestellte bei ihrem Eintreffen die beiden jungen Security-Leute an ein Heizungsrohr im Keller gefesselt, 13 Gemälde im Wert von 500 Millionen Dollar waren verschwunden.

Zu den fehlenden Exponaten gehören *Christus im Sturm auf dem See Genezareth*, Rembrandts einziges Seestück, sowie Werke von Degas, Manet und Flinck. Das wertvollste unter den gestohlenen Werken – ja vermutlich das wertvollste Werk, das je gestohlen wurde – war *Das Konzert*. Das Museum setzte eine Belohnung von 10 Millionen Dollar für Informationen aus, die zum Wiederauffinden der Gemälde führen würden, aber keines davon ist je wieder aufgetaucht. Das Museum hat seither leere Rahmen als Platzhalter für die verlorenen Gemälde und als Ausdruck der Hoffnung auf ihre Rückkehr aufgehängt.

»Le pigeon aux petit pois«
(»Taube mit grünen Erbsen«), Pablo Picasso, 1911
Beschreibung: Die Taube erkennen Sie mit Mühe und Not, aber bei diesem Kubismus vom Feinsten möchte ich den sehen, der die Erbsen findet.
Wert: 28 Millionen Dollar
Schicksal: vermisst, möglicherweise zerstört

Das wertvollste von fünf Exponaten im Wert von insgesamt 123 Millionen Dollar, gestohlen am 20. Mai 2010 aus dem Musée d'Art Moderne de la Ville de Paris. Der Dieb hatte ein Vorhängeschloss an einer Seitentür durchtrennt, um einzubrechen. Einer von den im folgenden Jahr verhafteten Verdächtigen behauptete, er habe das Gemälde in Panik in einen Mülleimer geworfen, der prompt geleert worden sei. Auch keines der anderen Gemälde – Werke von Matisse, Braque, Leger und Modigliani – ist je wieder aufgetaucht.

»Landschaft mit Hütten«, Rembrandt, Mitte der 17. Jahrhunderts

Beschreibung: eine etwas trostlose flache Landschaft, die Hütten sind, ehrlich gesagt, in keinem guten Zustand
Wert: bis zu 20 Millionen Dollar
Schicksal: vermisst

Am frühen Morgen des 4. September 1972 drang ein bewaffnetes Einbrecher-Trio durch ein in Reparatur befindliches Dachfenster ins Montreal Museum of Fine Arts ein, fesselte die Wachen und machte sich mit 18 Gemälden, damals im Wert von 2 Millionen Dollar, aus dem Staub. Eines davon, eine Landschaft von Breughel, wurde als Anreiz für Verhandlungen zurückgegeben, aber obwohl, angefangen von den damaligen militanten Separatisten bis zur Mafia von Montreal, alle möglichen Leute im Zuge der anschließenden Spekulationen verdächtigt wurden, sind die anderen Werke nie wieder aufgetaucht.

Die Landschaft von Rembrandt war das wertvollste unter den gestohlenen Gemälden – wenngleich manche Kunsthistoriker bezweifeln, dass er es überhaupt gemalt hat, was ohne Frage seinen Wert beeinträchtigen würde.

»Kavalier«, Frans van Mieris, 1657

Beschreibung: Selbstporträt des Künstlers mit Rüschenhemd und Federhut
Wert: etwa 1 Million Dollar
Schicksal: vermisst

Das Gemälde ist recht klein, ungefähr 20 x 16 Zentimeter. Das war vermutlich von Vorteil für die Sydney Art Gallery von New South Wales, als es darum ging, einen Platz zu finden, wo man es aufhängen konnte. Ganz sicher war es von Vorteil für denjenigen, wer immer es war, der am Sonntag, den 10. Juni 2007 das Museum besuchte und mit einem Bild hinausmarschierte. 2012 gab die örtliche Polizei die Suche auf.

»Mohnblumen« (auch: »Vase mit Blumen«), Vincent van Gogh, 1887

Beschreibung: Stillleben mit gelben und roten Blumen in einer Vase vor dunklem Hintergrund
Wert: 50 – 55 Millionen Dollar
Schicksal: wieder aufgefunden – beim ersten Mal –, inzwischen aber vermisst, weil …

… diesem Gemälde die seltene Auszeichnung widerfuhr, zweimal gestohlen zu werden. Aus *demselben Museum*. Erstmals wurde es 1977 aus dem Mahmoud-Khalil-Museum in Kairo gestohlen, ein Jahrzehnt später in Kuwait wieder aufgefunden, nur um 2010 *noch einmal* gestohlen zu werden. Gut gemacht.

Nach dem zweiten Diebstahl wurden der stellvertretende Kulturminister des Landes und zehn seiner Angestellten der Nachlässigkeit für schuldig befunden, und ein vor Ort ansässiger Milliardär setzte eine Belohnung von 175 000 Dollar für Informationen aus, die zum Wiederauffinden des Gemäldes beitragen würden. Aber zehn Jahre später glänzt es noch immer durch Abwesenheit.

»Charing Cross Bridge«, London, Claude Monet, 1901

Beschreibung: eine verschwommene impressionistische Darstellung einer Eisenbahnbrücke über die Themse
Wert: unbekannt. Ein anderes Bild aus der Serie hat Berichten zufolge für 63 Millionen Dollar den Besitzer gewechselt.
Schicksal: vermutlich verbrannt

Es ist die gute alte Geschichte: Junge meldet sich bei Tinder an, Junge trifft Mädchen, Junge und Mädchen schmieden den Plan, Kunst im Wert von Hunderten Millionen Dollar zu klauen. Die Diebe brachen in den frühen Morgenstunden des 16. Oktober 2012 in die Kunsthal Rotterdam ein und flüchten mit sieben Gemälden von Picasso, Gauguin und Matisse. Der Alarm wurde ausgelöst, aber die Polizei kam zu spät.

Die vermeintlichen Diebe wurden im Juli des darauffolgenden Jahres in Rumänien gefasst, aber die Gemälde tauchten nie wieder auf: Die Mutter des Jungen behauptete irgendwann, sie verbrannt zu haben. Sie nahm zwar die Aussage vor Gericht zurück, doch die Ermittler fanden in der Asche ihres Kamins Hinweise auf jahrhundertealte Gemälde. Was, seien wir ehrlich, aus kunsthistorischer Perspektive kein gutes Zeichen ist.

»Porträt eines jungen Mannes«, Raffael, 1513–1514

Beschreibung: was man denken würde – man nimmt an, dass es sich um ein Selbstbildnis handelt

Wert: 100 Millionen Dollar
Schicksal: von den Nationalsozialisten gestohlen

Beim deutschen Überfall auf Polen rettete ein polnischer Adliger eine Reihe von Gemälden aus der Familiensammlung und versteckte sie. Es half ihm nichts: Die Gestapo fand sie, und das *Porträt* wurde letztmals beim Generalgouverneur von Polen, Hans Frank, auf der Burg Wawel gesehen.

Frank wurde nach dem Ende der Nürnberger Prozesse hingerichtet, und die meisten Kunstwerke, die in seinem Besitz vermutet werden, wurden nie wieder gesehen. In ihrem 1994 erschienenen Buch über den systematischen Kunstraub der Nationalsozialisten, *Der Raub der Europa*, schätzt die Kunsthistorikerin Lynn H. Nicholas den Wert des Raffael-Werks auf 100 Millionen Dollar, würde es denn je wiederaufgefunden.

»Mona Lisa«, Leonardo da Vinci, ca. 1503–1506

Beschreibung: Also bitte, dabei helfe ich Ihnen nicht!
Wert: 1962 schätzten Versicherungsexperten seinen Wert auf 100 Millionen Dollar, heutzutage dürften es demnach 600 Millionen sein
Schicksal: zurückgegeben

Heutzutage ist sie vermutlich das bekannteste Gemälde der Welt, aber 1911 wurde die Mona Lisa kaum beachtet. So wenig beachtet tatsächlich, dass sich jemand eines Abends in einem Schrank im Louvre verstecken, über Nacht einschließen lassen und anderntags mit dem Gemälde unter dem Mantel hinausmarschieren konnte.

Zu den befragten Verdächtigen gehörten der französische Dichter Guillaume Apollinaire und sein Freund Pablo Picasso. Der wahre Schuldige war ein Angestellter des Louvre namens Vincenzo Peruggia, der geholfen hatte, die Glasverwahrung für das Bild zu bauen, und den patriotischen Wunsch verspürte, das Gemälde wieder in Italien zu sehen. Zwei Jahre hatte er es in seiner Wohnung hängen, bis er bei dem Versuch, es an die Uffizien in Florenz zu verkaufen, geschnappt wurde. Er verbrachte sechs Monate im Gefängnis und erlangte in Italien Heldenstatus. Die *Mona Lisa* ist unterdessen zum berühmtesten Gemälde der Welt avanciert.

Die Musiker mit den höchsten Verkaufszahlen weltweit

Im Sommer 2019 sah sich die Musikpresse mit einer drängenden Frage konfrontiert: Hatte Drake jetzt offiziell die Beatles in den Schatten gestellt?

Grund für diese Frage war der Umstand, dass der Kanadier soeben den 35. Top-Ten-Titel in den *Billboard* Hot 100, der wichtigsten amerikanischen Hitliste, gelandet und damit die Beatles mit ihren nunmehr bemitleidenswerten 34 überholt hatte. Im Jahr davor hatte er bereits den Rekord der Fab Four für die meisten Top-Ten-Hits in einem einzigen Jahr mit elf zu zehn überboten.

Auf der anderen Seite bezeichnete ihn eine Schlagzeile auf der Website Showbiz Cheat Sheet hilfreicherweise als »Rapper Drake«, was nicht unbedingt auf einen Künstler schließen lässt, der wirklich populärer ist als die Beatles. Berichte über das berühmt-berüchtigte Interview von 1966, in dem John Lennon behauptet hatte, die Beatles seien jetzt »populärer als Jesus«, verzichteten auf die Erklärung, er habe damit den Wanderprediger und Messias aus Nazareth gemeint.

Für jeden, der in den letzten Jahrzehnten des 20. Jahrhunderts das Musikgeschehen verfolgt hat, bildeten die Charts so etwas wie eine unanfechtbare Instanz: Man hatte das Gefühl, sie sagten einem etwas Objektives – nicht nur über Musik, sondern über die Welt insgesamt. Tatsächlich waren sie oft bestenfalls als bruchstückhaft zu bezeichnen: Für die ersten Charts im Vereinigten Königreich 1952 telefonierte Percy Dickins, der Gründer des Magazins *New Musical Express*, eigenhändig bei denjenigen von seinen Kumpels herum, die Plattenläden besaßen, um eine Liste der Top Twelve zusammenzubekommen. Amtliche Charts gab es erst ein paar Jahre später – aber sehr häufig klaffte eine verdächtige Lücke zwischen den Verkaufszahlen, die Künstlern von ihren PR-Teams zugeschrieben wurden, und den tatsächlich bestätigten Zahlen.

In diesem Jahrhundert sind die Dinge durch das Internet noch komplizierter geworden. Seit 2013 verwenden die *Billboard* Top 100 eine Formel, in die Plattenverkauf, Streaming und Sendezeiten einfließen, wobei sich der prozentuale Anteil unter Umständen mit der Zeit verändert. Die Spielregeln, nach denen Drake spielt, sind beträchtlich andere als die, nach denen die Beatles gespielt haben. Rechnen Sie darüber hinaus den Umstand hinzu, dass nicht jedes Land der Welt mit gleicher Akribie verfolgt hat, wie viele Songs ein bestimmter Künstler im Laufe der vergangenen 70 Jahre verkauft hat, und es wird überraschend schwierig, definitive, allzeitgültige weltweite Zahlen in die Finger zu bekommen.*

---

* Ein schräger Nebeneffekt der amerikanischen Vorherrschaft sowohl im Musikgeschäft als auch bei den Online-Medien: Wenn Sie im Internet einfach nur nach »dem Künstler mit den höchsten Verkaufszahlen weltweit« suchen, machen sich viele der Listen nicht die Mühe mitzuteilen, dass sie nur die amerikanischen Verkaufszahlen im Auge haben. Und Sie kommen ins Grübeln, warum Garth Brooks, ein Country-Musiker, der in den meisten Charts der Welt kaum eine Rolle spielt, dauerhaft auf Platz zwei steht.

Aber eine Gruppe von Leuten, die es trotzdem versucht, sind wieder einmal die Autoren von Wikipedia. Die Auflistung der Verkaufszahlen in der freien Enzyklopädie vereint zwei unterschiedliche Angaben: die offiziell bestätigten Verkaufszahlen und solche, die von verlässlichen Quellen angegeben werden. In memoriam Percy Dickins dieses Mal eine Liste der Top Twelve.

Die Musiker mit den angeblich höchsten Verkaufszahlen

Musiker	Herkunftsland	Verweildauer in den Charts	Angegebene Verkäufe in Millionen
The Beatles	Vereinigtes Königreich	1962–1970	500–600
Elvis Presley	USA	1954–1977	500–600
Michael Jackson	USA	1971–2009	300–350
Madonna	USA	1982 bis heute	275–300
Elton John	Vereinigtes Königreich	1969 bis heute	250–300
Led Zeppelin	Vereinigtes Königreich	1969–1980	200–300
Rihanna	Barbados	2005 bis heute	250
Pink Floyd	Vereinigtes Königreich	1967–1996, 2005, 2012–2014	200–250
Eminem	USA	1999 bis heute	220
Taylor Swift	USA	2006 bis heute	200
Mariah Carey	USA	1990 bis heute	200
Eagles	USA	1972–1980, 1994 bis heute	200

Die Musiker mit den meisten bestätigten Verkäufen

Künstler	Herkunftsland	Verweildauer in den Charts	Bestätigte Verkäufe in Millionen
Drake	Kanada	2009 bis heute	351,3
Rihanna	Barbados	2005 bis heute	291,3
The Beatles	Vereinigtes Königreich	1962–1970	282,6
Eminem	USA	1999 bis heute	239,8
Michael Jackson	USA	1971–2009	235
Taylor Swift	USA	2006 bis heute	227,9
Elvis Presley	USA	1954–1977	227,3
Justin Bieber	Kanada	2009 bis heute	199,1
Ed Sheeran	Vereinigtes Königreich	2011 bis heute	195,5
Elton John	Vereinigtes Königreich	1969 bis heute	194,4
Kanye West	USA	1996 bis heute	191,6
Mariah Carey	USA	1988 bis heute	182,1

Die Musiker mit den größten Verkaufszahlen nach Herkunftsländern

Land	Musiker	bestätigte Verkäufe in Millionen
Vereinigtes Königreich	The Beatles	281,3
USA	Elvis	226,6
Kanada	Drake*	337,6
Australien	AC/DC	125,4
Irland	U2	110,7
Schweden	Abba	64,7

---

* Vielleicht Celine Dion – die bestätigten Verkaufszahlen liegen nur bei 131,2 Millionen, aber die von ihr angegebenen Verkäufe bei 175–200 Millionen. Dagegen stehen Drakes 170 Millionen, aber damit wollen wir nicht noch einmal anfangen.

Land	Musiker	bestätigte Verkäufe in Millionen
Japan	B'z	86,1
Spanien	Julio Iglesias	51,2
Frankreich	Johnny Hallyday	28,3
Deutschland	Herbert Grönemeyer	18

Was wir daraus mitnehmen, liegt auf der Hand: Wenn Sie im Musikgeschäft auf dem internationalen Markt groß rauskommen wollen, stehen die Verkaufschancen ganz besonders gut, wenn Sie auf Englisch singen.

Fernsehserien von ungewöhnlich langer Laufzeit

1. Die am längsten ausgestrahlte Fernsehseifenoper – der Begriff *Soap Opera* wurde übrigens in den USA geprägt und beschrieb ursprünglich melodramatische Hörspielserien, die für die Zielgruppe Hausfrauen gedacht und oft von Waschmittelherstellern gesponsert und durch Werbeblöcke unterbrochen wurden – ist die britische Serie *Coronation Street*. Die Fernsehserie wurde später auch das Vorbild für die deutsche Serie *Lindenstraße*.

   Die im fiktiven Weatherfield in Greater Manchester angesiedelte Story wurde von Tony Warren entwickelt, der es irgendwie fertigbekam, Granada Television davon zu überzeugen, dass es einen Markt für eine Serie gäbe, die in einer einzigen Straße mit einem Pub am Ende spielt und das Leben ganz gewöhnlicher Menschen aus der britischen Arbeiterklasse beschreibt. Es war ein echt guter Wurf – im Februar 2020 feierte die Serie ihre

10 000. Episode –, und mindestens so beeindruckend: Warren war damals erst 24 Jahre alt.*

Im Radio findet sich tatsächlich eine noch ältere britische Seifenoper: *The Archers*, angesiedelt im fiktiven Ambridge im nicht minder fiktiven ländlichen Bezirk Borsetshire. Sie ging 1950 an den Start, ursprünglich mit einem Bildungsauftrag seitens des britischen Landwirtschaftsministeriums. Das ist nachvollziehbar, denn bei der BBC gibt es keine Werbung.

2. Die am längsten laufende Sketch-Show begann 1972 Als *Campeones de la risa* (zu Deutsch etwa »Meister des Lachens«) und feierte drei Jahre später eine Neuauflage unter dem Titel *Sábados felices* (»Fröhliche Samstage«). In den ersten paar Jahren bestand sie zumeist aus Standardfloskeln wie »Hey, haben wir uns nicht in Palmira getroffen?« oder »Wann essen wir zu Mittag?«, die sich vermutlich im Kolumbien der 1970er-Jahre anders ausnahmen, als wenn man sie ein halbes Jahrhundert später auf der anderen Seite des Atlantiks auf einer maschinell übersetzten Internetseite liest.

Wie auch immer. Nach dem Start begann das ständig wechselnde Ensemble samt Technik, sich über ein Jahrzehnt lang in vielfältiger Weise wohltätig zu engagieren. Sie förderten den Bau von Schulen, Bibliotheken, Spielplätzen und so weiter, womit es auf der Stelle besser dasteht als *Saturday Night Life*, selbst wenn Letzteres es geschafft hätte, vor 1975 an den Start zu gehen.

3. Die am längsten laufende Zeichentrick-Serie der Welt ist tatsächlich nicht *The Simpsons*, sondern eine andere über typisches Familienleben. In dem japanischen Anime *Sazae-san*** geht es

---

* Leute über 30 mögen sich da mal erklären!
** Das Suffix »-san« ist eine Höflichkeitsform, mit der man einen Namen im offiziellen Kontext versieht – so als würde man jemanden Miss Simpson nennen oder Mr Flanders

um Freunde und Familie der weiblichen Hauptfigur Sazae Fuguta, irgendwo zwischen zwanzig und dreißig Jahre alt, deren Eltern sich anfänglich sorgen, sie sei vielleicht zu modern und zu wenig damenhaft, um einen Mann zu finden, die aber zum Glück für die Familienehre inzwischen mit Eltern, Kind und Ehemann unter einem Dach lebt.

Das Ganze basiert auf einem Comicstrip, der ursprünglich für eine Zeitung geschaffen wurde. Die Handlung beginnt im Jahr 1946 und spiegelt die Lebensumstände und sozialen Gepflogenheiten ihrer Zeit wider. Der Comic endete 1974 – mit einem Gänsehautfinale über das Glück, über ein Ei mit einem Zweifachdotter zu stolpern –, aber die Fernsehserie, die seit 1969 läuft, dauert an und hat inzwischen weit über 7000 Sieben-Minuten-Episoden (jede halbstündige Sendung enthält drei Episoden hintereinander plus Werbung).

Im Mai 2020 wurde die Serie aufgrund der Corona-Pandemie zum ersten Mal seit 1975 ausgesetzt. Die Auszeit dauerte aber nur etwas mehr als fünf Wochen. Das Ding ist nicht totzukriegen.

4. Das Quiz mit der längsten Laufzeit ist in Frankreich zu Hause und heißt sehr zutreffend *Des chiffres et des lettres* (»Zahlen und Buchstaben«) und läuft seit 1972. Eine frühere ähnliche Version ohne den Zahlenteil hatte einen ähnlich passgenauen Titel – *Le mot le plus long* (»Das längste Wort«) – und startete noch früher, nämlich 1965.

Die moderne Fassung enthält eine Buchstabenrunde, in der die Kandidaten das längste Wort aus zehn zufällig gewählten Buchstaben bilden müssen, und eine Zahlenrunde, in der sie aus sechs zufällig gezogenen Zahlen nur mithilfe der vier Grundrechenarten eine ebenfalls zufällig kreierte dreistellige Zahl herleiten müssen. Wenn Ihnen das alles ein bisschen bekannt vorkommt, dann deshalb, weil die Macher das Format an ungefähr ein Dutzend andere Länder verkauft haben. Die Versionen in Serbien, der Türkei und im Vereinigten Königreich (*Countdown*) laufen noch heute.

5. Eine weitere Fernsehsendung mit besonders langer Laufzeit ist *Allsång på Skansen* – »Sing-along in Skansen« –, bei der bekannte Künstler schwedische Lieder singen und zwischendurch ein Publikum von mehreren tausend Menschen mit einstimmt. Seit 1979 wird es jeden Sommer ausgestrahlt, doch frühere Versionen der Show hat es bereits 1935 gegeben. Ein ganzes Menschenleben lang singen die Schweden nun schon vor ihren Fernsehern.

6. Die erstmals 1970 ausgestrahlte Krimireihe mit der weltweit längsten Laufzeit ist weniger für ihre Langlebigkeit bekannt als vielmehr für ihre ungewöhnlichen Produktionsbedingungen. Der *Tatort* ist eine Gemeinschaftsproduktion der Fernsehsender in den einzelnen Bundesländern Deutschlands mit Fernsehanstalten in der Schweiz und in Österreich. Jede davon bringt pro Jahr ein bis zwei Episoden in Spielfilmlänge heraus, wobei es in jedem Land ein festes Team gibt, das Fälle in der eigenen Region löst. Bis heute gibt es mehr als 1100 Episoden.

Das Format hatte in der deutschsprachigen Welt einen solchen Erfolg, dass es nicht nur einen, sondern zwei Nachahmer gefunden hat. Ein ostdeutsches Äquivalent mit dem Titel *Polizeiruf 110* kam 1971 ins Fernsehen und hat das Land, das es hervorgebracht hat, längst überlebt. Und dann gab es noch *Eurocops*, ausgestrahlt von 1988 bis 1993, eine Gemeinschaftsproduktion von Fernsehanstalten in Deutschland, Österreich, Italien, Frankreich, der Schweiz und im Vereinigten Königreich.

Die Begeisterung war allerdings ungleich verteilt. Von den 70 gesendeten Episoden stammten nur drei aus Großbritannien: Ein frühes Vorzeichen des Brexit, wie es im Buche steht.

7. Und schließlich noch ein paar andere Langzeit-Fernsehserien mit Schusswaffen:

Rauchende Colts, US-Western-Drama, lief von 1952 bis 1961 im Radio und von 1955 bis 1975 im Fernsehen, mit anderen Worten: Es war fast so lange Teil des amerikanischen Alltags wie der Wilde Westen selbst.

'Allo, 'allo! (1982–1992), britische Sitcom, deren Handlung im von den Nationalsozialisten besetzten Frankreich angesiedelt ist. Sie lief doppelt so lange, wie die wirkliche Besetzung durch die Nazis gedauert hat (1940–1944).

M*A*S*H (1972–1983), amerikanische Tragikomödie über Militärärzte, die fast dreimal so lange lief, wie der Koreakrieg gedauert hat (1950–1953), vor dessen Hintergrund sie spielt.

∽

Handbuch der Pseudonyme

MRS SILENCE DOGOOD: Diesen Namen verwendete Benjamin Franklin, um Briefe im *New-England Courant* abgedruckt zu bekommen, dessen Gründer und Herausgeber, sein älterer Bruder James Franklin, sich wiederholt geweigert hatte, etwas von ihm zu veröffentlichen. Benjamin war zu diesem Zeitpunkt noch ein Teenager, aber sein Alter Ego war eine Witwe in mittleren Jahren. Später in seiner Laufbahn umging er erneut das mangelnde Interesse seines Bruders an seiner Arbeit und schuf …

RICHARD SAUNDERS: … der volle Name von »Poor Richard«, Urheber des *Poor Richard's Almanack*, eines Jahrbuchs, das alle möglichen Informationen über den Kalender und das Wetter, astronomische Daten und Zeug über Literatur versammelte. Zu anderen

Zeitpunkten seiner Karriere nahm Franklin noch viele weitere Pseudonyme an: Alice Addertongue, Anthony Afterwit, Polly Baker, Benevolus, Busy Body, Martha Careful, B. F. Cocker und Caelia Shortface. Es ist ein Wunder, dass wir überhaupt seinen richtigen Namen wissen, ganz zu schweigen davon, dass er als einer der berühmtesten Männer seiner Zeit in die Geschichte einging.

MOLIÈRE: Diesen Namen wählte der französische Dramatiker der Aufklärung Jean-Baptiste Poquelin im 18. Jahrhundert – vermutlich um seiner Verwandtschaft die Peinlichkeit zu ersparen, einen Schauspieler in der Familie zu haben.

VOLTAIRE: Das Pseudonym des französischen Dichters und Philosophen François-Marie Arouet. Der Name sollte möglicherweise Elan und Wagemut signalisieren.

VICTORIA LUCAS: Sylvia Plath verfasste ihren halb autobiographischen Roman *Die Glasglocke* unter diesem Namen, um ihre Mutter, die darin nicht immer vorteilhaft vorkommt, nicht zu kompromittieren.

P. L. TRAVERS: Die Autorin von *Mary Poppins* hieß gebürtig Helen Goff. Und trotz allem, was Disney uns gerne glauben ließe, war sie Australierin und keine vornehm-adrette Engländerin.

ANNE RICE: Wenn Sie eine Romanautorin namens Howard Allen Frances O'Brien wären, die sich dem Verfassen von Vampir-Romanen verschrieben hat, besteht zumindest die Möglichkeit, dass Sie Ihren Namen auch würden ändern wollen.

ANONYMOUS: weniger ein Pseudonym als vielmehr das Fehlen eines solchen. *Mit aller Macht*, Joe Kleins fiktive Darstellung des Präsidentschaftswahlkampfes 1992 von Bill Clinton, nannte zunächst als Autor »Anonymous«, eine Entscheidung die, geplant oder nicht, den Verkauf irre ankurbelte.

DANIEL DEFOE: Der englische Schriftsteller dieses Namens kam als Daniel Foe zur Welt und versuchte sich mit dem französisch anmutenden »De«, einen aristokratischen Anstrich zu geben.

GEORGE ELIOT: Mary Ann Evans versuchte durch die Wahl eines männlichen Namens sicherzustellen, dass ihre Romane im spießigen viktorianischen England ernst genommen würden.

BOZ: Pseudonym des jungen Charles Dickens bei dessen ersten Gehversuchen als Autor.

MENSCH OHNE MILZ: Anton Tschechow brachte unter diesem und ähnlichen Namen (Antoscha Tschechonté, Bruder des Bruders) Humoresken und satirische Werke in Zeitschriften unter.

GEORGE ORWELL: In Wirklichkeit Eric Blair. Verwendete ein Pseudonym, weil er seiner Familie die Peinlichkeit ersparen wollte, von jener Zeit in Armut zu erfahren, die er in seinem ersten Buch *Ganz unten in Paris und London* geschildert hatte.

HERGÉ: Der belgische Zeichner und Schöpfer des *Tintin* hieß eigentlich Georges Remi.

EDITH VAN DYNE: Ein Pseudonym von Lyman Frank Baum, weithin bekannt als Verfasser von *Der Zauberer von Oz* und etlicher Folgeromane über das Land Oz, das er für seine Buchreihe *Tante Janes Nichten* verwendet hat. Andere Werke veröffentlichte er unter einer unwahrscheinlich langen Liste von weiteren Namen, darunter Laura Bancroft, Floyd Akers, Suzanne Metcalfe, Schuyler Staunton, John Estes Cook und Captain Hugh Fitzgerald. Was mir ein bisschen maßlos scheinen will.

ROBERT GALBRAITH: Pseudonym von J. K. Rowling, die darunter Kriminalromane für Erwachsene schrieb, damit diese nicht mit einer mehr oder weniger düsteren Reihe von Kinderbüchern über Zauberer verglichen würden, die auch aus ihrer Feder stammen. Die List wurde leider durch ein Leak durchkreuzt, dem allerdings als Wiedergutmachung eine großzügige Spende seitens der Verantwortlichen für ein Wohltätigkeitsprojekt folgte.

J. K. ROWLING: Ist seinerseits natürlich ein Pseudonym – ihr tatsächlicher Name ist Joanne. Einige Bücher aus dem *Harry Potter-*

Universum wurden unter den Namen Kennilworthy Whisp und Newt Scamander veröffentlicht, aber das sind weniger Pseudonyme als vielmehr Charaktere.

ABIGAIL VAN BUREN: Pauline Phillips wählte dieses Pseudonym für ihre Lebensberatungs-Kolumne *Dear Abby* und kombinierte dafür ein bisschen überraschend den Vornamen einer jüdischen Prophetin aus dem Tanach mit dem Nachnamen des 8. Präsidenten der Vereinigten Staaten. Aktuell wird die Kolumne von Paulines Tochter Jeanne weitergeführt.

CURRER, ELLIS und ACTON BELL: Die drei männlichen Namen hatten sich die Schwestern Charlotte, Emily und Anne Brontë zugelegt, um ihrem Gedichtband von 1846 zu mehr Seriosität zu verhelfen. Ihre Lyrik ist großteils vergessen, aber erfreulicherweise werden alle drei heute als bedeutende Autorinnen des Englischen gewürdigt, und ihr Bruder Bramwell ist derjenige, der nicht aufgrund seiner Kunst, sondern allein seiner Schwestern wegen in Erinnerung ist.

ALAN SMITHEE: ein offizielles Pseudonym, das von 1968 bis 2000 von der Directors Guild of America verwendet wurde, einer gewerkschaftlichen Vereinigung amerikanischer Regisseure, die damit gegen ihren Kontrollverlust im Filmgeschäft protestieren wollten.

JOHN LE CARRÉ: Der Verfasser britischer Spionageromane hieß mit bürgerlichem Namen David Cornwell.

MARK TWAIN: Bürgerlicher Name Samuel Clemens, sein Pseudonym verdankt sich seiner Zeit als Flussschiffer auf dem Mississippi. Der Fluss musste zwei Faden (knapp vier Meter) tief sein, damit ein Schiff ihn passieren konnte, in der Sprache der Flussschiffer hieß das »Mark two«, im örtlichen Dialekt wurde aus dem »two« ein »twaine«.

MARY WESTMACOTT: Die »Queen of Crime« Agatha Christie nutzte diesen Namen, wenn sie über Liebe statt über Mord schreiben wollte.

LEWIS CARROLL: Der Verfasser von *Alice im Wunderland* war der Mathematiker Charles Dodgson.

LEMONY SNICKET: Der Verfasser der Kinderbuchreihe *Eine Reihe betrüblicher Ereignisse* heißt eigentlich Daniel Handler, über die Frage, ob Snickett ein Pseudonym oder selbst eine Figur ist, lässt sich streiten.

DR. SEUSS: Theodor Geisel schrieb seine Kinderbücher unter dem Mädchennamen seiner Mutter, garniert mit einem ausgedachten akademischen Titel. Ihm wurde 1956 im Alter von 52 Jahren tatsächlich die Ehrendoktorwürde seiner Alma Mater, des Dartmouth College, verliehen.

PIERRE DELECTO: Nutzername für das Twitter-Konto des ehemaligen republikanischen Präsidentschaftskandidaten Mitt Romney.

Verbannte Schriftsteller im nationalsozialistischen Deutschland

Die Nationalsozialisten gelangten im März 1933 an die Macht. Schon in den ersten Wochen danach kam es zu Bücherverbrennungen im ganzen Land, einer der Höhepunkte war hierbei der 10. Mai.

Bei Ausbruch des Zweiten Weltkriegs umfasste die »Liste des schädlichen und unerwünschten Schrifttums« mehr als 4500 Werke. Oftmals war das Gesamtwerk eines Autors dabei, gelegentlich waren ganze Editionen von Verlagshäusern betroffen.

Es gab viele Gründe, auf einer Liste der verbotenen Schriften zu landen: Pazifismus, Sympathien für den Kommunismus, Vorstellungen zu haben, die als subversiv galten, Jude sein. Hier ein paar der berühmtesten unter den unerwünschten Autoren.

Bertolt Brecht	Karl Marx
John Dos Passos	Marcel Proust
Albert Einstein	Erich Maria Remarque
Friedrich Engels	Karl Renner
Anna Freud	Upton Sinclair
Sigmund Freud	Leo Trotzki
Maxim Gorki	H. G. Wells
Ernest Hemingway	Stefan Zweig
Aldous Huxley	
Franz Kafka	
Wladimir Iljitsch Lenin	
Jack London	
Rosa Luxemburg	
Thomas Mann	

~

Ein paar höchst delikate Leckereien

FISCHMILCH: Der Samen von Fischen ist eine weiße mayonnaiseähnliche Paste, die einen leicht süßlichen Meeresfrüchtegeschmack haben soll, so wird gesagt. *Shirako* gilt in Japan als köstliche Delikatesse, spielt aber auch in der Küche Siziliens und Rumäniens eine Rolle.

Das sollte uns eigentlich nicht allzu ekelhaft vorkommen, essen wir doch Fischeier – Rogen oder Kaviar – mit schöner Regelmäßigkeit.

Tut es aber, und wie!

KNUSPRIGE TARANTELN: In Zucker, Salz und Glutamat gewälzt und in heißem Öl frittiert, ein beliebter Snack in Kambodscha. Es wird manchmal gesagt, es sei ein Vermächtnis der Nahrungsmittelknappheit unter den Roten Khmer.

AMEISENEIER: In Laos werden weiße »Ameiseneier« – eigentlich die Puppen – häufig in Suppe gegessen, rote hingegen im Salat. Was natürlich seine Richtigkeit hat, denn wer möchte schon weiße Ameiseneier im *Salat*? Igitt!

VERGORENE STUTEN- oder ESELSMILCH: Kumys ist ein in der Mongolei und anderen Teilen von Zentralasien beliebtes Getränk. Mit seinem sehr geringen Alkoholgehalt spielt es historisch dieselbe Rolle wie einst das Dünnbier im Europa des Mittelalters – ein Getränk, das einen davor bewahrte, potentiell verunreinigtes Wasser trinken zu müssen. Leider wird Kumys aus Gründen der geringen Verfügbarkeit von Eselsmilch industriell häufig aus Kuhmilch hergestellt, wodurch er offenbar an Qualität einbüßt.

WALSPECK: *Maktaaq* ist ein traditionelles Inuit-Gericht. Es handelt sich um Walhaut mitsamt der darunter liegenden Fettschicht und wird roh gegessen oder frittiert mit Sojasauce serviert, zum Aufbewahren wird es getrocknet oder eingefroren. Man sagt, es schmecke wie gebratene Eier oder frische Kokosnuss. Ganz ehrlich, wie etwas gleichzeitig nach diesen beiden Dingen schmecken kann, wird für meinen unkultivierten Gaumen wohl ein ewiges Geheimnis bleiben.

BABYBIENEN oder -WESPEN: Diese weitere japanische Delikatesse – Hachinoko – soll süß, außen knusprig und im Inneren verstörend zäh sein.

EXTREM ALTE EIER. »Tausendjährige Eier« sind trotz ihres Namens keineswegs 1000 Jahre alt. Für diese chinesische Delikatesse werden rohe Eier für ein paar Wochen oder Monate in einer Mischung aus Asche, Salz, Zitrone, Teeblättern und je nach Gusto verschiedenen anderen Zutaten eingelegt. Das reicht aus, das Eigelb grün werden zu lassen und das Eiklar in eine bräunliche geleeartige

Masse zu verwandeln, und ist, offen gesagt, immer noch sehr viel länger, als man ein Ei ansonsten rumliegen haben will.

HEUSCHRECKEN: Eine Delikatesse in vielen Teilen Afrikas, Asiens und des Nahen Ostens. Das Evangelium nach Matthäus berichtet, dass Johannes der Täufer weiland in der Wüste von Heuschrecken und wildem Honig lebte. Da wird den Biestern mal gezeigt, wer hier der Boss ist.

BLUT: In vielen Kulturen wird tierisches Blut gekocht oder getrocknet, mit anderen Nahrungsmitteln wie Maisgries, Gerste oder Fett vermischt, damit es fester wird, und dann zu Würsten verarbeitet. In Großbritannien und Irland wird das Ergebnis Black Pudding genannt, White Pudding ist dasselbe ohne Blut. In meinen Augen verfehlt White Pudding das Thema von Black Pudding, aber ich bin mir sicher, jeder Japaner würde das Gleiche sagen, wenn es darum ginge, Fischmilch oder kandierte Wespen vom Speisezettel zu streichen. Also wer bin ich, mir hier ein Urteil erlauben zu wollen, echt.

Hybride Obst- und Gemüsesorten

Selektives Züchten ist ein so wichtiger und entscheidender Teil von Landwirtschaft und Ackerbau, dass man natürlich so gut wie alle Nutzpflanzen mit Fug und Recht als »vom Menschen geschaffen« bezeichnen könnte. Alte Obst- und Gemüsesorten waren kleinwüchsiger, samenreicher und weniger geschmackvoll als das Obst und Gemüse, welches wir heute kennen.

Auch die Mais- und Weizensorten, die wir Menschen im täglichen Leben verwenden, kommen in der Natur so nicht vor. Manche Nahrungsmittel aber sind das Ergebnis eigens angelegter Versuche, eine Nutzpflanze mit einer anderen zu kreuzen. Hier ein paar Produkte aus jüngerer Zeit, die Sie auf dem Markt finden können.

LOGANBEERE: eine Kreuzung zwischen der europäischen Himbeere und der nordamerikanischen Brombeere, 1881 in Kalifornien aus Zufall entstanden, als Richter James Harvey Logan versehentlich ein paar Sträucher ein bisschen zu nahe nebeneinander setzte und die Natur ihren Lauf nahm. Sein Beitrag zur Rechtsprechung mag vergessen sein, aber sein Name lebt weiter in Marmeladen und Säften auf der ganzen Welt.

TAYBEERE: eine weitere Kreuzung zwischen Himbeere und Brombeere, dieses Mal benannt nach dem schottischen Fluss Tay, an dem sie Anfang der 1960er-Jahre entstand. Ihre Früchte sind süßer, größer und aromatischer als die der Loganbeere, aber da sie sowohl von Hand als auch maschinell schwer zu pflücken sind, bleibt dieser Vorteil ein theoretischer, denn Taybeeren wurden nie in großem Maßstab angebaut.

BOYSENBEERE: eine Kreuzung aus Brombeere und Loganbeere, die ihrerseits eine Kreuzung aus Himbeere und Brombeere ist. Entstanden Anfang des 20. Jahrhunderts in Kalifornien – ihr Züchter hieß Rudolph Boysen –, und sie soll schmecken wie eine Mischung aus Brombeergelee und Himbeermarmelade.

GRAPEFRUIT: Wenn sich das überraschend liest, dann deshalb, weil es diese Frucht bereits seit dem 17. Jahrhundert gibt. Damals machten europäische Siedler auf Barbados Orangen mit Pomelos (einer Pampelmusenart) aus Asien bekannt, und die beiden wurden sehr gute Freunde.

TANGELO: Tangerine (oder Mandarine) und Pomelo. Orange, säuerlich und saftig.[*]

---

[*] Ungefähr so wie ich.

Ugli: auch jamaikanischer Tangelo genannt, ein natürlich entstandener Hybrid zwischen Mandarine und Grapefruit. Grüner und klobiger als Tangelos, daher vermutlich der Name.

Orangequat: winzige säuerliche Kreuzung zwischen Satsuma und Kumquat

Nectaplum: kombiniert die glatte Haut der Nektarine mit der Würze von Pflaumen. Das Werk des verstorbenen Floyd Zaiger, eines kalifornischen Züchters, den die *Los Angeles Times* in ihrem Nachruf als »erfolgreichsten und unbestritten größten Obstzüchter« bezeichnete. Er war auch verantwortlich für den

Peacotum: ... der auch noch ein bisschen Pfirsich enthält.

Pluot: eine etwas pflaumigere Kombination aus Pflaume und Aprikose. Eine Kombination, die eher aprikosiger ist, läuft unter dem Namen *Aprium*. Die erste Hybridgeneration, in der die Gene von beiden zu gleichen Teilen vertreten sind, wird wahlweise als Apriplum oder Plumcot bezeichnet, was deutlich zeigt, wie schwer es manchmal sein kann, einen Namen zu finden, der kein Unsinn ist.

Brokkolini (auch Baby-Brokkoli): ein kleiner, sehr dünner Brokkoli, verdankt sich einer leidenschaftlichen Beziehung zwischen Brokkoli und Kai-lan, einem chinesischen Blattkohl.

Kalettes: winzige Kohlröschen mit einem nussigen Geschmack, Ergebnis einer unerwarteten Liebesbeziehung zwischen Rosenkohl und Grünkohl. Kann roh verzehrt werden, ist manchem auch unter dem etwas fantasievolleren Namen »Pettikohl« bekannt. Alles zusammen eine Supergelegenheit, Kinder zu enttäuschen, sollten sie gerade welche zur Hand haben.

~

Bemerkenswerte
Geschmacksrichtungen von Eiscreme

Die meisten Lieblingseissorten der Welt enthalten vertraute Kombinationen aus Obst und Süßigkeiten. Andere nicht, wie immer man das finden mag. Hier ein paar Beispiele.

BACON: Bei dieser hat es offenbar mit einem Scherz angefangen. In einer Episode der Sketch-Show *Two Ronnies* der beiden englischen Komiker Ronnie Corbett und Ronnie Barker aus dem Jahr 1977 bringt ein Kunde (Corbett) allem Anschein nach die Geschmacksrichtungen von Eiscreme mit denen von Chips durcheinander und bittet den Eisladengehilfen (Barker) wahlweise um Käse und Zwiebeln oder Räucherspeck.

Einige amerikanische Händler boten das probeweise als neuartige Geschmacksrichtung an: 1992 zum Beispiel hatte Aldrichs Beef and Ice Cream Parlor in Fredonia, New York, am 1. April als Eiscreme des Tages Speck und Ei im Angebot.* Popularität, wenn man das so sagen kann, erlangte das Konzept einer Bacon-Eiscreme durch einen prominenten englischen Vertreter der Molekularküche, den Koch Heston Blumenthal, der die Geschmacksrichtung Speck und Ei zum »Signature Dish« seines Restaurants *Fat Duck* machte. 2006 wurde ihm für seine Mühen der Ritterschlag des Order of the British Empire angetragen.

Seither ist Bacon-Eis in einer Reihe anderer Restaurants aufgetaucht: Burger King bietet Bacon-Eisbecher (normale Eisbecher mit Bacon-Stückchen darin, iiiih), und die Geschmacksrichtung hat es

---

* Frühere Versuche dieser Art boten Schokoladen-Spaghetti, einen Ketchup-Senf-Swirl sowie Sauerkraut-Vanille feil. Warum, fragte ein Journalist der *Tampa Bay Times*, macht man mit Absicht derlei »ekelerregende« Eissorten? »Torheit, nehme ich an«, lautete die Antwort von Scott Aldrich. Dagegen kann man nix sagen.

tatsächlich in die Sendung *Iron Chef* geschafft. Schokolade muss sie allerdings erst noch von der Liste der Lieblingseissorten der Welt verdrängen.

SCHWARZER SESAM: eine holzkohlefarbene japanische Kreation mit leicht angerösteter Sesamsaat oder Tahini-Paste darin, die wie Sesamriegel schmecken soll. Da man es gut mit Kokosmilch zubereiten kann, ist es ideal für den veganen Gothic in ihrem Leben.

BASTANI SONATI: Persisch für »traditionelles Eis«. Die Perser waren möglicherweise die Erfinder der Eiscreme – um 500 v. u. Z. kam irgendein Intelligenzbolzen im Achämenidenreich auf die Idee, Saft und Eis zusammenzugeben und damit ein Sorbet (abgleitet vom persischen Wort für Saft, *sharbat*) zu kreieren. Das heutige *Bastani Sonati*, manchmal einfach als »Persisches Eis« verkauft, enthält Milch, Eier und Zucker, dazu Rosenwasser, Safran und Pistazien.

SCHLUMPFEIS: ein quietschblaues Eis, ursprünglich aus dem Mittleren Westen der USA, wo es den Namen *Blue Moon* trägt. Inzwischen überall verbreitet unter Namen wie *Blauer Engel*, *Azzurro* oder *Puffo* (Italien).

Das eigentliche Rezept und auch die Herkunft der Geschmacksnote sind jedoch schwer dingfest zu machen. Eine Untersuchung des Journalisten Kasey Steinbrinck aus Wisconsin kam zu dem Ergebnis, dass der Geschmack von einem Lebensmittelzusatz namens Bibergeil oder Castoreum stammt, der seinerseits (tut mir leid für das, was jetzt kommt) aus zwei Sekrettaschen im Schambereich des Bibers gewonnen wird und selbigem zur Reviermarkierung dient. Selbst wenn das einmal gestimmt hat – was sehr gut sein kann, Castoreum wurde für eine Menge künstlich erzeugter Duft- und Geschmacksrichtungen verwendet –, so ist das heute offenbar nicht mehr der Fall. Die Ursprünge des Schlumpfeises bleiben ein Rätsel.

KAUGUMMI: verwendet Kaugummi-Aromen und hat keinen definierten Geschmack, es kann eine Frucht-, Zimt- oder Nelken-Note haben oder eine köstliche Mischung aus Chemikalien (Methylsalicylat, Ethylbutyrat, Benzylacetat, Amylacetat, mmmh, lecker) enthalten. Ich fange an zu glauben, dass die Eishersteller partout irgendetwas Blaues zu verkaufen haben wollten.

KOHLE: weniger Geschmack als Aussehen – kohlrabenschwarz, wird nur von den angesagtesten Eisdielen angeboten. Erlebte 2017 einen Boom, aber der Glanz der Neuheit schien rasch verflogen. Tatsächlich gibt es wenig Hinweise darauf, dass gepulverte Aktivkohle oder Holzkohle irgendeinen gesundheitlichen Vorteil hat. Was die Menschheit nicht daran gehindert hat, die Welt vom Gegenteil überzeugen zu wollen.

TRÄNENGAS: ein auf schwarzem Pfeffer basierender Geschmack, den eine Eisdiele in Hongkong 2019–2020 während der Proteste der Pro-Demokratie-Bewegung kreierte. Ihr Erfinder, Ah Wa, versprach, das Eis so lange zu verkaufen, wie die chinesische Regierung aus ihren Tränengaskanistern auf die Demonstranten feuerte, oder wenigstens, bis er gezwungen werde, seinen Laden zu schließen.

Leute, die es probiert haben, sagen, es schmecke eher nach Pfefferspray als nach Tränengas, aber »es brennt und kühlt gleichzeitig im Rachen«. »Es ist schrecklich. Sehr empfehlenswert«, schreibt einer.

GARNELEN: eine weitere japanische Kreation, die sich bei Heston Blumenthal findet.* Man sagt, der Geschmack sei süßlich, wenngleich mich das Gefühl beschleicht, sie kommt häufiger in Debatten um den schmalen Grat zwischen Geschmack und Wahrnehmung vor, als dass sie tatsächlich zum Nachtisch bestellt wird.

TIGER TAIL (deutsch »Tigerschwanz«): eine kanadische Schöpfung aus Orangeneis mit schwarzen Lakritzfäden darin. Enthält

---

* »Ich stellte fest, dass die Leute es sehr viel lieber aßen, sobald ich es gefrorene Krabbensuppe nannte.«

keine echten Tiger, was sicher zu ihrem Allerbesten ist, da diese gefährdet sind und auch weil Fleisch sich einfach nicht als gute Zutat für Eissorten erwiesen hat.

UBE: eine hellviolette Sorte von den Philippinen, die ihre Farbe der gleichnamigen lilafarbenen Yamswurzel verdankt. Ist womöglich die weltweit beliebteste Eiscreme auf pflanzlicher Basis.

HOKEY-POKEY: allem Anschein nach die zweitbeliebteste Eissorte in Neuseeland*. Sie enthält Vanille und kleine Karamellstückchen. Ihren Namen verdankt sie den Eisständen an den Straßen, die dort unten *hokeypokey stall* heißen.

HALWA: Halwa ist eine mürbe sesam-/tahiniähnliche Nachspeise, die sich im Nahen Osten und Südasien großer Beliebtheit erfreut, weil sie bei Hitze nicht verdirbt. Die Eissorte dieses Namens, oft garniert mit Pistazien und Dattelsirup, wurde in Israel erfunden.

KNOBLAUCH: hier und da eine weitere Neuheit unter den Eissorten, auch auf Knoblauchfesten angeboten, auf denen es offensichtlich echt zur Sache geht. Meist mit Vanille oder Honig als Basis und Knoblauch als Aroma. Manchmal als Sauce zum Steak serviert. Natürlich.

SALMIAK: schmeckt nach gesalzenem Lakritz, gilt mancherorts eher als exotisch. Hat für mich etwas von Erkältungssaft, erfreut sich aber im Norden Europas, insbesondere in Finnland, großer Beliebtheit.

AUSTERN: ein pikanter Geschmack, offenbar in den Anfangstagen der Vereinigten Staaten häufiger konsumiert, wenn auch sicher nicht annähernd so weit verbreitet wie diejenigen, die es vermarkten, uns glauben machen wollen. (Allen Gerüchten zum Trotz gibt es keinerlei Belege dafür, dass es zu George Washingtons Lieblings-

---

* Die beliebteste ist »Standard-Vanille«, was irgendwie sehr neuseeländisch wirkt.

gerichten gehört hat, und es kommt auch nicht bei *Tom Sawyer* vor). Im Prinzip nichts anderes als gefrorene Muschelsuppe.

POG: Ein Getränk namens POG (ein Saft aus Passionsfrucht, Orange und Guave) war Anfang der 1970er-Jahre ein beliebtes Getränk in Hawaii, später ging daraus ein Sorbet hervor. Das Kinderspiel mit den Flaschenverschlüssen mündete übrigens Jahrzehnte später in das Pog-Fieber der 1990er Jahre.[*]

TUTTI-FRUTTI: Italienisch für »alle Früchte«, enthält getrocknete und kandierte Früchte. Wird seit Mitte des 19. Jahrhunderts verkauft und hat seinen Namen nach dem gleichnamigen Konfekt.

NEAPOLITANISCH: eigentlich nicht direkt aus Neapel, wie Sie vielleicht schockiert sind zu erfahren, aber es waren vor allem neapolitanische Einwanderer, die die Eiscremekultur der Vereinigten Staaten prägten. Diese Schichteis-Kreation, erstmals verkauft Mitte der 1870er-Jahre, enthielt früher alle möglichen Fruchtsorten, bevor daraus die heute übliche Kombination aus Schokoladen-, Vanille- und Erdbeereis wurde, die wir heute kennen und lieben.

---

[*] Um Milhouse Van Houten aus *The Simpsons* zu zitieren: »Erinnerst du dich an Alf? Er ist zurück – als Pog-Aufkleber!«

Einige Sportarten, die aus der Kombination von zwei sehr unterschiedlichen Spiel- und Sportarten entstanden sind*

Vigoro: eine Art sehr schnell gespieltes Cricket, das einige Regeln dem Baseball entlehnt, aber mit Schlägern gespielt wird, die eher an Tennisschläger erinnern. Ursprünglich hatte jeder Spieler einen, inzwischen nur noch die Schlagleute. Um 1901 von einem Engländer erfunden, der ein Spiel schaffen wollte, dass sicherer ist als Cricket, aber weniger Spezialausrüstung voraussetzt als Tennis. Heute nahezu ausschließlich im australischen Mädchensportunterricht gespielt.

Schachboxen: genau das, wonach es klingt. Sechs Runden Schach, unterbrochen von fünf Runden im Boxring. Die Spieler können entweder durch Schachmatt gewinnen oder durch K. o. des Gegners, wobei es vermutlich immer schwieriger wird, Schach zu spielen, je häufiger Sie einen auf den Kopf bekommen. Ursprünglich für einen französischen Comic erfunden und dann durch einen niederländischen Aktionskünstler zunächst zur Performance, später dann zum realen Sport weiterentwickelt.

Disc Golf: im Prinzip dasselbe wie Golf, allerdings mit einem Frisbee als Ball und einem Korb als Loch. Vor allem in den USA verbreitet, genießt allerdings seltsamerweise auch große Popularität in Finnland.

Fussballgolf: dasselbe Prinzip nur mit einem Fußball

Wasserball: bemerkenswert wenig Einigkeit darüber, welche Sportarten hierfür eigentlich kombiniert wurden. Ausgangsland ist

---

* Wir hatten Tiere, wir hatten Obst und Gemüse. Und jetzt ist die Trilogie komplett.

auf jeden Fall England, dort heißt das Spiel noch heute Water-Polo und die *Encyclopedia Britannica* erklärt dazu, der Zusatz »Polo« komme von einer früheren Version des Spiels, bei der »die Spieler auf Fässern ritten, die mit Merkmalen von Pferden gestaltet waren, und den Ball mit Stöcken schlugen«. Der Water Polo Club der Oxford University ist der Ansicht, Wasserball habe als eine Art Rugby in Flüssen und Seen begonnen. Die amerikanische Collegiate Water Polo Association schließlich erklärt, der Begriff »Polo« sei eine Abwandlung des Balti-Worts *pulu* für Ball. Wie dem auch sei, auf jeden Fall handelt es sich um eine Kreuzung aus irgendwas mit einem Ball und Schwimmen.

FUTNET: der schicke neue Name für das, was früher Fußballtennis hieß. Im Prinzip Tennis mit einem größeren Ball, die Spieler haben keinen Schläger und können den Ball wie beim Fußball auch mit allen Körperteilen außer Armen und Händen spielen.

TEQBALL: dasselbe, jetzt aber mit einer Tischtennisplatte, die Entfernungen sind also geringer. Man braucht dafür eine gewölbte Platte, die in der Mitte höher ist als an den Seiten und Sie erst mal ein paar tausend Euro kostet, bevor Sie überhaupt anfangen können. Trotz dieses durchsichtigen Versuchs, es so schwierig wie möglich zu machen, ins Spiel zu kommen, feiert es immer neue Erfolge, seit ein paar Ungarn es 2014 erfanden, und konkurriert mit anderen neuen Sportarten darum, zu den Olympischen Spielen zugelassen zu werden.

Anmerkungen zur
FIFA Weltmeisterschaft

1. Brasilien ist das einzige Land, das an allen 21 Turnieren teilgenommen hat.
2. Nur acht Länder haben die Weltmeisterschaft jemals gewonnen: Brasilien fünfmal, Deutschland* und Italien je viermal, Argentinien, Frankreich und Uruguay zweimal, England und Spanien je einmal.
3. Bei sechs Turnieren von 21 hat die Gastgebernation gewonnen – 1930 (Uruguay), 1934 (Italien), 1966 (England), 1974 (Westdeutschland), 1978 (Argentinien), 1998 (Frankreich). Das erscheint, vorsichtig ausgedrückt, statistisch unwahrscheinlich, wenn man davon ausgeht, dass es einen strategischen Vorteil bedeutet, die Mehrheit der brüllenden Fans auf seiner Seite zu wissen.

Jahr	Gastgeber	Teilnehmende Teams	Spiele	Sieger	Zweitplatzierter	Dritter	Tore	Tore pro Spiel
1930	Uruguay	13	18	Uruguay	Argentinien	USA	70	3,89
1934	Italien	16	17	Italien	Tschechoslowakei	Deutschland	70	4,12
1938	Frankreich	15	18	Italien	Ungarn	Brasilien	84	4,67
1950	Brasilien	13	22	Uruguay	Brasilien	Schweden	88	4,0
1954	Schweiz	16	26	Westdeutschland	Ungarn	Österreich	140	5,38

---

* Genau genommen muss es hier natürlich heißen: Westdeutschland dreimal, Deutschland einmal, aber das erscheint mir unnötig kompliziert.

Anmerkungen zur FIFA Weltmeisterschaft • 321

Jahr	Gastgeber	Teil-nehmende Teams	Spiele	Sieger	Zweit-platzierter	Dritter	Tore	Tore pro Spiel
1958	Schweden	16	35	Brasilien	Schweden	Frankreich	126	3,60
1962	Chile	16	32	Brasilien	Tschechoslowakei	Chile	89	2,78
1966	England	16	32	England	Westdeutschland	Portugal	89	2,78
1970	Mexiko	16	32	Brasilien	Italien	Westdeutschland	95	2,97
1974	Westdeutschland	16	38	Westdeutschland	Niederlande	Polen	97	2,55
1978	Argentinien	16	38	Argentinien	Niederlande	Brasilien	102	2,68
1982	Spanien	24	52	Italien	Westdeutschland	Polen	146	2,81
1986	Mexiko	24	52	Argentinien	Westdeutschland	Frankreich	132	2,54
1990	Italien	24	52	Westdeutschland	Argentinien	Italien	115	2,21
1994	USA	24	52	Brasilien	Italien	Schweden	141	2,71
1998	Frankreich	32	64	Frankreich	Brasilien	Kroatien	171	2,67
2002	Japan/Südkorea	32	64	Brasilien	Deutschland	Türkei	161	2,52
2006	Deutschland	32	64	Italien	Frankreich	Deutschland	147	2,30
2010	Südafrika	32	64	Spanien	Niederlande	Deutschland	145	2,27
2014	Brasilien	32	64	Deutschland	Argentinien	Niederlande	171	2,67
2018	Russland	32	64	Frankreich	Kroatien	Belgien	169	2,64

Die WM 2022 wird in Katar stattfinden, wo es so heiß ist, dass man den Anpfiff auf November verlegt hat, das Turnier 2026 wird gemeinsam ausgerichtet von den Vereinigten Staaten von Amerika, Mexiko und Kanada.

4. Die ersten Wettbewerbe hatten Mühe, dem Etikett »Weltmeisterschaft« gerecht zu werden, weil interkontinentales Reisen noch extrem schwierig und kostspielig war. Zum Wettbewerb 1930 in Uruguay reisten neun Mannschaften aus den beiden Amerikas und nur vier aus Europa an. Vier Jahre später, für das zweite Turnier in Italien, führte die FIFA eine Qualifikationsrunde ein und wies dafür zwölf Orte in Europa, drei auf dem amerikanischen Doppelkontinent und einen für Afrika oder Asien aus. Aus Protest gegen Europas mangelnden Einsatz vier Jahre zuvor blieben die Uruguayer dem Turnier fern (und stauben seither ihre Stadien ab, denke ich). Uruguay ist bis heute der einzige amtierende Champion, der das nächste Turnier verpasst hat.

5. Der Wettbewerb ist mit der Zeit immer größer geworden – waren bis 1978 noch 16 Mannschaften beteiligt, so waren es 24 bis 1994 und seither 32. Am Turnier 2026, das in Kanada, Mexiko und den Vereinigten Staaten ausgetragen wird, sollen 48 Mannschaften insgesamt 80 Spiele austragen. Dass ein derart vergrößertes Turnier eine ungleich größere Gelegenheit bietet, irgendwelches Zeug zu verkaufen, ist reiner Zufall, da bin ich sicher.

6. Im Jahr 1938 nahmen nur 15 Mannschaften am Turnier teil, begründet war das durch den etwas heiklen Umstand, dass das nationalsozialistische Deutschland soeben Österreich geschluckt hatte. Österreichs Starspieler Matthias Sindelar weigerte sich, im neuen »großdeutschen« Team zu spielen, und wurde im Januar 1939 tot neben seiner bewusstlosen Freundin Camilla Castagnola aufgefunden, die einen Tag nach ihm starb. Die unvermeidliche Folge waren Jahrzehnte voller Verschwörungstheorien,

obwohl die wahrscheinlichste Erklärung auf Kohlenmonoxidvergiftung lautet, verursacht durch einen schadhaften Kamin.
7. Der Wettbewerb von 1950 war mit nur 13 Mannschaften der kleinste nach dem allerersten. Sowohl Indien als auch die Türkei qualifizierten sich, zogen ihre Teilnahme aber letztlich aus dem deprimierenden Grund zurück, dass sie sie sich nicht leisten konnten.

Das dritte Team, das zurückzog, war Schottland.* George Graham, der Sekretär des Schottischen Fußballverbands SFA (Scottish Football Association), hatte den einigermaßen verstiegenen Schwur geleistet, die Mannschaft würde nur dann nach Brasilien fahren, wenn sie als Sieger aus der britischen Meisterschaft (British Home Championship) hervorginge und als britischer Meister antreten könnte. Bei dem Turnier wurde Schottland Zweiter hinter England, und so verfügte Graham – allen Bitten des schottischen und des englischen Mannschaftskapitäns zum Trotz –, dass seine Jungs zu Hause bleiben mussten.

England flog übrigens in der ersten Runde raus.
8. Bis 2018 hatte der Wettbewerb solche Ausmaße angenommen, dass sich 210 Mannschaften für die Vorrundenspiele registrierten, was einigermaßen beeindruckend ist, weil es nur 193 Länder auf dem Planeten gibt. Zu den Debütanten bei den Qualifi-

---

* Das war tatsächlich der erste Wettbewerb, an dem britische Mannschaften beteiligt waren. Die Home Nations des Vereinigten Königreichs hatten sich 1920 aus der FIFA verabschiedet aufgrund des verständlichen Wunsches, nicht gegen Länder Fußball spielen zu müssen, gegen die sie noch zwei Jahre zuvor erbittert Krieg geführt hatten. Sie traten wieder bei, verließen die FIFA jedoch 1928 wieder. Vordergründig ging es dabei um einen Streit über die Bezahlung von Amateurfußballern, die realistischere Erklärung ist eine gewisse britische Verstimmtheit angesichts der Vorstellung, andere, weniger wichtige Länder könnten bei den Regeln eines Sports mitreden dürfen, den die Briten erfunden hatten.

kationsspielen gehörten Bhutan, Südsudan, Kosovo und, höchst unerwartet, Gibraltar, jener winzige Flecken Land im Süden von Spanien, der von etwa 34 000 Einwohnern vorwiegend britischer Herkunft bevölkert wird. Letzteres verlor alle zehn Qualifikationsspiele (drei Tore und 47 Gegentore).

9. Der Pokal hieß von 1930 bis 1970 »Coupe Jules Rimet« und war benannt nach dem dritten und am längsten amtierenden FIFA-Präsidenten, auf dessen Idee die Weltmeisterschaft zurückgeht. Nachdem Brasilien 1970 zum dritten Mal Weltmeister geworden war, durfte es den Pokal dauerhaft behalten. Die Nachfolger-Trophäe ist der FIFA-WM-Pokal, den allerdings seit 2006 keiner mehr bekommt: Mit der ihr eigenen Großzügigkeit, für die die FIFA weltbekannt ist, besagen die Statuten des Verbands inzwischen, dass der Pokal immer im Besitz der FIFA zu verbleiben hat. Die Sieger bekommen eine vergoldete Bronzenachbildung.

10. Das ist vielleicht nicht ganz so lächerlich, wie es klingt, da der Coupe Jules Rimet 1966 tatsächlich geklaut wurde. Die Trophäe war, ein bisschen verwunderlich vielleicht, bei einer Ausstellung seltener Briefmarken in London zu bewundern, wo ein paar ruchlose Gestalten das Behältnis aufbrachen und flugs das Weite suchten. Der Vorsitzende des englischen Fußballverbands erhielt darauf einen Anruf von einem Mann, der sich »Jackson« nannte, und bald darauf ein Paket mit Teilen des Pokals, was beweisen sollte, dass »Jackson« im Besitz des Pokals sei, sowie eine knapp gehaltene Lösegeldforderung über 15 000 Pfund (heute knapp 265 000 Pfund). »Jackson« erwies sich als unbedeutender kleiner Dieb mit Namen Edward Betchley und wanderte trotz seiner Beteuerungen, er sei lediglich ein Mittelsmann und das wahre kriminelle Superhirn hinter all dem sei ein Mann namens »The Pole«, für zwei Jahre ins Gefängnis. The Pole, wenn es ihn denn gab, wurde nie gefunden.

11. Der Pokal selbst tauchte am darauffolgenden Sonntag (ob mit oder ohne Bletchleys Zutun) wieder auf: Ein kleiner Hund namens Pickles fand ihn in Zeitungspapier eingewickelt neben dem Reifen eines Autos im Südlondoner Stadtteil Upper Norwood. Als England den Pokal schließlich im Juli wirklich gewann, wurde Pickles zum Festbankett eingeladen.

    Leider starb der Collie jung: Im folgenden Jahr – er war wohl nur vier oder fünf Jahre alt – blieb er mit seinem Halsband an einem Ast hängen und strangulierte sich selbst. Er starb bei dem, was er am liebsten tat – Katzen jagen. Sein Halsband ist heute im britischen National Football Museum in Manchester zu besichtigen.*

12. Der Pokal wurde 1983 erneut gestohlen. Dieses Mal wurde er nicht wieder gefunden.

~

Eine kurze Geschichte der modernen Welt, erzählt durch ein paar extrem beliebte Spielsachen

Bei dem schamlosen Versuch, Aufmerksamkeit für sein nicht übermäßig aufregendes 45-jähriges Geschäftsjubiläum zu erregen, veröffentlichte der englische Spielwarenhändler Argos im Jahr 2018 eine

---

* Der Vorsitzende des englischen Fußballverbands, Joe Mears, starb übrigens im Juni 1966 an einem Herzinfarkt, Betchley 1969 an einem Lungenemphysem. »Ich komme mir vor wie ein echter Glückspilz«, sagt David Corbett, der frühere Besitzer von Pickles, der es im Unterschied zu den anderen Beteiligten lebend durch die 1960er-Jahre geschafft hat, »der Pokal war echt kein Glücksbringer.«

Liste der in den zurückliegenden 44 Jahren meistverkauften Spielsachen. Diese Liste sagt eine Menge über den Wandel der Mode im Laufe der Jahre aus – und ganz sicher auch über den Wandel kindlicher Erwartungen.

1973	Shrinky Dinks (Polystyrolfolie, die sich bemalen und ausschneiden ließ und beim Erhitzen Volumen bekam. Das waren noch Zeiten, was?*)
1974	Risiko (Brettspiel**)
1975	Othello (Brettspiel)
1976	Stretch Armstrong (dehnbare Puppe)
1977	*Star Wars*-Figuren (unter anderem Luke, Darth und R2-D2)
1978	Dungeons & Dragons
1979	Strawberry Shortcake (auf dem deutschen Markt als Emily Erdbeer, eine Puppe mit Duftnote)
1980	Hungry, Hungry Hippos (Brettspiel)
1981	Zauberwürfel oder Rubiks Würfel***
1982	Lego 255 Basic-Bausatz
1983	Strawberry Shortcake: Mint Tulip (eine kleinere Puppe aus der Reihe mit Minzeduft)
1984	Cabbage-Patch-Kids-Puppen

---

* Damit nicht genug, wurde es von zwei Hausfrauen zur Beschäftigung ihrer Söhne, Wölflinge bei den Pfadfindern, erdacht. Wäre eine tolle Sache, würde Polystyrol nicht den Planeten verdrecken.

** Eigentlich wurde es 1957 erstmals herausgebracht. Vielleicht bewirkte der Ölschock von 1973 im Folgejahr bei Eltern den Wunsch, ihre Kinder auf eine Ära der politischen Instabilität und strategischer Überlegungen vorzubereiten.

*** Eines der beliebtesten Geduldspiele aller Zeiten. Bis 2009 waren mehr als 350 Millionen von diesen bunten Würfeln verkauft worden. Das ist allerdings eine bescheidene Zahl, gemessen an der Anzahl an Konstellationen, die man mit den Dingern erzeugen kann: 43 252 003 274 489 856 000, oder 43 Trillionen.

Die Geschichte der modernen Welt anhand beliebter Spielsachen • 327

1985	*Transformers* City Commander Ultra Magnus (ein Lkw, der sich in einen Roboter verwandeln lässt)
1986	Laser Tag*
1987	Sylvanian Families (in diesem Fall eine Bärenfamilie)
1988	*Ghostbusters* Protonen-Pack**
1989	*Transformers* Evolution Optimus Prime Zweierpack
1990	*Ninja-Turtles*-Figuren***
1991	Game Boy (Handheld-Konsole von Nintendo)
1992	Weekend Barbie (Barbie in Jeans-Outfit)
1993	Tracy Island, das Quartier der *Thunderbirds*
1994	*Power Rangers*-Figuren
1995	Pogs (ein Spiel mit runden Pappplättchen)****
1996	Buzz-Lightyear-Figur zu *Toy Story******
1997	Tamagotchi in Blau und Pink (virtuelles Haustier)
1998	Roboterhund Teksta
1999	Bob der Baumeister (Puppe)
2000	Furby (entfernt eulenähnliche interaktive Puppe)

---

* Auf das Risiko hin, Ihnen die Laune zu verderben: Im April 1987 spielten ein paar kalifornische Teenager im Freien mit der Home-Version von Laser Tag, ein Polizeibeamter hielt die Phaser für echte Schusswaffen, zückte selbst die Pistole und erschoss den neunzehnjährigen Leonard Falcon.

** Irritierenderweise kam der erste *Ghostbusters*-Film bereits 1984 heraus, der von 1989 war der zweite. Der plötzliche Ansturm auf das *Ghostbuster*-Spielzeug scheint durch die Zeichentrickserie *The Real Ghostbusters* ausgelöst worden zu sein, in der den ursprünglichen Ghostbusters ein knuffiges kleines grünes Gespenst namens Slimer zur Hand geht.

*** Im Vereinigten Königreich liefen die *Teenage Mutant Ninja Turtles* unter dem Namen *Teenage Mutant Hero Turtles*, vermutlich hatte man Sorge, dass alle Kinder plötzlich irgendeine Kampfsportart würden lernen wollen.

**** Unerwartetes Nebenprodukt eines hawaiianischen Fruchtsaftgetränks, vergleiche den Eintrag unter Eissorten, Seite 317

*****Sauberer Trick: Dreh erst einen Film über Spielsachen und verkauf dann genau diese.

2001	*Wer wird Millionär?* Brettspiel
2002	*Bratz*-Puppen*
2003	Kampfkreisel
2004	Robosapien (elektronischer Spielzeugroboter)
2006	Xbox 360 (Spielekonsole von Microsoft)
2007	Nintendo Wii (Spielekonsole von Nintendo)
2008	Iggle Piggle aus *In the Night Garden* (Puppe)
2009	Tanzmatte zu Disneys *High School Musical 3* für PlayStation 2
2010	ZhuZhu-Pets (Roboterhamster)
2011	Gleichstand zwischen Leapfrog LeapPad Explore Tablet (Tabletcomputer für Kinder) und den Electronic Test Tube Aliens (die in einem Reagenzglas schlüpfen und wachsen)
2012	Skylanders Giants (Wii-Spiel)/Nerf-Pistole
2013	Furby Boom
2014	*Die Eiskönigin*, Schneekugel
2015	Dreifachunentschieden zwischen der Saddle-n-Ride-Barbie, dem *Kylo Ren*-Lichtschwert zu *Star Wars: The Force Awakens* (»Das Erwachen der Macht«) und dem Spiel Pie Face (ein Spiel, bei dem der Name Programm ist und das Sie sich in allerlei Details bestimmt ausmalen können)
2016	Das lilafarbene Ei von Hatchimals (aus dem etwas schlüpft, das ein bisschen nach einem Furby in Lila aussieht)
2017	Cozmo (ein weißer Roboter von Anki)

---

* Vor allem Jade und Chloe, was ein bisschen unfair gegenüber Yasmin und Sasha ist. Zufall oder nicht, die beiden Letzteren sind hispano- beziehungsweise afroamerikanischer Herkunft.

KURIOSITÄTEN:
Zeug, das **NIRGENDWO SONST** hinpasst

Eine zeitgenössische Weltgeschichte, gespiegelt im »Wort des Jahres« des *Oxford English Dictionary*

Jahr für Jahr verkünden Verlage rund um den Globus ein »Wort des Jahres« – ein neues Wort oder ein neuer Ausdruck oder eine Formulierung, deren Bekanntheitsgrad sich in den zurückliegenden zwölf Monaten beträchtlich erhöht hat und die mithin sowohl über die Sprache, in der es gewählt wurde, als auch über die damit beschriebene Welt im Allgemeinen etwas aussagt.

Oxford University Press, der Verlag, der das *Oxford English Dictionary* herausgibt, tut solches seit 2004, in manchen Jahren kürt er ein einzelnes Wort, in anderen zwei verschiedene für seinen Markt im Vereinigten Königreich und dem in den Vereinigten Staaten. Die nachstehende Auflistung bietet auf einen Blick eine Kulturgeschichte der vergangenen 15 Jahre[*].

Jahr	Vereinigtes Königreich	Vereinigte Staaten von Amerika
2004	Chav (abwertende Bezeichnung, etwa Proll)	--
2005	Sudoku	Podcast
2006	Bovvered (beunruhigt, nach dem Lieblingsspruch des fiktiven Teenagers Lauren Cooper in *The Catherine Tate Show*)	Carbon-neutral (CO_2-neutral)
2007	Carbon footprint (CO_2-Fußabdruck)	Locavore (jemand der sich ausschließlich von lokal angebauten Lebensmitteln ernährt)
2008	Credit crunch (Kreditklemme)	Hypermiling (extrem kraftstoffsparendes Autofahren)

---

[*] Anm. d. Ü.: Deutsche Übersetzung, wo nötig, jeweils in Klammern.

Jahr	Vereinigtes Königreich	Vereinigte Staaten von Amerika
2009	Simples (stinkeinfach) – Lieblingsausruf eines adligen Erdmännchens mit russischem Akzent in einer Versicherungswerbung auf dem Vergleichsportal CompareTheMarket.com	Unfriend (Entfreunden)
2010	Big Society – vom damaligen britischen Premierminister David Cameron verfochtene gesellschaftspolitische Philosophie, in der der Zivilgesellschaft eine tragende Rolle im politischen System zuerkannt wird	Refudiate – ein von Sarah Palin, der Gouverneurin von Alaska, vermutlich versehentlich geprägtes Verb, ein Mix aus den beiden Verben »Refute« und »repudiate«, beide bezeichnen eine Form des Ablehnens oder Zurückweisens
2011	Squeezed middle (ausgequetschte Mitte) – für die zunehmende Belastung der Mittelschicht	
2012	Omnishambles (Wrack, Scherbenhaufen) – vielschichtige politische Katastrophe, stammt von Malcolm Tucker, einem ewig polternden Kommunikationsstoffel in der britischen Sitcom *The Thick of It*	GIF (Graphics Interchange Format)
2013	Selfie	
2014	Vape (E-Zigarette, auch als Verb für das Rauchen von E-Zigaretten)	
2015	😂 Emoticon, Tränen lachen	
2016	Post-truth (postfaktisch)	
2017	Youthquake (»Jugendbeben«) – beschreibt die Zunahme politischer Aktivitäten junger Akteure, zum Beispiel junger Wähler. Es wird angenommen, dass Theresa Mays Verlust der Parlamentsmehrheit in jenem Jahr zur Wahl des Begriffs geführt hat.	
2018	Toxic (toxisch)	
2019	Climate emergency (Klimanotstand)	

Fahnenstangendiplomatie:
Über ein weitgehend unbemerktes Wettrüsten

Manche Nationen wetteifern miteinander im Sport. Andere führen Krieg. Im vergangenen Jahrhundert gab es eine Zeit, da veranstalteten die Großmächte gar einen Wettlauf um die Vorherrschaft in der Raumfahrt. Aber in den letzten Jahren liefert sich eine Reihe von ihnen großenteils unbemerkt einen völlig seltsamen phallischen Arenakampf. Seit Beginn dieses Jahrhunderts wetteifern Staaten – insbesondere solche autoritärer Prägung aus der arabischen oder einstmals sowjetischen Einflusssphäre – darum, den höchsten Fahnenmast der Welt ihr Eigen zu nennen.

Einen gewissen Vorgeschmack auf den Geist dieser Übung liefert das koreanische Fahnenmast-Scharmützel der 1980er-Jahre. Im Vorfeld der Olympischen Sommerspiele 1988 in Seoul ließ die Regierung von Südkorea in Daeseong-dong, dem einzigen bewohnten Dorf in der entmilitarisierten Zone des Landes, einen 97 Meter hohen Fahnenmast errichten. Die Nationalflagge, die daran flatterte, wog 130 Kilo.

Um nicht ins Hintertreffen zu geraten, errichtete Nordkorea – mit dem sich Südkorea technisch gesehen seit den 1950er-Jahren im Krieg befindet, da nie ein Friedensvertrag unterzeichnet wurde – einen weiteren im »Friedensdorf« Kijŏng-dong: Dieser war 160 Meter hoch, und die Fahne daran wog 270 Kilo. Die beiden Masten stehen kaum zwei Kilometer auseinander. (Eine ähnliche Geschichte rankt sich übrigens um den 122 Meter hohen Fahnenmast im pakistanischen Wagah: Er stellte eine Reaktion dar auf den 110 Meter hohen Mast, der kurz vorher im drei Kilometer entfernten Attari auf der anderen Seite der Grenze zu Indien errichtet worden war.)

Die wahren Kenner der Fahnenmastdiplomatie* aber haben womöglich Zweifel, ob Nordkoreas Variante wirklich zählt. Hoch genug ist der Mast – ein 160 Meter hoher Wolkenkratzer kommt locker auf 50 oder mehr Stockwerke –, aber es handelt sich nicht um einen ein-

---

* Nicht zuletzt die Leute, die Riesenmasten herstellen, siehe unten.

zelnen freistehenden Mast, sondern eher um eine Art Sendemastkonstruktion mit einer Fahne an der Spitze.

Die Top Ten

Rang	Fahnenmast Standort	Land	Jahr	Höhe in Metern
1.	König-Abdullah-Platz, Dschidda	Saudi-Arabien	2014	171
2.	Palast der Nationen Duschanbe	Tadschikistan	2011	165
3.	Platz der Staatsflagge, Baku	Aserbaidschan	2010	162
4.	»Friedensdorf«, Kijŏng-dong	Nordkorea	1988*	160
5.	Aschgabat	Turkmenistan	2008	133
6.	Fahne zum Gedenken an die Arabische Revolte, Akaba	Jordanien	2004	130
7.	Raghadan-Fahnenmast, Amman	Jordanien	2003	127
8 =	Corniche, Abu Dhabi	Vereinigte Arabische Emirate	2001	122
8 =	Wagah	Pakistan	2017	122
10.	Auf dem Gelände der Acuity Versicherung, Sheboygan, Wisconsin	USA	2005	120

Der Wettlauf um den höchsten freistehenden Fahnenmast hat erst 2001 begonnen, damals errichtete das Emirat Abu Dhabi an seiner Küstenpromenade einen von 122 Metern Höhe. Binnen weniger Jahre musste dieser seinen Spitzenrang an zwei jordanische Fahnenmasten in Folge abtreten: erst an einen in der Hauptstadt Amman, dann an einen anderen, dessen Flagge an die Arabische Revolte von

---

* Tatsächlich hat es sich als erstaunlich schwierig erwiesen, das genaue Datum der Errichtung des Fahnenmasts herauszufinden. Begnügen wir uns damit, dass es vor den Sommerspielen 1988 in Seoul war.

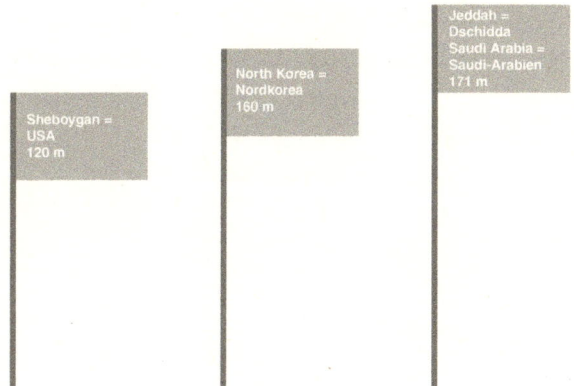

1916 erinnert, am Ufer von Akaba, wo er vom israelischen Ferienresort Eilat aus gut zu sehen ist.

Und so ging das Wettrüsten weiter mit neuen Fahnenmasten in Turkmenistan, Aserbaidschan und Tadschikistan, die sich gegenseitig die Krone in die Hand gaben. Der größte steht heute in Dschidda, der zweitgrößten Stadt Saudi-Arabiens. Er wiegt 500 Tonnen, misst 171 Meter und trägt eine 570 Kilo schwere saudische Flagge von 50 x 33 Metern Größe – das entspricht ungefähr einem Viertel eines Fußballplatzes.

All diese rekordverdächtigen freistehenden Masten wurden übrigens von ein und demselben Unternehmen gebaut: einem amerikanischen Rüstungskonzern namens Trident Support Corporation, der weniger den Markt bediente oder kaperte als vielmehr einen schuf* und der zufällig auch das *Guinness-Buch der Rekorde* davon über-

---

*   »Wir haben keine Marktlücke entdeckt, es gab keinen Markt«, berichtete Mitbegründer David Chambers dem Magazin *Vice* 2014. »Wir stolperten über den ersten Auftrag, und plötzlich, bum, hatten wir einen Markt geschaffen. Wir kreierten unsere eigene Nachfrage.«

zeugte, dass der nordkoreanische Mast nicht zählt. In Anbetracht des amerikanischen Beitrags zu diesem wichtigen Zweig der Diplomatie scheint es beinahe enttäuschend, dass der größte Fahnenmast in den Vereinigten Staaten nur lumpige 120 Meter hoch ist und von einer Versicherungsgesellschaft in Wisconsin gebaut wurde.

Farben des Rauschens

Es gab in der menschlichen Zivilisationsgeschichte eine Ära, zwischen etwa der Mitte des 20. und dem Anfang des 21. Jahrhunderts, da war weißes Rauschen etwas, über das wir unbeabsichtigt recht häufig stolperten – beim Versuch, einen Radiosender einzustellen zum Beispiel oder beim Anschalten eines Fernsehers mit schlechter Abschirmung.

Im Zeitalter von Digitalradio und Streaming passiert so etwas nicht mehr. Das Schneegestöber eines schlecht eingestellten Fernsehgeräts, das elektrostatische Rauschen, wenn man das Senderädchen drehte – beides gehört großenteils der Vergangenheit an, und das ist gut so, weil beides schrecklich nervig war.* Womit es nur um so lustiger wird, dass es inzwischen eigene Apps, YouTube-Kanäle

---

* Als ich mich für diesen Abschnitt schlaugemacht habe und eigentlich nur überprüfen wollte, ob mein Eindruck, dass statisches Rauschen heutzutage weit seltener geworden ist, als es früher war, fragte ich meine Follower auf Twitter, wann und wie sie das letzte Mal mit weißem Rauschen zu tun gehabt hatten. Zu den genannten Beispielen gehörten Ventilatoren, Föne, Extrakabel, die irgendwo herausgerutscht waren, alte Autoradios, alte vergessene Radios in den Teeküchen von Büros, Klimaanlagen, das Geräusch, das Sie im Flugzeug hören, und die ersten drei Sekunden von *Sex and the City*-Wiederholungen.

und Ähnliches gibt, die nur weißes Rauschen abspielen, weil dieses von therapeutischem Wert ist, Ihrem Tinnitus abhilft, Ihnen beim Einschlafen hilft, Ihrem *Baby* auch und Ihnen obendrein zweifellos bessere Kreditkonditionen beschert, da Sie geduldig den Schimmelfleck über Ihrem Bett ausbessern.

Egal. Vieles von dem, was wir umgangssprachlich als »weißes Rauschen« bezeichnen, ist technisch gesehen absolut kein weißes Rauschen. Rauschen gibt es in weit mehr Farben, als Sie vielleicht glauben.

Etwas extrem grundlegende Grundlagenwissenschaft ist vielleicht von Nutzen, bevor wir in die Materie eintauchen. Die Amplitude oder Höhe einer Schallwelle bestimmt, wie laut diese ist, und die Frequenz, wie rasch die Wellen aufeinanderfolgen (Schwingung), die Tonhöhe: Eine Welle von 50 Hertz (50 Schwingungen pro Sekunde) hat eine vergleichsweise große Wellenlänge und bringt einen tiefen Ton hervor, eine von 10 Kilohertz, 10 000 Schwingungen pro Sekunde, bedeutet eine kürzere Wellenlänge und einen sehr hohen Ton. Auch wenn es vom Einzelnen und von seinem Alter abhängt – junge Ohren nehmen höhere Frequenzen wahr als alte –, hört das menschliche Ohr im Allgemeinen in einem Bereich von 20 bis 20 000 Hertz.

Echtes **weißes Rauschen** enthält alle Frequenzen, die für das menschliche Ohr vernehmbar sind, in gleicher Intensität. Es verdankt seinen Namen der Analogie zu weißem Licht, das aus Licht aller Farben auf einmal besteht*, und wird erzeugt, indem man über das gesamte Tonspektrum zufällige Signalschwankungen erzeugt.

---

* Eines der vielen, vielen schlauen Dinge, die Isaac Newton in seinem Leben vollbracht hat, war, diesen Umstand zu erkennen und zu zeigen, dass man weißes Licht mithilfe eines Prismas in seine einzelnen Komponenten aufspalten und, wenn man will, anschließend mithilfe eines zweiten Prismas wieder zusammenfügen kann. Cleveres Kerlchen, dieser Newton.

Dann gibt es das **graue Rauschen**, bei dem es sich im Prinzip um weißes Rauschen handelt, bei dem jede Frequenz für uns mit derselben Lautstärke wahrnehmbar gemacht wurde. Dass es sich anders anhört als weißes Rauschen, liegt daran, dass das menschliche Ohr für manche Frequenzen empfänglicher ist als für andere – ganz allgemein sind für uns sehr tiefe und sehr hohe Tonhöhen schwieriger zu hören. Damit alle Frequenzen gleich laut daherkommen, sind beim grauen Rauschen hohe und tiefe Frequenzen hoch- und die mittleren heruntereguliert.

Aber alle Menschen und Ohren sind verschieden, es gibt also kein graues Rauschen, bei dem sich alle Frequenzen für alle Menschen gleich laut anhören. Ein mathematisch einfacherer und universell anwendbarer Versuch, zu sogenannter »gehörrichtiger Lautstärke« zu gelangen, ist das **rosa Rauschen**, bei dem die Schallintensität über eine ganze Oktave* gleich ist und mit jeder aufsteigenden Oktave abnimmt. Bei weißem Rauschen haben 40 Hertz, 80 Hertz, 160 Hertz und alle Stufen dazwischen dieselbe Signalstärke. Bei rosa Rauschen ist die Intensität zum Beispiel von 40 bis 80 Hertz gleich, wie sie es auch von 80 Hertz bis 160 Hertz ist.

Das hat zur Folge, dass sich die Lautstärke des Rauschens zunehmend verringert, je höher die Tonhöhe wird. Einigen Studien zufolge vermag rosa Rauschen Zuhörern effizienter in den Schlaf zu helfen. Den Namen hat es daher, dass Licht, das diesem Muster folgt, einen Rosaton annimmt.

---

* Oh, verflixt, noch was zu erklären, geht klar. Wenn zwei Töne trotz unterschiedlicher Tonhöhe gleich klingen, dann ist das so, weil die Frequenzen geradzahlige Vielfache voneinander sind (440 Hertz und 220 Hertz zum Beispiel). Noten, auf die das zutrifft, werden mit derselben Bezeichnung belegt – beide heißen zum Beispiel C oder Fis. Das Intervall zwischen diesen beiden Noten ist eine Oktave, es heißt so, weil die normale Tonleiter acht Tonstufen umfasst.

Rotes Rauschen macht dasselbe wie das rosa Rauschen, dimmt aber deutlich stärker, es verringert zusätzlich die Lautstärke mit jeder Oktave um 6 Dezibel, statt sie beizubehalten. Das Ergebnis ist eine Art weicher oder gedämpfter Version von weißem Rauschen – man sagt, es ähnle einem Wasserfall oder heftigem Regen.

Rot heißt es deshalb, weil es wie rotes Licht bei niedrigeren Frequenzen / längeren Wellenlängen als intensiver wahrgenommen wird. Aber nur um die Dinge noch ein bisschen zu verkomplizieren, wird es gelegentlich auch **braunes Rauschen** oder **Brown'sches Rauschen** genannt. Das hat nicht etwa damit zu tun, dass sein Energiespektrum dem von braunem Licht entspricht, sondern mit Robert Brown, dem schottischen Botaniker, der die »Brown'sche Bewegung« oder »Zufallsbewegung« entdeckt hat. Wenn jede neue Frequenz ein Intervall von zufallsbestimmter Größe von der letzten entfernt ist, ist das Ergebnis braunes (oder rotes) Rauschen.

Andere Farben des Rauschens dämpfen im unteren Frequenzbereich und verstärken im oberen. **Blaues Rauschen** erhöht die Lautstärke bei jeder Oktave aufwärts um 3 Dezibel, violettes Rauschen um 6 Dezibel. Eine höhere, kreischendere Version von weißem Rauschen klingt für mich nicht nach Spaß – angeblich soll es wie das Fauchen von Sprühnebel klingen –, aber manche Leute finden es anscheinend fantastisch.

Ich muss gestehen, dass für mich beim Durchhören während der Arbeit die verschiedenen Arten von Rauschen bemerkenswert ähnlich klangen: Jedes davon ist ein gleichmäßiges Zischen, und man kann sich vorstellen, dass sie in der Alltagssprache unzutreffenderweise einhellig als »weißes Rauschen« durchgingen. Aber vielleicht liegt das ja auch an meinem ungeübten Ohr: In einer Ausgabe der Zeitschrift *Pacific Standard* von 2017 philosophierte der Toningenieur Stéphane Pigeon, dass wir, wenn wir für Klänge ein ebenso breitgefächertes Vokabular hätten wie für Farben – wir also imstande wären, diese verschiedenen Klänge treffender zu benennen –, auch besser in der Lage wären, sie zu hören. (»Es gibt so viele Arten von Wind«, sinnierte er, aber niemand wird das je merken, weil wir ihnen nie einen Namen gegeben haben.«)

Dass weißes Rauschen manchen Menschen mit Konzentrations- oder Schlafproblemen hilft, liegt übrigens daran, dass es andere Geräusche überdeckt. Wenn Sie vom Lärmen eines Fuchses unter Ihrem Fenster geweckt werden, ist es nicht der Lärm selbst, der sie weckt, sondern die plötzliche Veränderung des Geräuschpegels. Weißes Rauschen überdeckt solche plötzlichen Veränderungen. Wobei es, warum weiß man noch nicht genau, auch Menschen gibt, die *leichter* bei Geräuschen aufwachen, die sich vor dem Hintergrund von weißem Rauschen ergeben. Nichts ist so einfach, wie man es gerne hätte, oder?

~

Sie halten sich für paranoid? Elf schräge Beispiele von Volksglauben aus aller Welt

1. INDIEN: Manche Inder verzichten während einer Sonnenfinsternis auf Essen, Schlafen, Draußensein und Sex, weil das Verschwinden der Sonne nach der Mythologie der Hindus als böses Omen gilt. Manche vermeiden es sogar, in dieser Zeit auf die Toilette zu gehen, aus Angst, es würde ihnen Unglück bringen, wenngleich man Durchführbarkeit und medizinischen Sinn dieser Praxis durchaus kritisch hinterfragen kann.
2. PHILIPPINEN: Tragen Sie während eines Gewitters niemals Rot. Die Farbe soll Blitze anziehen.

3. TÜRKEI: Vermeiden Sie es, Ihre Nägel abends zu schneiden. Man glaubt, es verkürze das Leben.
4. KOREA: Die moderne Legende namens »Ventilatortod« besagt, dass man sterben kann, wenn man in einem Zimmer ohne Lüftung nächtens einen elektrischen Ventilator laufen lässt. Manchmal wird diese Vorstellung zurückgeführt auf die Regierungspropaganda während der Ölkrise in den 1970er-Jahren, weil man damals alles tat, um den Energieverbrauch zu verringern – tatsächlich aber scheint sie bereits mit der Einführung elektrischer Ventilatoren in den 1920er-Jahren aufgekommen zu sein.
5. NIGERIA. Ein Baby auf den Mund zu küssen lässt es ein Leben lang sabbern.
6. RUSSLAND: Leere Eimer oder andere leere Behältnisse gelten als schlechtes Omen. Das führt dazu, dass Straßenkehrer ihre Ausrüstung in Karren verbergen, damit sie nicht vom Rest der Welt wie die Pest gemieden werden.
7. PORTUGAL: Rückwärts gehen bringt Unglück, denn es zeigt dem Teufel, wohin Sie unterwegs sind. Nee, ich auch nicht.
8. KUBA: Erklären Sie nie einen Drink zu Ihrem letzten – *el ultimo* –, sonst sterben Sie bald und werden Ihre Aussage (»letzter«) damit wörtlicher nehmen als vielleicht gemeint. Und weiter: Beim Öffnen einer neuen Flasche ein bisschen Rum auf den Boden zu träufeln stimmt die Geister freundlich. Das Nebeneinander dieser beiden Mythen lässt einen grübeln, ob hier nicht vielleicht die Alkoholindustrie ihre Hände im Spiel hat.
9. ISLAND: Werfen Sie nicht mit Steinen, denn Sie könnten jemanden vom Huldufólk treffen, den verborgenen Wesen – Elfen und Trollen unter anderem –, die eine isländische Parallelwelt bevölkern und sich nach Belieben sichtbar machen können. Die überwiegende Mehrheit der Isländer nimmt diese Geschichten natürlich nicht ernst, aber immerhin die Hälfte würde Mei-

nungsforschern gegenüber nicht erklären, dass sie definitiv nicht an das Huldufólk glauben – Zyniker schreiben dies dem Wirken der nimmermüden isländischen Tourismusindustrie zu.
10. DÄNEMARK: Führen Sie nie ein vertrauliches Gespräch, wenn eine Katze im Raum ist. Fürchterliche Klatschbasen offenbar.
11. ARGENTINIEN: Siebte Söhne schweben der Überlieferung zufolge in besonderer Gefahr, zu *el lobizón* – einem Werwolf – zu werden, der sich nächtens herumtreibt und sich von Exkrementen, ungetauften Babys und herumliegenden frischen Leichen ernährt. Dieser Aberglaube führte 2014 zu einer Flut von aufgeregten Berichten, denen zufolge Präsidentin Cristina Fernández de Kirchner einen 13-Jährigen adoptiert habe, um diesen Fluch zu brechen. Zum Leidwesen aller Freunde des Okkulten hatte die Presse *el lobizón* mit einer anderen, nicht ganz so blutrünstigen Tradition verwechselt, derzufolge das Staatsoberhaupt beim siebten Kind die Patenschaft übernimmt.

∼

Santa und Co.:
Wer bringt die Weihnachtsgeschenke?

Weihnachten ist eines* der meistgefeierten Feste auf dem Planeten, begangen von Christen, die damit die Geburt ihres Erlösers ehren, ebenso wie von Nichtchristen, die mit Ersteren und/oder vom westlichen Kulturkreis beeinflusst leben und darin eine großartige Aus-

---

* Mit Sicherheit ist es das meistgefeierte *religiöse* Fest. Ob es den Spitzenplatz einnimmt oder nicht, hängt vor allem davon ab, ob man Neujahr als Fest zählt.

rede sehen, zu viel zu essen, ihre Liebsten um sich zu scharen und einen Haufen Zeug zu kaufen.*

Aber auch wenn es zu den meisten Weihnachtsbräuchen gehört, Kindern etwas zu schenken und sie über den Ursprung der Gaben zu beschwindeln, ist die genaue Identität desjenigen, der besagte Geschenke ausliefert, extrem abhängig davon, wo Sie auf der Welt zu Hause sind. Hier ein paar Beispiele für die historische und/oder erfundene Gestalt, die die Lorbeeren für die harte Arbeit der Eltern kassiert.**

SANTA CLAUS: In jeder Hinsicht eine gewichtige Erscheinung. Erwuchs aus Überlieferungen zum heiligen Nikolaus, im 4. Jahrhundert Bischof von Myra in der heutigen Türkei, der gern heimlich Geschenke verteilte. In Nordamerika populär geworden durch das Gedicht »A Visit from St. Nicholas« aus dem Jahr 1823 und durch Hollywoods Kulturimperialismus, die Werbung für Coca-Cola und Ähnliches weltweit zum Standardleitbild des weihnachtlichen Geschenkeboten avanciert. Der Flughafen von Helsinki präsentiert sich gern als Santas offizieller Flughafen, was ein bisschen seltsam ist, denn wie wir sehen werden, haben die Finnen völlig andere Vorstellungen von Weihnachtsbräuchen – aber der Santa-Mythos hat die meisten der anderen Überlieferungen im Folgenden gnadenlos verdrängt.

FATHER CHRISTMAS: Von alters her das personifizierte Weihnachten Englands: Bart, langer Mantel mit Pelzkragen, Ilex-Krone. Ursprünglich ein Symbol für Feste und Lustbarkeiten der Erwachse-

---

* Geschenke! Kerzen! Party! Ehrlich, ich schreibe das hier im Mai und bin jetzt schon aufgeregt.
** Mal im Ernst: Wie sind wir eigentlich darauf verfallen, dass ausgedachte Gestalten den Lohn für die harte Arbeit und den Großmut von Eltern einstreichen dürfen? Was ist in uns gefahren?

nen, aber gegen Ende des 19. Jahrhunderts, als sich der Fokus von Weihnachten mehr auf Kinder und Familien verlagerte, verschmolz er mehr und mehr mit Santa Claus, heute sind die beiden praktisch identisch.

Père Noël: Die französische Version davon. Die Kinder stellen ihre Schuhe gefüllt mit Karotten und anderen Leckereien für Gui (Mistel), den Esel des Weihnachtsmannes, an den Kamin. Wenn sie brav waren, sind am anderen Morgen die Karotten verschwunden, dafür liegen Geschenke dort. Das bringt es mit sich, dass Geschenke klein genug sein müssen, um in einen Schuh zu passen, was offensichtlich die Chancen minimiert, dass Père Noël eine PlayStation bringt.

Sinterklaas: Noch eine Spielart des heiligen Nikolaus, dieses Mal in den Niederlanden, im flämischsprachigen Belgien und anderen Gegenden, in denen das Niederländische vorherrscht. Kommt Mitte November mit dem Schiff aus Spanien, trägt einen roten Bischofsmantel und eine Mitra und reitet auf einem weißen Pferd. Begleitet wird er vom Zwarte Piet (Schwarzer Peter), seinem Gehilfen, gekleidet als, euphemistisch formuliert, dunkelhäutiger Diener, in Wirklichkeit jemand, der sich das Gesicht schwarz färbt, wobei Blackfacing heute vermutlich ein sehr viel größeres Problem darstellt als vor ein paar Jahrhunderten. Wie dem auch sei: Die beiden bringen ihre Geschenke am 5. Dezember.

Christkind: Der deutsche Theologe Martin Luther, der 1517 die Reformation lostrat, prägte in einem durchsichtigen Versuch, dafür zu sorgen, dass jedermann Weihnachtsgeschenke mit Gottes Sohn in Verbindung bringen würde, die Vorstellung, dass die Geschenke vom Jesuskind selbst gebracht würden. Im 19. Jahrhundert fand dieses Bild seinen Weg aus den protestantischen Gebieten Mitteleuropas in die katholischen Regionen und von da aus in Teile Lateinamerikas. Andernorts heißt das Christkind Gesù Bambino

(Italien), Menino Jesus (»Jesus-Knabe« – Portugal), Ježíšek (»kleiner Jesus« – Tschechien), Niño Dios (»Gotteskind« – Lateinamerika) und so weiter.

Jólasveinar oder Weihnachtsgesellen: Die 13 stets zu bösen Streichen aufgelegten Söhne der nordischen Riesin Gryla, die am liebsten unartige Kinder kocht und verspeist, und ihres faulen Ehemanns Leppaludi, der die gemeinsame Höhle nie verlässt. Die Jungs kommen in den 13 Nächten vor Weihnachten einer nach dem anderen aus den Bergen Islands und legen Geschenke in Schuhe, die man ihnen auf dem Fenstersims hinstellt. War das Kind nicht brav, gibt es stattdessen eine Kartoffel, die, so muss man vermuten, wohl für die Gemüse steht, mit denen das Kind in Grylas Topf gekocht zu werden erwarten muss.

Väterchen Frost: Das russische Gegenstück zu Santa Claus hat seine Wurzeln in der slawischen Mythologie. Er trägt einen langen Pelzmantel, hat einen Zauberstab bei sich und wird anders als die meisten anderen Figuren aus dieser Branche von einer in Blau und Silber gekleideten Frau begleitet, seiner Enkelin – genannt Schneemädchen oder Schneeflöckchen. Sie bringen ihre Geschenke am Neujahrstag, der während der religionsfeindlichen Sowjetzeit das Weihnachtsfest ersetzte.

Viejito Pascuero: Und noch eine Santa-Version, diese arbeitet in Chile, ihr Name lautet übersetzt »Alter Mann Weihnachten«. Das sollte noch gesagt sein.*

---

* Auf manchen Seiten, die ich im Internet gefunden habe, sieht er fast genauso aus wie Santa Claus, auf anderen wie ein Rancher, begleitet von einem Lama. Ärgerlicherweise finde ich keine zweite Quelle für die Geschichte mit dem Lama, aber ich hätte gern, dass sie wahr ist, deshalb schreibe ich sie trotzdem in eine Fußnote.

Basilius der Grosse: Schaut am 1. Januar bei den Menschen in Griechenland und Zypern vorbei und bringt Geschenke für die Kinder. Der Bischof aus Caesarea, einer griechischsprachigen Stadt in der heutigen Türkei, war im 4. Jahrhundert bekannt für seine Sorge um die Armen und buk Kuchen mit einer Goldmünze darin.

Weihnachtswichtel: *Nisse* sind Kobolde mit weißem Bart und roter Mütze, die ein bisschen aussehen wie Gartenzwerge. Seit Santa Claus Mitte des 19. Jahrhunderts weltweit immer populärer wurde, sind sie in Skandinavien mehr und mehr zu den Überbringern von Weihnachtsgeschenken geworden und haben den …

Julbock/Joulopukii … verdrängt, dessen Revier Skandinavien war. Er scheint der germanischen Mythologie entlehnt, der zufolge der Wagen des Donnergotts Thor von zwei Böcken gezogen wurde.* Einstmals war der Bock gefährlich und forderte selbst Gaben ein, dann wurde er freundlich und brachte welche. Heute ist er im Grunde dasselbe wie Santa, rätselhafterweise nach einem Ziegenbock benannt. Da wir aber gerade bei Ziegen sind …

Die schwedische Stadt, in der immer an Weihnachten der Ziegenbock brennt

Eine schwedische Tradition dreht sich also um den alljährlichen Besuch von einem Ziegenbock, der Geschenke bringt. Einer anderen zufolge werden Christbäume mit kleinen Strohböcken geziert, und

---

* Seien Sie ehrlich, Sie würden sich diesen Marvel-Film anschauen.

bei einer dritten wird eine Riesenausgabe von Letzteren aus Stroh gebaut und mitten in der Stadt aufgestellt.

Eine vierte schließlich verlangt – zumindest in einer Stadt Schwedens –, Letzteren in Brand zu setzen, auch wenn das definitiv verboten ist.

An dieser Stelle ein bisschen Hintergrund: 1966 hatte Stig Gavlén, ein Werbefachmann in der ostschwedischen Stadt Gävle, die geniale Idee, dass das, was seine Stadt wirklich braucht, ein riesengroßer Bock aus Stroh sei. Der erste Bock in Gävle war 13 Meter hoch, sieben Meter lang und wog drei Tonnen. Den ganzen Dezember hindurch stand er stolz auf dem Slottstorget, dem Schlossplatz.

An Silvester fackelte ihn jemand ab.

Egal: Die Weihnachtszeit war beinahe vorbei, der Bock war versichert, und na ja, solche Dinge passieren eben, wenn man einen Riesenbock aus Stroh baut. Jeder hakte es daher als Erfahrung ab, und ein paar Geschäftsleute am Ort sagten zu, den Bock fürs kommende Jahr zu stiften.

Ein paar Jahre lief alles glatt, aber an Silvester 1969 brannte wieder jemand die Skulptur nieder. 1970 *wieder* jemand – dieses Mal hatte er nicht einen Monat, sondern lediglich sechs Stunden gestanden. Danach zogen die Geschäftsleute, ein bisschen genervt davon, ihren Bock ständig in Flammen aufgehen zu sehen, ihre finanzielle Unterstützung zurück. Aber jemand anderer übernahm für sie, und das war toll, denn es bot jemand Drittem die aufregende Möglichkeit, den Bock von 1971 kurz und klein zu hacken.

Der von 1972 brach zusammen, die Behörden vermuteten Sabotage. 1976 waren keine Vermutungen vonnöten, denn jemand fuhr ihn um.

1978 wurde der Bock wieder zerstückelt, 1979 niedergebrannt, bevor er überhaupt aufgebaut war. Ein zweiter Bock wurde errichtet, und zur Abwechslung schlug ihn wieder jemand kurz und klein. Auf ein Neues.

Wenn man die 1970er-Jahre insgesamt betrachtet, so hat während dieses stürmischen Jahrzehnts keiner der Riesen-Julböcke der Stadt Gävle die gesamte Weihnachtszeit überlebt. 1981 überlebte der Bock zum ersten Mal seit zwölf Jahren, aber falls er nun gedacht haben sollte, das Blatt habe sich gewendet, so hatte er im Folgejahr einen fiesen Schock zu verkraften, denn wieder ging er in Flammen auf.

Im Jahr 1985 wurde der Bock, der es erstmals ins *Guinnessbuch der Rekorde*[*] geschafft hatte, von einem zwei Meter hohen Metallzaun, einer privaten Sicherheitsfirma und einer Abteilung des örtlichen Militärs beschützt. Trotzdem brannte er im Januar nieder.

1986 beschloss die Gruppe aus ortsansässigen Geschäftsleuten, vermutlich aus Frust über ihre Ausgrenzung bei all der Bockbrennerei, wieder einen eigenen Bock zu bauen. Seit dieser Zeit gibt es jedes Jahr zwei Böcke. Das bedeutet, es gibt doppelt so viele zum Abfackeln.

1988 schließlich war das Verbrennen des Bocks so zur Tradition geworden, dass Buchmacher im mehrere tausend Kilometer weit entfernten England Wetten auf das genaue Datum anboten, an dem der Bock in Flammen aufgehen würde. Zur großen Enttäuschung der Glücksspieler überlebte er in diesem Jahr, aber die braven Einwohner von Gävle machten dies im folgenden Jahr dadurch wieder wett, dass jemand die Einzelteile anzündete, bevor sie zusammengesetzt werden konnten. Spenden wurden gesammelt, um einen Ersatz zu finanzieren, der schaffte es bis Januar. Raten Sie, was als Nächstes geschah.

1992, einem besonders guten Jahr fürs Böckeverbrennen, wurden die beiden Böcke *dreimal* abgebrannt, denn der erste verbrannte Bock wurde ersetzt. Am 11. Dezember 1998 wurde die Stadt von

---

[*] 12,5 Meter groß!

einem heftigen Schneesturm heimgesucht, und die Freiwilligen, die den Bock bewachten, suchten nach einem Unterstand, weil sie annahmen, im Schneesturm könne man einen Bock nicht verbrennen. Diese Annahme sollte sich als falsch erweisen.

2001 verbrachte ein 51 Jahre alter Tourist aus Cleveland, Ohio, 18 Tage im Gefängnis, nachdem er versucht hatte, den Bock anzuzünden. Zu seiner Verteidigung brachte er vor, ihm sei nicht klar gewesen, dass das illegal sei, er habe es einfach für eine örtliche Tradition gehalten. Nach 35 Jahren dieser Art drängt sich die Frage auf, ob er nicht ein bisschen im Recht war.

2005 brachten es zwei Typen fertig, den schwer bewachten Bock niederzubrennen, indem sie einen brennenden Pfeil hineinschossen. Sie konnten entkommen, weil der eine als Weihnachtsmann, der andere als Lebkuchenmann verkleidet war.

2006 versteckten die Verantwortlichen ihren Riesenbock an einem geheimen Ort. Ich wiederhole: Sie brauchten ein Geheimversteck für ihren riesigen Strohbock.

Die Tradition lebt bis auf den heutigen Tag. Alles in allem ist etwa die Hälfte der seit 1966 errichteten Strohböcke in Flammen aufgegangen, und nur knapp jeder dritte hat die Weihnachtssaison unbeschadet überstanden.

Zweierlei lässt sich daraus lernen: zum einen, dass Weihnachtstraditionen einigen Spielraum für Interpretationen lassen. Die Stadtväter von Gävle glauben, die Tradition bestehe darin, den riesigen Julbock aufzustellen. Alle anderen glauben, die Tradition bestehe darin, diesen niederzubrennen. Diese beiden Traditionen existieren nun ein halbes Jahrhundert mehr oder weniger nebeneinander.

Zum anderen lehrt uns das, dass Leute offenbar sehr gern riesige Strohböcke in Brand setzen.

Ein paar Schnipsel:
Fragmente aus allen möglichen Gebieten

Nicht alles, was ich gern im Buch gehabt hätte, hat es in die endgültige Fassung geschafft. Anbei einige der unterhaltsameren Fakten zu Beiträgen, die den Schnitt überstanden haben.

1. Thomas Jefferson und John Adams – Gründerväter der Vereinigten Staaten von Amerika, vormalige Präsidenten und seit der Wahl von 1800, aus der der eine als Sieger, der andere als Verlierer hervorging, lebenslange Rivalen – brachten es fertig, 1826 binnen weniger Stunden nacheinander zu sterben. Genauer gesagt am 4. Juli: Auf den Tag genau 50 Jahre zuvor hatten beide die Unabhängigkeitserklärung unterzeichnet.
2. Die letzte Person, die eine Pension der amerikanischen Bundesregierung für die Teilnahme am Amerikanischen Bürgerkrieg erhalten hat, starb 2020, mehr als 155 Jahre nach dem Ende dieses Krieges. Irene Triplett, zwischen deren Eltern ein Altersunterschied von 50 Jahren bestanden hatte, war bei ihrem Tod 90 Jahre alt. Die Pension stand ihr zu, weil der Anspruch des Vaters aufgrund ihrer geistigen Behinderung auf sie übergegangen war.
3. Die letzte Frau, die Anspruch auf eine Pension erheben konnte, weil ihr *Ehemann* im Bürgerkrieg gekämpft hatte, starb ebenfalls vor erstaunlich kurzer Zeit: Das war Maudie Hopkins, die 2008 im Alter von 93 Jahren das Zeitliche segnete. Sie hatte ihren ersten Ehemann William M. Cantrell 1934 geheiratet, er war damals 86 und sie erst 19.

4. Nur zwei Weltnatur- bzw. Weltkulturerbestätten der UNESCO wurde ihr Rang wieder aberkannt: dem Wildschutzgebiet der Arabischen Oryx, weil Oman von sich aus die Größe des unter Naturschutz stehenden Gebiets um 90 Prozent reduzierte, was für die weißen Antilopen höchstwahrscheinlich keine gute Nachricht war, und dem Dresdner Elbtal, weil die dortigen Verantwortlichen beschlossen hatten, es durch eine vierspurige Brücke zu zerteilen.
5. Die längste Trächtigkeitsdauer bei Säugetieren ist mit etwa 22 Monaten die des Indischen Elefanten, die kürzeste die des Nordopossums: nur zwölf Tage.
6. Hauskaninchen haben eine Trächtigkeitsdauer von etwa 31 Tagen, eine durchschnittliche Wurfgröße von sechs und erreichen ihre Geschlechtsreife mit ungefähr sieben Monaten. Das bedeutet, dass ein einzelnes Paar in nur 18 Monaten theoretisch 2376 Nachkommen haben kann. Passen Sie also vielleicht ein bisschen auf Ihre Karnickel auf.
7. Bei den ersten Olympischen Spielen der Neuzeit war es erlaubt, dass sich bei den Mannschaftssportarten internationale Teams beteiligten. Bis 1904 sehen Sie in den Medaillenspiegeln also gelegentlich die Bezeichnung »Mixed Team«, und manchmal waren die erstaunlich gut.
8. 1940 waren Tokio sowohl die Olympischen Sommerspiele als auch die Winterspiele zuerkannt worden. Sie wurden dann nach Helsinki ausgelagert, weil Japan in den Krieg verwickelt war, und schließlich abgesagt, als der Krieg sich immer mehr ausweitete.
9. Bei den Sommerspielen 1956 wurden zwar die meisten Wettbewerbe in Melbourne abgehalten, aber Australiens strikte Quarantäneregeln veranlassten das IOC, die Pferdesportveranstaltungen auf der anderen Seite des Planeten in Stockholm

abzuhalten. Dort gab es eine eigene Eröffnungs- und Abschlusszeremonie.

10. Bei der Zählung der Olympischen Sommerspiele sind auch die enthalten, die aufgrund der Weltkriege nicht stattgefunden haben (die Spiele der VI. Olympiade in Berlin 1916 fielen aus, ebenso 1940 die der XII. in Tokio beziehungsweise Helsinki und 1944 die der XIII. in London).

    Aus irgendeinem Grund ist die Zählung bei den Winterspielen anders, und so geht es von den IV. 1936 in Deutschland geradewegs zu den V. 1948 in der Schweiz.

11. Das Papsttum verfährt ähnlich nonchalant mit der Anzahl der Inhaber des Titels »Bischof von Rom« und der Frage, ob man die Nummerierung zurücksetzen muss, wenn jemand zum Gegenpapst erklärt wird. Das hat zur Folge, dass es einen Bonifatius VI. und einen Bonifatius VIII., aber keinen Bonifatius VII. gibt. Auch Alexander V. ist der Geschichte abhandengekommen. Hin und wieder ist der Versuch gemacht worden, die Nummerierung zu verändern, und das hat zu so albtraumhaften Bezeichnungen geführt wie Felix II. (III.) und der etwas verblüffenden Tatsache, dass es fünf Päpste namens Felix gegeben hat, aber nur drei davon wirklich Papst waren.

    Es hat auch nie einen Papst Johannes XX. gegeben, weil irgendwann irgendwer den Überblick verloren hat. Stattdessen gab es aber zweimal Johannes XXIII. (einen Gegenpapst und einen rechtmäßigen Papst). Eine Fehlinterpretation alter Kirchenbücher hatte eine weitere falsche Zählung zur Folge, sodass es Martin I. und Martin IV. gibt, aber keinen Martin II. oder III., die beiden hießen nämlich Marinus. Manche Aufzählungen führen sogar einen Papst Donus II., der um 974 im Amt gewesen sein soll beziehungsweise gewesen wäre, wenn es ihn denn je gegeben hätte, was unglücklicherweise nicht der Fall ist.

12. Während ich diesen Abschnitt schreibe, verfügt Jeff Bezos, der Gründer von Amazon, über ein Vermögen von 187 Milliarden Dollar. Das ist mehr als das Bruttoinlandsprodukt einer Menge Länder wie Algerien, Ungarn und von ungefähr 140 weiteren Staaten weltweit.
13. Leider wurde das hartnäckige Gerücht, die umstrittene britische Premierministerin Margaret Thatcher sei Teil des Teams gewesen, das das Softeis Mr Whippy erfunden habe, 2013 vom *Guardian* widerlegt.

DAS ENDE

Ein paar Dinge, die geeignet sind, uns allen den Garaus zu machen

Im Jahr 2016 machte die in Stockholm ansässige Human Challenges Foundation Schlagzeilen mit der Aussage, dass offiziellen Risikostatistiken der Regierung zufolge der Durchschnittsamerikaner mit weit höherer Wahrscheinlichkeit an einem Massensterben seiner Art zugrunde gehen wird als bei einem Autounfall.

Das mag ebenso erschreckend wie albern klingen, aber die Mathematik gibt das her. Für einen Amerikaner errechnet sich das Risiko, bei einem Autounfall ums Leben zu kommen, auf ungefähr 0,01 Prozent pro Jahr. Der »Stern Review on the Economics of Climate Change« des Vereinigten Königreichs aus dem Jahr 2006 hingegen setzt das jährliche Risiko für ein Massenaussterben bei unwahrscheinlichen (aber weit weniger unwahrscheinlich, als einen tödlichen Autounfall zu erleiden) 0,1 Prozent an. Rein mathematisch betrachtet würden diese Zahlen nahelegen, dass es weit weniger wahrscheinlich ist, dass Sie mutterseelenallein in Ihrem Auto draufgehen, als dass Sie alle anderen Ihrer Art begleiten.

Im Folgenden ein paar aufmunternde Anmerkungen dazu, von welcher Art diese existentielle Gefahr sein könnte – und was wir dagegen tun können.

Große Steine

Ein Asteroid mit einem Durchmesser von nur 140 Metern würde die Erde mit genügend Wucht treffen, um eine ganze Region zu verwüsten und Hunderte Millionen Tote zu verursachen. Einer von einem

Kilometer Durchmesser könnte die Auslöschung der menschlichen Zivilisation oder gar allen menschlichen Lebens bedeuten.

Und Stand Mai 2020 haben die Astronomen um die 9100 erdnahe Objekte mit einem Durchmesser von 140 Metern oder mehr ausgemacht. Man nimmt an, dass es mindestens doppelt so viele sind.

Die gute Nachricht lautet, dass wir eine Strategie haben, damit umzugehen. Das Jahr 2014 erlebte die Einrichtung des International Asteroid Warning Network (IAWN) und der Space Mission Planning Advisory Group (SMPAG). Sollten Wissenschaftler zu dem Schluss kommen, dass ein Risiko von mehr als 1 Prozent dafür besteht, dass innerhalb der nächsten 50 Jahre ein Objekt von mehr als 50 Metern Durchmesser in uns hineinrauscht, löst das IAWN einen Alarm aus, und das SMPAG wird einen Plan entwickeln. Der beinhaltet höchstwahrscheinlich nicht die Sprengung des Objekts (unselige potentielle Folge: haufenweise Asteroiden), aber vielleicht die Entsendung einer Rakete, die das Objekt vom Kurs abbringt, vielleicht auch das Errichten von Sonnensegeln oder ein weißer Anstrich, damit die Photonen der Sonne das für uns erledigen.

Große Infektionen

Wenn Sie die vorherigen Seiten dieses Buchs gelesen haben*, werden Sie bereits wissen, dass Krankheitserreger weit mehr Menschen auf dem Gewissen haben als Kriege. Und die Covid-19-Pandemie von 2020, die größte seit einem Jahrhundert, hat uns schmerzlich daran erinnert, wie schnell und wie weit eine neue Krankheit sich in einer Welt ausbreiten kann, in der Hunderttausende Menschen tagtäglich international unterwegs sind.

---

* Und wenn nicht, warum nicht?

Ich werde hier nicht weiter in die Tiefe gehen. Alles, was ich dazu anmerken will, ist das Folgende: Die Antibiotika, mit denen wir bereits seit den 1940er-Jahren sowohl Menschen als auch Tiere in großer Zahl vollgepumpt haben, werden nachweislich Jahr für Jahr weniger effizient.

Gegenwärtig kosten antibiotikaresistente Bakterien jährlich 700 000 Menschen das Leben. Bis 2040, so eine Studie der britischen Regierung aus dem Jahr 2014, könnten es 10 Millionen Menschen sein. Solche Infektionen wären somit tödlicher als Krebs.

Große Bomben

Die Bombe, die die Vereinigten Staaten über dem japanischen Hiroshima 1945 abwarfen, hat, so nimmt man an, 150 000 Menschen getötet. Moderne Nuklearwaffen sind viel, viel größer: Sie sind in der Lage, in einem Radius von bis zu vier Kilometern um das Epizentrum der Explosion 80 bis 95 Prozent allen Lebens zu vernichten und, über einer nicht übermäßig dicht besiedelten Megastadt wie London abgeworfen, leicht mehr als eine Million Menschen auf einen Schlag zu töten.

Damit nicht genug, könnte ein entfesselter Nuklearkrieg derart viel Staub und Asche in die Luft jagen, dass die Temperatur weltweit über fünf Jahre hinweg dramatisch sinken und die globale Lebensmittelversorgung zusammenbrechen lassen würde. Ein nicht unbedenkliches Phänomen, das man mit dem schmeichelhaften Namen »nuklearer Winter« versehen hat, was diese Situation natürlich vortrefflich umschreibt.

Um dieses Risiko zu verringern, muss man die »horizontale Proliferation« eindämmen – sprich verhindern, dass Länder ohne Kernwaffen an diese Dinger herankommen –, um die Zahl der geopolitischen Szenarien zu verkleinern, die sich zu einem solchen Krieg auswachsen könnten.* Längere Entscheidungsprotokolle in den Kontrollzentren würden außerdem helfen, indem sie das Risiko für ein Abfeuern aufgrund von Fehlalarmen oder Cyberangriffen einschränken.

Ein positiver Aspekt bei alledem: Die Gesamtzahl an Kernwaffen auf der Welt hat sich von 68 000 Ende der 1980er-Jahre auf aktuell noch 14 000 verringert. Ein weniger positiver: Im Januar 2020 rückte das *Bulletin of the Atomic Scientists*, das seit 1947 das Risiko für ein nukleares Armageddon anhand seiner Doomsday Clock veranschaulicht, die Zeiger dieser Uhr auf ein Rekordtief von 100 Sekunden vor zwölf – mit der Begründung, das Risiko für einen nuklearen Unfall sei höher denn je.

Große Vulkane

»Supervulkan-Eruptionen« in prähistorischer Zeit waren, wie man heute annimmt, groß genug, um Milliarden Tonnen Staub in die Luft zu wirbeln und ganz ohne den Schlamassel eines Atomkriegs etwas dem Phänomen des nuklearen Winters sehr Ähnliches zu bewirken.

Die Forschung geht davon aus, dass eine Supervulkan-Eruption im Allgemeinen so ungefähr alle 17 000 Jahre passiert. Die letzte, von der wir wissen, geschah vor 26 500 Jahren. Die nächste ist demnach nicht nur fällig, sondern war es die gesamte Menschheitsgeschichte hindurch.

---

* Was »vertikale Proliferation« ist, fragen Sie? Damit hat man es zu tun, wenn Staaten, die bereits im Besitz von Atomwaffen sind, ihre Bestände aufstocken.

Große Gehirne

Im Jahr 2003 wartete der schwedische Philosoph Nick Bostrom mit einem Gedankenexperiment auf, das die potentiellen Gefahren künstlicher Intelligenz verdeutlichen sollte. Stellen Sie sich ein AI-System vor, dem aufgetragen wurde, so viele Büroklammern wie irgend möglich herzustellen. Es würde rasch realisieren, dass eine Menge Gegenstände (Autos zum Beispiel oder medizinische Ausrüstungsgegenstände) Materialien enthalten, die sich zu Büroklammern verarbeiten lassen. Es könnte sogar in Bezug auf die Menschheit selbst zu fatalen Schlussfolgerungen gelangen – vielleicht entscheiden, dass die Menschheit eine Gefahr für die Büroklammerproduktion ist, weil jemand auf die Idee kommen könnte, das System abzustellen. In letzterem Falle könnte es einfach beschließen, dass die beste Möglichkeit, die Büroklammerproduktion bis zum Äußersten zu maximieren, darin besteht, ähm, die Menschheit auszulöschen.

Das Anliegen des Paperclip-Maximizer-Experiments, wie man dieses Szenario genannt hat, bestand nicht darin zu zeigen, dass künstliche Intelligenz per se gefährlich ist. Es soll vielmehr unterstreichen, wie wichtig es ist, diese beim Programmieren mit Grenzen und Einschränkungen zu versehen und so etwas wie eine Ethik darin zu verankern: Denn wenn man das nicht tut, besteht das Risiko, dass sogar ein scheinbar wohlmeinendes Ziel unvorstellbare Destruktivität zur Folge hat.

Seit 2003 ist die KI ein Riesenstück weitergekommen. Aber alles von den Auto-Trading-Programmen im Wertpapierhandel der Börsen bis zu den Algorithmen, mit deren Hilfe Werbung betrieben oder bestimmte Inhalte auf Social-Media-Plattformen begünstigt werden (oh, noch mehr Rassismus, was für eine Überraschung), zeigt, dass Bostroms Warnungen ganz und gar nicht beherzigt werden.

Oh, und autonome Waffensysteme, die bei minimalem menschlichem Eingreifen ihre Ziele wählen und beschießen, sind in der

Mache, und alles, was einem Wettrüsten gleichkäme, würde höchstwahrscheinlich bedeuten, dass deren Entwickler Geschwindigkeit den Vorzug geben vor irgendwelchen Erwägungen betreffs moralischer Codices. Ein Überschuss an Büroklammern ist vielleicht unsere geringste Sorge.

Große Sonne

In ungefähr 1 Milliarde Jahren wird die zunehmende Strahlkraft der Sonne die Erde so erhitzen, dass die Meere verdunsten und sie zu einem Treibhaus-Planeten wie die Venus wird. In nur 3 Milliarden Jahren, so haben einige Wissenschaftler errechnet, könnte der entfesselte Treibhauseffekt die Temperaturen auf 900 Grad klettern und die Erdoberfläche schmelzen lassen.

Und in etwa 5 Milliarden Jahren wird der Sonne der Wasserstoff ausgehen, und sie wird zu einem Roten Riesen werden: Die Kernfusion in ihrem Kern kommt zum Erliegen, ihre äußeren Schichten werden sich ausdehnen, bis sie alle inneren Planeten, darunter auch die Erde, verschlungen hat.

Und all das ist im Unterschied zu den ganzen anderen Dingen auf dieser Liste kein Risiko, dass sich in irgendeiner Form mindern ließe. Das wird definitiv passieren.

Trösten Sie sich also mit den zeitlichen Dimensionen. Eine Milliarde Jahre, das sind über den Daumen 10 Millionen großzügig bemessene Menschenleben. Hinzu kommt, dass die Erde zwar mehr als 4 Milliarden Jahre alt sein mag, aber die gesamte Geschichte höherer Lebensformen dauerte nur 500 Millionen Jahre. Noch lange kein Grund zur Panik also.

Das ist, wie Sie erfreut zur Kenntnis nehmen werden, keine vollständige Liste. Aus Platzgründen und von dem Wunsch beseelt, dass sowohl Sie als auch mein liebenswertes Selbst diesen Abschnitt überstehen, ohne unseren Lebenswillen ganz und gar einzubüßen, habe ich ein paar Sachen ausgelassen. Biologische Kriegsführung, die dank der Segnungen moderner Naturwissenschaft das Potential hat, Pathogene zu kreieren, die *sowohl* hochletal *als auch* hochansteckend sind (die Natur neigt dankenswerterweise dazu, sich meist mit nur einer dieser beiden Qualitäten zu einer gegebenen Zeit zu begnügen), der unerklärliche Zusammenbruch der Insektenpopulationen, der einen Dominoeffekt haben wird auf die Bestäubung von Nutzpflanzen und die Fähigkeit von Tieren weiter oben in der Nahrungskette, satt zu werden und zu überleben, ein ökologischer Zusammenbruch, der die Lebensbedingungen dramatisch verändert und in der Vergangenheit schon so manche Zivilisation ausgelöscht hat – beispielsweise die der Osterinsel.

Und dann ist da natürlich noch das ganz große Thema.

Einiges von dem, was uns aufgrund des vom Menschen verursachten Klimawandels erwartet

Im Jahr 2018 warnte der Weltklimarat (das Intergovernmental Panel on Climate Change der Vereinten Nationen, kurz IPCC), dass die globale Erwärmung auf dem Weg ist – bis 2052 ganz sicher, womöglich aber bereits 2030 –, auf 1,5 Grad über vorindustrielle Werte zu steigen. Das heißt, dass die Welt schon binnen eines Jahrzehnts eine Latte reißen könnte, die sie sich im Pariser Klimaschutzabkommen von 2015, das von allen souveränen Staaten der Erde unterzeichnet wurde, selbst gelegt hatte.

Im Folgenden ein paar der Dinge, zu denen es dann kommen wird.

1. Die Auswirkungen werden von Region zu Region höchst unterschiedlich ausfallen. In den mittleren Breiten, den am schwersten betroffenen Regionen – Mittel- und östliches Nordamerika, Mittel- und Südeuropa, dem Mittelmeerraum, Zentral- und Westasien sowie Südafrika –, werden die Temperaturen um mehr als das Doppelte des globalen Durchschnitts steigen.
2. Das bedeutet, wie Freunde der Mathematik sofort erkennen werden, dass andere Teile des Planeten einen Temperaturanstieg zu verzeichnen haben werden, der *unter* dem Durchschnittswert liegt. Ein Teil des Planeten, der diese vergleichsweise gemäßigten Effekte erleben wird, ist Nordwesteuropa. Das ist verflixt ungerecht, denn, wie Sie sich vielleicht erinnern, ist das der Ort, wo die industrielle Revolution, die uns dazu gebracht hat, in rauen Mengen Kohlendioxid in die Atmosphäre zu pusten, und die uns diesen Schlamassel überhaupt erst eingebrockt hat, angefangen hat. Es ist auch die Gegend, deren Bewohner die längste Zeit zur Verfügung hatten, sich der Segnungen der Zivilisation zu erfreuen.
3. Die relativ gesehen größte Erwärmung wird sich in den höheren Breiten – das heißt, in der Nähe der Pole – ergeben, wo die Temperaturen in den kältesten Nächten um mehr als das Vierfache des globalen Durchschnitts ansteigen. Das ist misslich, denn wie Sie vielleicht noch wissen, gibt es in diesen Gegenden eine ganze Menge Schnee und Eis, und beides wird schmelzen.
4. Noch vor Mitte des Jahrhunderts wird das Nordpolarmeer in jedem Sommer eisfrei sein. Der Nordpol wird im offenen Meer liegen.
5. Die Abnahme der Schneedecke wird es mit sich bringen, dass ein geringerer Teil der Sonnenwärme zurück ins All reflektiert und mehr, momentan noch im Permafrost gebundenes Methan freigesetzt wird. Beides wird den Erwärmungsprozess zusätzlich verstärken.

6. Unterdessen wird das schmelzende Eis bis Ende des Jahrhunderts weltweit den Meeresspiegel um mindestens 30 Zentimeter, möglicherweise aber um 2,70 Meter ansteigen lassen.
7. Einige tiefliegende Inselstaaten – die Seychellen, die Marshallinseln – würden bereits durch den geringsten Anstieg des Meeresspiegels so gut wie von der Landkarte getilgt. Auf den Malediven liegen 80 Prozent der Landfläche weniger als einen Meter über dem Meeresspiegel. Ganze Länder könnten buchstäblich verschwinden.
8. In Bangladesch und im indischen Bundesstaat Westbengalen leben über 125 Millionen Menschen im tiefgelegenen Ganges-Delta. Eine Erhöhung des Meeresspiegels um nur 30 bis 45 Zentimeter würde mehr als 35 Millionen von ihnen heimatlos machen. Bis 2100 wird Hochrechnungen zufolge der Anstieg mehr als einen Meter betragen und damit ein Sechstel der Landesfläche von Bangladesch verschlingen. Weitere 12 Millionen Menschen werden in Vietnam ihre Heimat verlieren.
9. Wie schlimm die Auswirkungen sich im Einzelnen zeigen werden, hängt davon ab, um wie viel Grad die Temperaturen steigen. Laut dem IPCC läuft der Unterschied zwischen einem Anstieg um 1,5 Grad Celsius und um 2 Grad Celsius wahrscheinlich auf einen Anstieg des Meeresspiegels um zehn Zentimeter hinaus. Das mag nicht nach viel klingen, aber es würde weitere 10 Millionen Menschen dem Risiko steigender Meeresspiegel aussetzen.
10. Ebenso würden in einer Welt, die um 1,5 Grad Celsius wärmer geworden ist, 14 Prozent der Weltbevölkerung es alle fünf Jahre mit einer entsetzlichen Hitzewelle zu tun bekommen. Bei 2 Grad Celsius wären es mehr als doppelt so viele: 37 Prozent.
11. Bei 2 Grad Celsius würde die extreme Hitzewelle, die den indischen Subkontinent 2015 heimgesucht hat, bei der die Tempe-

raturen bis auf 48 Grad Celsius stiegen und 3600 Menschen ihr Leben verloren, zu einem jährlichen Ereignis.
12. Das Meerwasser wird saurer werden, wodurch Korallenriffe und all die Arten, für die sie Lebensraum sind, ab- und aussterben werden.
13. Die Wälder werden schrumpfen, womit immer weniger Bäume zur Verfügung stehen werden, die Kohlendioxid aus der Luft binden.
14. Es werden mehr Menschen an durch Krankheitsüberträger verbreiteten Krankheitserregern – solchen, die wie Malaria und Denguefieber von Parasiten wie Moskitos übertragen werden – sterben.
15. Für Tier- und Pflanzenpopulationen wird sich der jeweilige Lebensraum drastisch verkleinern. Das wiederum könnte zum Zusammenbruch ganzer Populationen oder sogar zu deren Aussterben führen, was seinerseits andere Populationen weiter oben in der Nahrungskette kollabieren lassen könnte. Die menschliche Landwirtschaft käme ganz sicher nicht ungeschoren davon.
16. All das wird Nutzpflanzenerträge verringern und Nahrungsmittel weniger nährstoffreich machen. In der Folge werden, wie die Weltgesundheitsorganisation WHO (World Health Organisation) schätzt, mehr als fünfmal so viele Menschen an Unterernährung sterben wie an allen anderen klimabezogenen Faktoren. Ein Viertel davon ist in Indien zu erwarten.
17. Wirbelstürme werden an Heftigkeit zunehmen. Gletscher werden schmelzen. Dürren, Hungersnöte und Extremwetterereignisse werden häufiger werden.
18. Die Folge von alledem wird sein, wie die Weltbank 2018 geschätzt hat, dass aus drei Regionen (Lateinamerika, Subsahara-Afrika und Südostasien) bis 2050 etwa 143 Millionen weitere Klimamigranten zu erwarten sind. Das sind schätzungsweise so

viele Menschen wie die Bevölkerung von ganz Russland – alle auf der Suche nach einem neuen Zuhause.
19. Selbst wenn wir auf der Stelle sämtliche Kohlenstoffemissionen einstellten, würden viele dieser Auswirkungen bis ins nächste Jahrhundert hinein spürbar bleiben, weil wir bereits so viel Kohlendioxid in die Atmosphäre freigesetzt haben.
20. Die gute Nachricht ist, dass wir laut IPCC alle Technologien haben – die unterirdische Speicherung von Kohlendioxid, erneuerbare Energien, das Anpflanzen von Milliarden neuer Bäume –, die wir brauchen, um einen großen Teil von alledem zu stoppen. Die Erde wird das 1,5-Grad-Ziel mit an Sicherheit grenzender Wahrscheinlichkeit nicht erreichen, aber wir können es vermutlich schaffen, den Anstieg unter 2 Grad Celsius zu halten.
21. Die schlechte Nachricht ist, dass wir uns gegenwärtig nicht darum bemühen.

Vorstellungen vom Leben im Jenseits

In seiner *Historia ecclesiastica gentis Anglorum* (Kirchengeschichte des englischen Volkes) erzählt der Verfasser, ein Mönch namens Beda Venerabilis (Beda, der Ehrwürdige) eine Anekdote über König Edwin von Northumbria aus dem 7. Jahrhundert.

Wie seinerzeit gang und gäbe, rang Edwin mit sich, ob er zum Christentum übertreten solle oder nicht. Einer seiner Berater hatte ein Gleichnis parat: Man stelle sich einen Spatzen in winterlicher Dunkelheit vor, der durch ein Fenster in Edwins Saal hereingeflogen kommt und diesen durch ein anderes wieder verlässt. Für einen winzigen Augenblick erfährt er Licht und Wärme, bevor er wieder in die Kälte der Nacht entschwindet. Wenn diese neumodische Religion auch nur einen noch so kurzen Lichtstrahl in die geheimnisvolle Dunkelheit, die jenseits dieses Reichs der Sterblichen liegt, zu senden vermag, so das Argument, ist sie einen Versuch wert.

King Edward, klar auf Seiten des Spatzen, konvertierte.

Es war dies die Jahrhunderte hindurch eines der Hauptziele von Religion: eine tröstliche Darstellung davon zu vermitteln, was dem Spatz widerfährt, sobald er den Saal verlassen hat. Im Folgenden ein paar davon.

1. Enttäuschenderweise glaubten die Wikinger und andere vorchristliche germanische Gesellschaften, die zu Zeiten König Edwins in Nordeuropa das Sagen hatten, wohl nicht daran, dass gefallene Krieger ihr jenseitiges Leben bis zum Herannahen der Apokalypse namens Ragnarök beim Feiern mit Chef-Gott Odin in Walhall verbrachten. (»Es ist unwahrscheinlich, dass dieser Glaube weit verbreitet war«, schreibt die *Encyclopedia Britannica*, was diese ganzen Motivationssprüche vor der Schlacht zu einer recht deprimierenden Angelegenheit gemacht haben muss.)

   Andere hingegen rechneten womöglich damit, in einer eigenen Abteilung des Götterreichs zu enden, in ihrem ehemaligen Zuhause zu spuken oder gar (sagt wenigstens die *Ancient History Encyclopedia* – »Enzyklopädie für Frühgeschichte«) in irgendeiner Form »im Grab weiterzuexistieren«. Was, wie Sie feststellen werden, eine Möglichkeit ist, die Hollywood noch nicht ausgeschöpft hat.

2. Die christliche Vorstellung von einem Leben nach dem Tod enthält einen bemerkenswert unterbewerteten Widerspruch. Beim einen Packen der entsprechenden Theorien landen die Toten an einem Ort, wo sie entweder zur Strafe für ihre Sünden im ewi-

gen Feuer schmoren oder aber in ewiger Freude leben und auf ihre Lieben herablächeln können. [Nichtzutreffendes bitte streichen je nach Geschmack und moralischer Haltung.] Der andere Packen verweist auf die Bibelstellen zur Auferstehung der Toten am Jüngsten Tag, was mehr oder weniger deutlich darauf hinausläuft, dass die Verstorbenen bis dahin im Prinzip wartend herumhängen und im Großen und Ganzen tot sind.

Ab dem 3. Jahrhundert machten sich christliche Denker – die mittlerweile die Nase voll hatten von dämlichen Fragen wie: »Wenn ich von einem Löwen gefressen werde, was von mir wird dann am Jüngsten Tag genau auferweckt?« – eine Vorstellung zu eigen, die sie sich von den Griechen geborgt hatten: die Idee des Dualismus von *sterblichem* Leib (der am Jüngsten Tag auferstehen wird) und *unsterblicher* Seele (die unterdessen im Himmel oder in der Hölle weiterexistieren kann). Das trug zugegebenermaßen wenig dazu bei, die Löwenfrage zu beantworten, aber immerhin löste es den oben erwähnten Widerspruch.

3. Das Fegefeuer (Purgatorium) – die Vorstellung, dass es ein Zwischenreich gibt, das weder Himmel noch Hölle ist, wo die nur ein bisschen Bösen in Vorbereitung auf den Jüngsten Tag gereinigt werden – kam im Mittelalter auf, zum Teil sicher in Anerkennung dessen, dass die meisten Menschen weder unwirklich engelsgut noch hoffnungslos böse sind. Im Laufe der Reformation des 16. Jahrhunderts verwarfen die Protestanten, eindeutig echte Partylöwen, diese Vorstellung wieder.

4. Wo wir gerade bei den alten Griechen waren: Ihre Vorstellung von einem Leben nach dem Tod ist insofern ungewöhnlich, als sie eine Art von öffentlichem Nahverkehr implizierte. Um vom irdischen Reich in die Unterwelt, das Reich des Hades, zu gelangen, musste man über den morastigen Fluss Styx übersetzen. Um das zu tun, mussten die Toten den Fährmann Charon

bezahlen, daher legte man Leichen Münzen in den Mund. Wer nicht bezahlen konnte, blieb im Reich der Sterblichen als Geist gefangen.

Tatsächlich gab es in der Unterwelt nicht weniger als *fünf* Flüsse, von denen jeder ein anderes Gefühl repräsentiert, das mit dem Tod in Zusammenhang steht. Außer dem Styx (Hass), gab es noch Lethe (Vergessen; trinkt man daraus, vergisst man sein Schicksal), Phlegethon (der Flammende; er loderte hell), Kokytos (der Wehklagende; man klagt, wenn man daraus trinkt) und Acheron (Schmerz, Kummer; in manchen Versionen des Mythos ersetzt er Styx als Haupteingang zum Totenreich).

Verwirrenderweise existieren einige davon wirklich: Der Acheron beispielsweise fließt durch die Region Epirus in Nordwestgriechenland, windet sich durch eine Menge Schluchten, verläuft teils unterirdisch und bietet auch sonst eine Menge Unterweltliches.*

Haben sie den Styx überquert, treffen die Toten auf einen Hund mit drei Köpfen und jeder Menge Schlangen am Körper (er heißt Kerberos und ist da, um sie daran zu hindern, wieder umzukehren), bevor sie gerichtet werden. Die besonders Erhabenen wurden auf die Insel der Seligen, das Elysion, entrückt, wo sie auf den gleichnamigen Elysischen Gefilden herumlungerten; die besonders Bösen landeten im Tartaros, wo es richtig, richtig finster war und der von der Erde so weit entfernt ist wie diese vom Himmel.

Alle anderen enden im Asphodeliengrund, der, wie man zwischen den Zeilen herauslesen kann, ein bisschen überfüllt ist. Das sind so ziemlich alle Optionen, die Sie haben, es sei denn,

---

* Fans von Jasper Fforde erkennen die Worte »Acheron Hades« vielleicht als Namen des Böswichts in dessen Romanreihe *Thursday Next*.

Sie befinden sich in Vergils *Aeneis*, in der diejenigen, die ihr Leben an eine unerwiderte Liebe verschwendet haben, noch eine andere Zuflucht für sich allein haben, die Trauergefilde.*

5. Dann waren da noch die Pythagoräer, eine philosophische Schule, die in den griechischen Städten Süditaliens ab dem 6. Jahrhundert v. u. Z. bestand. Im Großen und Ganzen verbrachten die Angehörigen dieser Schule ihre Zeit mit Astronomie, Geometrie und so weiter. Aber sie hatten darüber hinaus eine eigene Vorstellung vom Leben nach dem Tod, beeinflusst offenbar vom religiösen Weltbild der Orphiker (benannt nach Orpheus, jenem sagenumwobenen Sänger, der sich in die Unterwelt wagte, um seine Gattin Eurydike zurückzuholen, was ihm leider misslang), denen zufolge die menschliche Seele von den Sternen zur Erde herabgefallen kommt und im menschlichen Körper gefangen ist, bis der Mensch sich von den Fesseln des Fleisches befreit hat und sie aus den Gefangenschaft entlassen wird.

   Das schlägt klar die Vorstellung, für alle Ewigkeit in irgendwelchen unterirdischen Gefilden herumhängen zu müssen. Aber es wirft auch die Frage auf, ob womöglich irgendwelche modernen Wissenschaftler einen religiösen Kult auf der Musik von, sagen wir, Elvis, begründet haben, der bislang unbemerkt geblieben ist.

6. Die Orphiker glaubten zudem an eine Form der Reinkarnation – die Vorstellung, dass Menschen eine unsterbliche Seele haben, die nach ihrem Tod in irgendeiner anderen Kreatur weiterlebt. Heutzutage assoziieren wir die Seelenwanderung im Allgemeinen mit den großen Religionen des indischen Subkontinents (Hinduismus, Buddhismus und anderen).

---

* Gute Nachricht für alle, die an unerwiderter Liebe leiden: Das zählt womöglich nicht, weil Vergil kein Grieche, sondern ein Römer war.

Aber die Vorstellung, dass Sie nach Ihrem Tod einen weiteren Versuch haben, ist derart unwiderstehlich, dass einige Spielarten der beiden großen Religionen Wege gefunden haben, diese auch in ihre Lehren einzubauen. Die Katharer, eine Strömung des Christentums, die ihre Blütezeit im Hochmittelalter in Norditalien und Südfrankreich hatte, bis sie von der katholischen Kirche zerschlagen wurde, glaubten, dass die Seelen der Menschen gefallene Engel seien, verdammt dazu, bis zu ihrer Erlösung in einem Reinkarnationszyklus auf Erden zu verbleiben. In der heutigen Zeit sind es die Aleviten, Angehörige einer Glaubensrichtung des schiitischen Islam, die etwas Ähnliches glauben. Auch bei den Drusen, einer weiteren islamischen Glaubensrichtung hauptsächlich in der Levante, ist die Seelenwanderung Teil der Lehre, allerdings findet sie hier nur von einem Drusen zum nächsten statt, bis die Seele schließlich mit dem Schöpfergott wiedervereint wird. Die Tatsache, dass die meisten der Religionen, in denen die Reinkarnation eine Rolle spielt, diese eher als Strafe denn als Trost betrachten, lässt vielleicht ein wenig ahnen, wie schrecklich das Leben der meisten Menschen die Geschichte hindurch gewesen sein muss.

7. Die islamische Vorstellung von einem Leben nach dem Tod ist – in Anbetracht der gemeinsamen Wurzeln vielleicht wenig überraschend – nicht allzu weit entfernt von der christlichen. Es gibt einen Tag des Gerichts (yaum ad-dīn), an dem die Toten auferweckt und ihre Taten im Leben aufgerechnet werden.

Danach werden die Rechtschaffenen ins Paradies geleitet – Dschanna, ein Garten mit fließenden Bächen, Schatten und all den anderen Dingen, von denen Sie vermutlich träumen würden, wenn Sie unter der sengenden Hitze der arabischen Wüste ächzten. Die Sündigen hingegen werden aneinandergekettet, mit Pech übergossen und in die islamische Hölle – Dschahannam – verstoßen, wo sie im ewigen Feuer brennen, gequält von körperlichen Verlangen, die sie nicht mehr stillen können, weil sie keinen Leib mehr haben.

Letzteres klingt ehrlich gesagt so furchterregend, dass es einen wenig wundert, wenn Muslime Gebet, Glauben und dem Dienst am Nächsten einen so hohen Stellenwert im Leben einräumen, um dem zu entgehen.

8. Die Vorstellungen der Azteken über das, was mit den Toten geschieht, nehmen sich für den modernen westlichen Blick besonders esoterisch aus. Die meisten Menschen kamen nach Mictlan, einer Art Unterwelt unterhalb der nördlichen Wüsten, wo sie vier Jahre auf Reisen blieben, bis sie schließlich ganz verschwanden. Womit man sich dann schon fragt, worin der Sinn eines Lebens nach dem Tod dann überhaupt besteht.

Frauen, die bei der Geburt ihres ersten Kindes starben (Cihuateteo oder Kriegergöttin der Geburt), kamen direkt zum Gefolge der Sonne, wo sie diese vom Aufgang bis zum Untergang begleiteten. Gleiches galt für Krieger, die auf dem Schlachtfeld gefallen, Menschen, die den Göttern geopfert worden, und Kaufleute, die in der Ferne verstorben waren (sie alle zusammen wurden Quauhteca – Volk des Adlers – genannt).

Bei der Recherche zu diesem Buch bin ich auf keine andere Kultur gestoßen, die Kriegern denselben Status zuerkennt wie Handlungsreisenden.

9. Viele der indigenen nordamerikanischen Völker im heutigen Südosten der Vereinigten Staaten glaubten, dass die Seelen der kürzlich Verstorbenen noch eine Weile zugegen blieben, um Freunde und Verwandte dazu zu bringen, ihnen zu folgen: Es bedurfte aufwendiger Bestattungsriten, um sie loszuwerden und zu überreden, in den Himmel / den Sonnenuntergang / die Unterwelt weiterzureisen.

Selbst dann aber ruhte eine Seele, wenn der Tod durch Menschenhand verursacht war, erst dann, wenn ihre Verwandten sie gerächt hatten. Der Tod kann so selbstsüchtig sein.

10. Die altägyptische Mode des Mumifizierens, die etwa 2000 Jahre von den ersten Anfängen dieser Zivilisation bis ins frühe 1. Jahrtausend v. u. Z. existierte, spiegelt eine Sicht, der zufolge Sie, was immer das nächste Leben auch bringen mag, einen intakten Körper brauchen, um es zu genießen. Vom Standpunkt des antiken Durchschnittsägypters war das ein bisschen gemein, denn einen geliebten Menschen mumifizieren zu lassen, kostete so verdammt viel, dass die meisten es sich nicht leisten konnten.

    Sie glauben, Sie leben in einer Art Klassengesellschaft? Versuchen Sie es mal mit einer, in der nur den Reichen ein Leben nach dem Tod vergönnt ist.

11. Oder warten Sie noch ein paar Jahrzehnte, bis Silicon Valley das mit der Kryotechnik richtig draufhat, bis man herausfindet, wie sich das Altern verhindern lässt, oder man einfach ganze Gehirne in Riesencomputer kopiert und hofft, dass keiner den Stecker zieht, und wir sind wieder am Start.

Was für heitere Aussichten als Abschluss.

Vielleicht doch besser noch eine letzte Liste, denke ich.

Letzte Worte
quer durch die Jahrhunderte*

ARCHIMEDES, ca. 212 v. u. Z. – «Störe meine Kreise nicht!«

Der griechische Mathematiker redete mit einem Soldaten, der ihn während der Eroberung von Syrakus durch die Römer bei der Arbeit störte. Der Soldat reagierte darauf, indem er ihn erschlug.

AUGUSTUS, 14 u. Z. – »Hat das Ganze euch gefallen, nun, so klatschet unserem Spiel.«

Der erste römische Kaiser. Sein anderer vielzitierter Ausspruch – »ich hinterlasse eine Stadt mit Marmor, während ich eine Stadt von Backsteinen vorgefunden habe« oder Ähnliches – waren die letzten Worte, die er in der Öffentlichkeit sprach.

JESUS, 30 u. Z. – »Es ist vollbracht.«

Nicht ganz so tiefschürfend, wie es klingt – die Worte, wiedergegeben im Evangelium nach Johannes, beziehen sich auf ein Getränk, nicht auf seinen Todeskampf. Außerdem verdient es eine Debatte, ob diese wirklich als letzte Worte zählen. Was ist dann mit dem ganzen Auferstehungsding, aber dazu ein andermal.

NOSTRADAMUS, 1566 – »Morgen werde ich nicht länger hier sein.«

Französischer Weissager, der mit einer Prophezeiung einmal richtiglag.

---

* Seien wir ehrlich: Zumindest einige darunter, vor allem die älteren, sind ein wenig rätselhaft, womöglich reine Erfindung. Aber für alle gibt es Zuschreibungen in literarischen und anderen Quellen.

Lope de Vega, 1635 – »Nun gut, so sag ich es also. Dante macht mich krank.«
Spanischer Dichter. Gedacht haben wir es alle schon.

Dominique Bouhours, 1702 – »Ich bin im Begriff zu – oder ich werde – sterben. Beide Wendungen sind richtig.«
Französischer Grammatiker – und das bis zum Ende.

Adam Smith, 1790 – »Ich glaube, wir verlagern dies Treffen an einen anderen Ort.«
Der Vater des Kapitalismus zeigte, dass Ökonomen doch poetisch sein können.

Marie Antoinette, 1793 – »Verzeiht mir, Sire, ich tat es nicht mit Vorsatz.«
Die Königin von Frankreich, nachdem sie ihrem Henker auf den Fuß getreten war.

Jane Austen, 1817 – »Nichts als den Tod.«
Auf die Frage ihrer Schwester Cassandra, ob sie noch etwas wünsche. Überraschend knapp für Jane Austen.

John Philpot Curran, 1817 – »Das überrascht mich, ich habe doch die ganze Nacht geübt.«
Der Arzt des irischen Politikers hatte diesem soeben mitgeteilt, dass er »mühsamer« huste. Das war seine Antwort.

Sam Patch, 1829 – »Napoleon war ein großer Mann und ein großer General. Er besiegte Heere, und er besiegte Nationen. Aber er vermochte nicht die Wasserfälle des Genesee hinabzuspringen. Wellington war ein großer Mann und ein großer General. Er besiegte

Heere, und er besiegte Nationen. Aber er vermochte nicht die Wasserfälle des Genesee hinabzuspringen. Das war mir vorbehalten, und ich kann und werde es tun!«

Amerikanischer Draufgänger, der im Anschluss in den Tod sprang. Patch hatte ähnliche Stunts in der Vergangenheit derart erfolgreich absolviert, dass kurz das Gerücht die Runde machte, sein »Tod« sei selbst ein Stunt und er verberge sich und genieße den Trubel. Aber im darauffolgenden Frühjahr fand man seine Leiche im Eis, und damit war die Theorie vom Tisch.

JOHN SEDGWICK, 1864 – »Auf diese Entfernung träfen sie nicht mal einen Elefanten!«

Nordstaaten-General im Sezessionskrieg, kurz bevor er herausfand, dass er falschlag. Dieses Timing war comedytechnisch derart vollkommen, dass der Spruch es in mindestens eine Sitcom geschafft hat.

AUBREY BEARDSLEY, 1898 – »Ich flehe Sie an – verbrennen Sie all die anstößigen Gedichte und Zeichnungen.«

Wer von uns hat nicht zu irgendeinem Zeitpunkt dasselbe gedacht wie der englische Illustrator?

KAISERINWITWE CIXI, 1908 – »Geben Sie Acht, dass Sie keinen Eunuchen erlauben, sich in Regierungsangelegenheiten einzumischen.«

Die De-facto-Herrscherin Chinas während der Qing-Dynastie mit einem guten Rat an jeden von uns.

RICHARD A. LOEB, 1936 – »Ich glaube, ich schaffe es!«

Amerikanischer Mörder, nachdem man im Gefängnis 56-mal mit einem Messer auf ihn eingestochen hatte. Tat er nicht.

James Joyce, 1941 – »Versteht denn keiner?«
Irischer Romancier in unfreiwilliger Vorwegnahme der nächsten paar Jahrzehnte von Reaktionen auf sein Spätwerk.

Josef Stalin, 1953 – »Ich traue nicht einmal mir selbst.«
Ein seltener Moment der Einsicht bei dem sowjetischen Diktator.

Nancy Astor, 1964 – »Liege ich im Sterben, oder habe ich Geburtstag?«
Die in Amerika geborene Viscountess war soeben erwacht und sah die gesamte Familie um sich versammelt.

Harold Holt, 1967 – »Ich kenne diesen Strand wie meinen Handrücken.«
Der australische Premierminister, kurz bevor er schwimmen ging und nie wieder gesehen wurde.

Christine Chubbuck, 1974 – »Im Einklang mit der Politik von Channel 40, der stets bemüht ist, Ihnen live und in Farbe das Neueste aus der Sparte Blut und Innereien zu zeigen, werden Sie nun ein weiteres erstes Mal erleben – einen versuchten Selbstmord.«
Die amerikanische Fernsehmoderatorin, die sich gleich darauf in den Kopf schoss. Sie war die erste Person, die live im Fernsehen Selbstmord verübte.

Thomas J. Grasso, 1995 – »Ich habe keine SpaghettiOs [ringförmige Nudelstücke in Tomatensauce aus der Dose] bekommen. Ich bekam Spaghetti. Ich möchte, dass die Presse das weiß.«
Ein Doppelmörder, der sich vor seiner Hinrichtung durch den Staat Oklahoma auf das wirklich Wichtige konzentrierte.

Anmerkungen zu den Quellen

Verschiedene Quellen waren für dieses Buch von unschätzbarem Wert, dazu gehören die *Encyclopaedia Britannica*, Oxford Reference und Wikipedia. Letztere enthält eine schwindelerregende Menge an seltsamen, faszinierenden und ordentlich belegten Auflistungen, die sich als exzellenter Ausgangspunkt für weitere Recherchen erwiesen haben. Ich habe versucht, den Referenzen zu folgen und alle Fakten gegenzuchecken. Wenn sich trotzdem noch Fehler eingeschlichen haben, so sind es meine.

Von diesen dreien abgesehen sind noch einige Quellen einer Extraerwähnung wert.

Einleitung

Die geographischen Kuriositäten stammen großenteils aus Amusing Planet oder City Monitor, der Internetseite des *New Statesman*, die ich sechs Jahre lang betreut habe; damals hieß sie noch CityMetric. Die Geschichte um das Hala'ib-Dreieck stammt aus der Feder des vortrefflichen Ned Donovan und ist seinem nicht minder vortrefflichen Newsletter entnommen. Die historischen Beiträge beziehen ihre Informationen unter anderem von RoyalCentral.co.uk.

Der Kosmos und alles, was es darin gibt

LegendsOfAmerica.com, die *Ancient History Encyclopedia* und The Big Myth waren hilfreich bei der Spurensuche nach Schöpfungsmythen und Sonnengöttern. Für die verschiedenen Beiträge zum Thema habe ich viel auf Space.com herumgelesen, einer tollen Website, auf der man sich tagelang verlieren kann, sowie Informationen von der NASA, dem *New Scientist*, ScienceNews.org, Astronomy.

com, Live Science, Universe Today, The Planets Today, der Internetseite des Hubble-Weltraumteleskops und, etwas überraschend vielleicht, Forbes, zusammengetragen. Der Abschnitt über das Reisen mit Überlichtgeschwindigkeit verdankt sich, fürchte ich, etlichen Jahrzehnten der faszinierten Lektüre entsprechender Nerd-Texte.

Der Planet des Menschen und die Linien, die wir darauf ziehen

Die historischen Einwohnerzahlen stammen großenteils aus den Arbeiten des Stanford-Historikers Ian Morris, ein paar aus jüngerer Zeit von MacroTrends.net. Die geographischen Fakten sind verschiedenen Enzyklopädien und dem *CIA World Fact Book* entnommen, das, auch wenn es sich erstaunlich anfühlt, dass ein Geheimdienst so etwas produziert und veröffentlicht, eine hervorragende Online-Ressource ist. Der Abschnitt über Demographie vereint Informationen der Vereinten Nationen, des National Center for Biotechnology Information und der Hoover Institution. Die Anekdoten zu den amerikanischen Bezirksnamen habe ich zum großen Teil von kommunalen oder touristischen Webseiten.

Vermessungsfragen

Die Informationen zu den SI-Einheiten stammen teilweise von den Internetseiten des International Bureau of Weights and Measures (deutsch: Internationales Büro für Maß und Gewicht) und des National Institute of Standards and Technology (kurz NIST, deutsch: Nationales Institut für Standards und Technologie).

Der Abschnitt über die verschiedenen Probleme, die sich durch Umrechnungsfehler zwischen metrischem und angloamerikanischem Maßsystem ergeben haben, stützt sich auf einen Artikel von

Matt Novak für Gizmodo aus dem Jahr 2019: »Five Massive Screwups That Wouldn't Have Happened If We All Just Used the Metric System«. Der zitierte *Time*-Artikel von 2014 trägt den Titel »Why Won't America Go Metric?« und stammt von John Bemelmans Marciano.

Der Beitrag über die Standardkalender der Welt stützt sich großenteils auf »Zero«, einen *Atlantic*-Artikel aus dem Jahr 1997 von Dick Teresi.

Geschichte und Politik

Für dieses Kapitel war History.com von unschätzbarem Wert, ebenso der YouTube-Kanal Kings & Generals.

Die Beiträge zu den besonders erinnerungswürdigen Daten und den dümmsten Kriegen der Weltgeschichte haben ihren Ursprung in Fragen meiner Follower auf Twitter. Über den Emu-Krieg, der womöglich meine absolute Lieblingsgeschichte von allen ist, bin ich erstmals in *Error Australis* gestolpert, einer ausgesprochen lesenswerten Geschichte Australiens, verfasst von Ben Pobjie, deren Erwerb ich jedem von Ihnen auf der Stelle ans Herz lege. Die Story über den Fußballkrieg hat Toby Luckhurst 2019 sehr elegant auf der Website von BBC News zum Besten gegeben.

Der Abschnitt über Unabhängigkeitstage hat sich auf der umfassenden internationalen Webseite für Feiertage officeholidays.com und verschiedenen Länderseiten bedient. Die nie von Europa kolonialisierten Länder sind einer Karte auf Vox.com entnommen.

Die vielen launigen Details über Pandemien, Kriege und andere Scheußlichkeiten fußen auf der Arbeit von Matthew White von Necrometrics.com, Autor von *The Great Big Book of Horrible Things*, und Steven Pinkers *Gewalt: Eine neue Geschichte der Menschheit* sowie Artikeln aus der *Ancient History Encyclopedia* und dem *Smith-*

sonian Magazine. Die Zahlen zur Weltbevölkerung quer durch die Historie kommen von Worldometer.info.

»Nine things you didn't know were invented by women«, 2017 online veröffentlicht von der BBC, war sehr hilfreich für den gleichnamigen Abschnitt, ebenso die United States National Society of Black Physicists, das United States Patent & Trademark Office und das *Smithsonian Magazine*. Die Geschichte der Frau, die ein Spiel erfand, das verdächtige Ähnlichkeit mit Monopoly hat, stammt von Mary Pilon und war 2015 in der *New York Times* zu lesen unter der Überschrift »Monopoly's Inventor: The Progressive Who Didn't Pass ›Go‹.«

Verschiedene Museums-Websites und LearnChineseHistory.com waren hilfreich für das Kapitel über chinesische Erfindungen, ebenso andere Veröffentlichungen, darunter auch *National Geographic*.

Die *Ancient History Encyclopedia* war ein toller Ausgangspunkt für die Kapitel über die sieben Weltwunder und vergangene Zivilisationen Afrikas. Mawuna Koutonin schrieb 2016 für den *Guardian* einen faszinierenden Aufsatz unter dem Titel »Benin City, the mighty medieval capital now lost without trace«.

Auf Wikipedia gibt es eine hübsche Grafik zu den höchsten Gebäuden im Laufe der Geschichte – wenn auch wie immer bei dieser fantastischen Website ein gewisses Maß an Faktenchecks nötig war. Die Tageszeitung *Telegraph* zeigt ebenfalls eine Bilderfolge dieser Gebäude.

Die Welt der Natur

Die geographischen Abschnitte fußen auf verschiedenen Enzyklopädien und der Arbeit von *The Atlas Obscura*.

Vieles von den Tierdaten stammt von den Seiten der IUCN und des WWF. Der Abschnitt über Chimären hat eine Menge Zeit auf den Internetseiten einer nervigen Anzahl an Großkatzenzüchtern gefordert. »Cat Experts: Ligers and Other Designer Hybrids Pointless and Unethical«, ein Artikel in *National Geographic* von Jani Actman aus dem Jahr 2017, sowie »Hold Your Zorses«, ein Artikel von 2015 auf *Slate* von Jason Bittel, sind der Lektüre wert, wenn Sie mehr darüber wissen und in Depressionen verfallen möchten.

Die Informationen über Erdbeben stützen sich auf die Arbeit des US Geological Survey, des British Geological Survey, der US National Centers for Environmental Information und des Western States Seismic Policy Council. Die Auflistung der tödlichsten Erdbeben stammt von »Our World in Data« und den US National Centers for Environmental Information.

Die Wortwahl im Zusammenhang mit der Beaufortskala ist im Wesentlichen standardisiert, ich habe meine zusammengefasst aus der *Encyclopaedia Britannica* und dem Wetterdienst des Vereinigten Königreichs UK Meteorological Office. (Anm. d. Ü.: Die deutsche Fassung der Skala nach phänomenologischen Kriterien orientiert sich an der von Wikipedia.)

Fragen der Kommunikation

Die Informationen zu den Sprachen der Welt stammen hauptsächlich aus der amerikanischen Publikation *Ethnologue*. Datenverwendung mit freundlicher Genehmigung durch © SIL International, *Ethnologue*, 2020, Weiterverwendung nur mit vorheriger Genehmigung.

Die Absätze über Sprachen von gegenseitiger Verständlichkeit fußen auf verschiedenen Webseiten von Regierungen und ihrer Tourismusindustrie, die Besuchern mitteilen wollen, was sie zu erwarten haben.

Die Liste von Ländern und deren Eigenbezeichnungen stammt von Wikipedia. Die Tourismus-Slogans sind allen möglichen Internetseiten entnommen, unter anderem Statista: Ich habe dort angefangen und mich dann auf die Suche nach den Originalquellen gemacht.

Die Absätze zum Flugverkehr stützen sich auf verschiedene Quellen, unter anderem auf *FlightAware* und Airports Council International, sowie auf Berichte auf *National Geographic*, Airport-Technology.com und CNN.

Freizeit: Kultur, Essen und Sport

Die Daten zur Filmindustrie stammen von der Website »The Numbers« (the-numbers.com), Stand September 2020. (Und so wie das Pandemiejahr sich gestaltet hat, ist kaum anzunehmen, dass sie sich in den Monaten seither radikal geändert haben.) Die Absätze zu den umsatzstärksten Filmen außerhalb der englischsprachigen Welt stützen sich auf Wikipedia, IMDb und Google Books als Ausgangspunkt für weitere Recherchen.

Die Liste gestohlener Gemälde fußt auf einer Reihe von Auflistungen und Berichten unter anderem von *Time*, der BBC, History Collection und CNBC.

Für die Beiträge über die bürgerlichen Namen von Autoren und Künstlern waren Biography.com, der *Guardian* und der *Bookseller* sehr hilfreich. Die Liste verbotener Werke und Autoren stammt von der Website Berlin Open Data.

Zu den Quellen für die Beiträge über Lebens- und Genussmittel gehören Quartz, NPR, Wanderlust.com, Business Insider, OnTheGas.com, Food.com, Serious Eats, Atlas Obscura, IceCreamHistory.net und die *New York Times*. Zum Thema Sport habe ich mich auf BBC, ABC Australia, FootballHistory.com, TopEndSports.com, RulesOfSport.com und bei der FIFA umgetan. Die Geschichte um den Hund Pickles hat Jamie Jackson 2006 in einem Artikel für den *Guardian* wunderbar erzählt (»A twist in the tale«).

Kuriositäten: Zeug, das nirgendwo sonst hinpasst

Der Vorschlag für den Beitrag zur Fahnenstangendiplomatie stammt von Agnes Frimston und fußt auf dem Artikel »The Height of Arrogance?« von James Nixey, den sie während ihrer Zeit als stellvertretende Herausgeberin für das Magazin *World Today* von Chatham House auf dem Schreibtisch hatte. Andere Fakten stammen von der BBC, CNN, India Today und Vice.com.

Die Farben des Rauschens stützen sich auf Material von Technopaedia.com, »The Many Colours of Sound«, einen Artikel aus dem Jahr 2016 von Meghan Neal für den *Atlantic*, sowie auf »The Art and Science of White Noise«, einen Artikel von 2017 im *Pacific Standard*.

Die Beispiele für Aberglauben sind zusammengesucht aus *Times of India*, Business Insider, US News, Afar.com und verschiedenen lokalen Tourismusführern. Den Mythos um *el lobizón* entzauberte Uki Goñi 2014 für den *Guardian* unter der wunderbaren Überschrift »No, Argentina's president did not adopt a Jewish child to stop him turning into a werewolf« (deutsch: »Nein, Argentiniens Präsidentin hat kein jüdisches Kind adoptiert, um zu verhindern, dass aus ihm ein Werwolf wird«).

Nützliche Informationen über Weihnachtsbräuche habe ich aus örtlichen Tourismusführern, *National Geographic*, WhyChristmas.com und The-North-Pole.com entnommen.

Ich habe eine Menge Zeit damit zugebracht, mit einer komplizierten Excel-Tabelle zur Fortpflanzungsrate von Karnickeln herumzuspielen und bin mir im Rückblick nicht mehr sicher, warum.

Das Ende

Informationen zu den verschiedenen Bedrohungen für unsere Zivilisation stammen von *Wired*, *Nature*, Space.com, der Global Challenges Foundation und der European Space Agency ESA. Der Abschnitt zum Klimawandel stützt sich auf Daten der National Oceanic and Atmospheric Administration, des Brookings Institute, des IPCC und der NASA.

Dank

Es gibt eine irre lange Liste an Leuten, die sich an irgendeinem Punkt der Arbeit als unbezahlbare Freunde, Mitstreiter oder Vertraute erwiesen haben und ohne die es dieses Buch nicht gäbe.

Ganz oben auf der Liste muss Alex Clarke von Wildfire stehen, der es in Auftrag gegeben hat, ferner Lindsay Davies als hervorragende und mutmachende Lektorin, Ellie Morley für ihre Hilfe bei der Öffentlichkeitsarbeit sowie mein Agent, Antony Topping bei Greene & Heaton.

Danke an alle beim *New Statesman* von damals und heute, insbesondere Helen Lewis, Caroline Crampton, Jasper Jackson, Stephanie Boland, Barbara Speed, Hettie O'Brien, India Bourke, Stephen Bush, Nicky Woolf, George Eaton und Jason Cowley, an James Cooray Smith, Mark Clapham, Lance Parkin, Eddie Robson und den Rest der Nerds für allgemeine Ratschläge zum Bücherschreiben und die moralische Unterstützung, an James Ball, Vernon Baxter, Alex Beaumont, Phil Borel, Roifield Brown, Chris Cook, Kathryn Corrick, Jeremy Harvey, Tom Ireland, Ed Jefferson, Mike Kapoor, Marie Le Conte, Aaron Lovell, Tom Phillips, Paul Dale Smith, Nick Wallace, den Haufen vom Londonist sowie an SD und ihren Clan für alle möglichen Karrieretipps und wiederholtes Aufrichten.

Ich bin gesegnet mit den großmütigsten und hingebungsvollsten Freunden, die man sich nur wünschen kann, danke also an Manu Ekanayake, Scot Fisher, Brad Curtis, Pete Apps, Larissa Fischer und Rachel Grahame.

Schließlich und endlich und am allermeisten an Agnes Frimston. Deine Ideen sind einfach zu gut, aber das ist das Wenigste, für das ich dir zu danken habe.

Register

A
Abubakari II., König 179
Ackerbau 31
Adams, Douglas 39
Alcubierre, Miguel 38
Allgemeine Relativitätstheorie 27
Ampère, André-Marie 109
An Lushan 147
Anderson, Mary 169
Aphel 61
Apollinaire, Guillaume 295
Archimedes 375
Asimov, Isaac 122
Astor, Nancy 378
Atum (Gott) 24
AU/AE (Astronomical Unit/ Astronomische Einheit) 61, 116
 – Lichtjahr 116
 – Parsec 116 f.
Augustus, Kaiser 375
Austen, Jane 376

B
Babbage, Charles 171
BackRub (Suchmaschine) 120
Barker, Ronnie 313
Beardsley, Aubrey 377
Beaufort, Francis 239
Beaufortskala 239 ff.
Beda Venerabilis 367
Betchley, Edward 324 f.
Bevölkerung 71 f.
 – Bevölkerungsdynamik und 87
 – demographischer Wandel und 87
 – Einwanderungsraten und 86
 – Geburtenrate und 86 f.
 – Lebenserwartung und 87
 – Medianalter und 84
 – Ökonomie und 86
 – Säuglingssterblichkeit und 87

Bezirksnamen (USA) 92-97
Bi Sheng 175
Big Bang siehe Urknall
BIPM (Bureau international des pods et mesures) 108
Bistr-O-Mathik 39
Bostrom, Nick 361
Bouhours, Dominique 376
Boysen, Rudolph 311
Brooks, Garth 296
Brown, Mike 63
Buddhismus 52
Burney, Venetia 60

C
Cabral, Pedro Álvares 135
Caligula, Kaiser 183
Campbell, Joseph 187
Cantrell, William M. 350
Carlyle, Thomas 159
Castagnola, Camilla 322
Chambers, David 335
Charon (Mond) 61
Chimären 222-227
 – afrikanisierte Honigbiene/ Killerbiene 226
 – Cama 226
 – Coydog 226
 – Coywolf 226

- Jagulep/Jagupard/Jagelop/
  Legujar/Lepjag 224 f.
- Leopon 224
- Liger 223
- Liliger 224
- Litigon 224
- Maulesel 225
- Maultier/Muli 225
- Mensch 227
- Pizzly 225
- Savannah-Katze 225
- Tigon 223
- Zorse/Zedonk/Zonkey/
  Zony 225

Christen 23
Chubbuck, Christine 378
CIA World Factbook 78, 84
Cixi, Kaiserinwitwe 377
Clark, William 93
Coatlicue (Göttin) 52
Cochran, Josephine M. (Garis) 170
Corbett, David 325
Corbett, Ronnie 313
Curran, John Philipot 376

D
Daoismus 23
Darwin, Charles 26
Daten, erinnerungswürdige 133 ff.
- Columbian Exchange 134
- Deutsches Reich 135
- Französische Revolution 135
- Hedschra 134
- Osteraufstand (Irland) 136
- Qing-Dynastie 134
- Unabhängigkeitserklärung
  (USA) 135

de Vega, Lope 375
Dickins, Percy 296

Dinosaurier 30
Dionysius 124
Dollar, Luke 224
Donovan, Marion 170
Drake, Aubrey Graham 295
Dschingis Khan 145, 147
Dunkle Materie 41

E
Ebert, Roger 286
Eduard, englischer König 15 f.
Edwin, König 368
Ehe, gleichgeschlechtliche 194-197
- DOMA (Defense of
  Marriage Act) 196

Einstein, Albert 36
Einstein-Rosen-Brücke 39
Eiscreme (Geschmacksrichtungen)
313-317
- Austern 316 f.
- Bacon 313
- Bastani Sonati 314
- Garnelen 315
- Halwa 316
- Hokey-Pokey 316
- Kaugummi 314 f.
- Knoblauch 316
- Kohle 315
- Neapolitanisch 317
- Pog 317
- Salmiak 316
- Schlumpfeis 314
- Schwarzer Sesam 314
- Tiger Tail 315
- Tränengas 315
- Tutti-Frutti 317
- Ube 316

Emilia, Cesare 128
Erdbeben 228 ff.

Register • 391

- Gezeitenwellen und 233
- Magnitudenskala 229
- Momenten-Magnituden-Skala 229
- Richterskala 230
- stärkste 231 ff.

Erdbeben, tödlichste 233-238
- Antakya (Türkei) 236
- Dāmghān (Iran) 237
- Dvin (Armenien) 238
- Gansu (China) 237 f.
- Gəncə (Aserbaidschan) 237
- Port-au-Prince (Haiti) 235
- Shaanxi (China) 234 f.
- Sumatra (Indonesien) 235
- Tangshan (China) 236 f.
- Tokio (Japan) 238

Erdtaucher-Mythos 25
Ereignisse, tödliche 167 ff.
Erfindungen (nicht von Chinesen) 176 f.
Erfindungen (von Chinesen) 171 ff.
- Drucken (bewegliche Lettern) 175
- Kompass 175 f.
- Papier 174
- Porzellan 173
- Schießpulver 174 f.
- Seide 171 f.
- Seismograph 173
- Tee 172

Erfindungen (von Frauen) 169 f.
- automatisiertes Rechnen (Datenblöcke) 170
- Chemotherapie 170
- Geschirrspülmaschine 170
- Kevlar (Para-Aramid-Fasern) 170
- Monopoly 171
- Nickel-Wasserstoff-Akkumulator 170
- Rufnummernanzeige 169
- Scheibenwischer 169 f.
- Wegwerfwindeln 170
- Zentralheizung (Erdgas) 170

Eurydike 371
Evolution 26 ff.
Extreme, irdische 201-205

F

Fahnenstangendiplomatie 332-336
Ferdinand II. von Aragon, König 134
Fernsehserie (Laufzeit) 299-303
Fforde, Jasper 370
FIFA Weltmeisterschaft 320-325
Film 281-289
- Caravan 288
- Full House of Joy (In-Laws) 288
- Gunshots in the CIB (Gunshots of the Secret Service) 289
- Inflation und 284 f.
- kommerziell erfolgreichste 286 f.
- Mysterious Buddha 288
- Sholay 289
- The Shaolin Temple 288

Film-Franchises, größe 276-281
Fliegen 261-269
- Flugzeit 263
- Flugzeuge in der Luft 261
- kürzester Linienflug 261
- längster Linienflug 262
- Orthodrome 262

Flughafen 264-269
Flüsse, längste 206-210

Fragmente 350 ff.
Frank, Hans 294

G

Galaxie 41 ff., 47
- Andromedagalaxie 46
- Balkenspiralgalaxie 42
- elliptische 41
- falsch herum drehende 45
- Hockeyschläger-Galaxie 46
- irreguläre 43
- Kaulquappengalaxie 45
- Kometengalaxie 44
- lentikuläre 43
- Milchstraße 47
- Saurons Auge 46
- Spiralgalaxie 42, 45
- Wagenradgalaxie 44 f.
- weitere 47

Gavlén, Stig 347
Gasenko, Oleg 64
Gebäude, höchste 187-193
Gefährdungsstatus (Arten) 213 ff.
- Ausgestorbene Arten (EW/EX) 215
- Bedrohte Arten (VU) 214 f.
- Geringes Risiko (LC) 214

Gemälde, gestohlenes 289-295
- Charing Cross Bridge (C. Monet) 293
- Das Konzert (J. Vermeer) 289 f.
- Kavalier (F. van Mieris) 292
- Landschaft mit Hütten (Rembrandt) 291
- Mohnblumen (V. van Gogh) 292 f.
- Mona Lisa (L. da Vinci) 294
- Porträt eines jungen Mannes (Raffael) 293 f.
- Taube mit grünen Erbsen (P. Picasso) 290 f.

Genese, wiederholte 25
Geographie 14
Georg III., britischer König 56
Gleichgewicht, hydrostatisches 58, 62
González-Sanabria, Olga D. 170
Graham, George 323
Grasso, Thomas J.
Gräueltaten 144-149
- Erster Weltkrieg 145 f., 148 f.
- Kolonialismus 149
- Krankheiten und 146
- Opferzahlen 146
- Sklavenhandel 148
- Zweiter Weltkrieg 145 f., 147, 168

Gravitation 41
Grenze 13 f.
Grenzverlauf 14
Gucumatz (Göttin) 26
Gutenberg, Johannes 175

H

Hallfreðsson, Halldór 154
Hämoklysmus 146
Hanks, Thomas C. 229
Harford, Tim 169
Harrison, William Henry 95
Heiliger Stuhl 73, 75
Herodes der Große, König 124
Herschel, Wilhelm 56 f., 60
Holt, Harold 378
Homer 222
Hopkins, Maudie 350
Hopper, Grace 171

Hubble, Edwin 42
Hyperraum 38 f.
Hyperspace siehe Hyperraum

I
IAU (Internationale Astronomische Union) 58
IAWN (International Asteroid Warning Network) 358
IBMG (Internationales Büro für Maß und Gewicht) 108
Inseln, größte 88 ff.
Internet 16, 31
IPCC (Intergovernmental Panel on Climate Change) 365
ISO (International Organisation for Standardization) 76

J
Jackson, Shirley Ann 169
Jainismus 52
Jansz, Willem 135
Jenkins, Robert 159
Jenseits, Leben im 367-374
Jesus Christus 124, 375
Joyce, James 378
Juden 23, 134
Julius Caesar 133

K
Kalender 123-129
– Buddhistischer Kalender 126
– Byzantinischer Kalender 125 f.
– Datierungssystem anno Domini 124
– Diokletianische Ära (anno Diocletiani) 124
– Französischer Revolutionskalender 127
– Holozän-Kalender 128
– Islamischer Mondkalender (anno Hegirae) 126
– Islamischer Sonnenkalender (hidschri schamsi) 126
– Jüdischer Kalender (anno mundi) 125
– Nordkoreanischer Kalender 127
– Traditioneller koreanischer Kalender 127
– Zeitalter der Märtyrer (anno martyrum) 123
– Zeitrechnung der Freimaurer (anno Lucis) 127
Kanamori, Hiroo 229
Kasner, Edward 119 f.
Klimawandel 363-367
Kolonialmächte, europäische 142
Kolonisation 142
Kolumbus, Christoph 33, 134, 165, 179
Konkordanzhypothese 22
Kosmische Inflation 27
Kosmischer Kalender 31
– Tiefenzeit und 32 f.
Kosmologie, dunkles Zeitalter und 29
Krieg, idiotischer 149-161
– amerikanische Invasion in England 152
– Britisch-Sansibarischer Krieg 151 f.
– Düsseldorfer Kuhkrieg 151
– Eimerkrieg 161 f.
– Fußballkrieg 156 f.
– Großer Emukrieg 155 f.
– Kabeljaukrieg 153 f.

- Krieg der Himmelspferde 160
- Krieg der Liga von Cambrai 149 f.
- Krieg um den Goldenen Stuhl 158
- Krieg um Jenkins' Ohr 159
- Kuchenkrieg 157 f.
- Kuhkrieg 150
- Schlacht auf Witwe McCormacks Kohlacker 161
- Zwischenfall bei Petritsch 153

Kuipergürtelobjekte 62

L

Land 72
- Einwohner 83
- Einwohnerzahl 81
- Exonym und Endonym 256
- Größe eines 77
- jüngste/älteste Bevölkerung 84 ff.
- Landfläche 77-82
- wenig bekanntes 256 ff.

Le Verrier, Urain 56

Leckereien 308 ff.
- Ameiseneier 309
- Babybienen, -wespen 309
- Blut 310
- Extrem alte Eier 309 f.
- Fischmilch 308
- Heuschrecken 310
- Knusprige Taranteln 308 f.
- vergorene Stuten- oder Eselsmilch 309
- Walspeck 309

Lennon, John 295

Letzte Worte 375 ff.

Leuge (Maßeinheit) 34

Leute, extrem berühmte 273 ff.
- bürgerliche Namen 273

Lewis, Meriwether 93

Lichtgeschwindigkeit 36

Lloyd-George, David Earl of Dwyfor 158

Loeb, Richard A. 377

Logan, James Harvey 311

Louis-Philippe, König 157

Lovelace, Ada 170

Lovelace, Linda 286

Ludwig, französischer König 16

M

Magie, Elizabeth 171

Máni (Mondgott) 53

Mao Zedong 145

Marco Polo 176

Marie Antoinette, Königin 376

Maßeinheit 108
- Ampère 110
- Basiseinheiten 108 ff.
- Celsius 114
- Gewicht 113
- Grave (Kilogramm) 110
- Hundredweight 113
- Kelvin 114
- Kilogramm 109
- Meile 112, 114
- Meter 107 114
- Naturkonstanten 108
- Pfund 113
- Pound 114
- Seemeile 112
- Stoffmenge 109
- Stones 113 f.
- Volt 110
- Volumenmaß 113
- Watt 110

Massenaussterben, Risiko für 357-363
- Große Bomben 359 f.
- Große Gehirne 361 f.
- Große Infektionen 358 f.
- Große Sonne 362
- Große Steine 357 f.
- Große Vulkane 360

Maßsystem 107 f., 114
- englisches System 112
- imperiales System 112
- metrisches System 112, 115

Maussolos, König 186
Maya 26
Mbombo 24
McWhorter, John 247
Mears, Joe 325
Menes, Pharao 133
Meredith, G. P. W. 155
Mohammed, Prophet 134
Monotheismus 22
Morris, Ian 69
Muslime 23, 134

N

Napoleon, französischer Kaiser 16
Narmer siehe Menes
Nationalstaat 72
Newman, James 120
Newton, Isaac 337
Nostradamus 375

O

Obst-, Gemüsesorten, hybride 310 ff.
- Boysenbeere 311
- Brokkolini 312
- Grapefruit 311
- Kalettes 312
- Loganbeere 311
- Nectaplum 312
- Orangequat 312
- Peacotum 312
- Pluot 312
- Tangelo 311
- Taybeere 311
- Ugli 312

Orpheus 371

P

P'an-ku (myth. Wesen) 23
Pandemien 162-167
- Antoninische Pest 164
- Cocoliztli 165
- Dritte Pest-Pandemie 165 f.
- HIV/AIDS 166
- Justinianische Pest 163 f.
- Persische Pest 166 f.
- Schwarzer Tod 163
- Spanische Grippe 164 f.

Papsttum 352 f.
Parker Solar Probe (Raumsonde) 37
Parker, Alice H. 170
Patch, Sam 376
Pearce, Fred 180
Perihel 61
Peruggia, Vincenzo 294 f.
Picasso, Pablo 294
Pinguin 216-222
- Brillenpinguin 221
- Felsenpinguin 218
- Galápagos-Pinguin 221 f.
- Gelbaugenpinguin 220
- Goldschopfpinguin 219 f.
- Kaiserpinguin 216 f.
- Königspinguin 216
- Kronenpinguin 219
- Tristanpinguin 218

- Zügel-/Kehlstreifenpinguin 217
- Zwergpinguin 220

Pinker, Steven 147
Planck-Konstante 109
Planet 54 ff.
- erdähnlicher 57
- Erde 55
- Jupiter 54 f.
- Mars 55
- Merkur 54 f.
- Neptun 54, 56
- Saturn 56
- Sonne 54
- Uranus 56 f.
- Venus 55

Populationsgröße, globale (Arten) 210 ff.
Pseudonym 303-307
- Abigail Van Buren (Pauline Phillips) 306
- Alan Smithee (Directors Guild of America) 306
- Anne Rice (Howard Allen Frances O'Brien) 304
- Boz (Charles Dickens) 305
- Currer, Ellis, Acton Bell (Charlotte, Emily, Anne Brontë) 306
- Dr. Seuss (Theodor Geisel) 307
- Edith Van Dyne (Lyman Frank Baum) 305
- George Orwell (Eric Blair) 305
- George Eliot (Mary Ann Evans) 305
- Hergé (Georges Remi) 305
- J. K. Rowling (Joanne K. Rowling) 305 f.
- John le Carré (David Cornwell) 306
- Lemony Snickett (Daniel Handler) 307
- Lewis Carroll (Charles Dodgson) 307
- Mark Twain (Samuel Clemens) 306
- Mary Westmacott (Agatha Christie) 306
- Mensch ohne Milz (Anton Tschechow) 305
- Molière (Jean-Baptiste Poquelin) 304
- Mrs Silence Dogood (Benjamin Franklin) 303
- P. L. Travers (Helen Goff) 304
- Pierre Delecto (Mitt Romney) 307
- Richard Saunders (Benjamin Franklin) 303 f.
- Robert Galbraith (J. K. Rowling) 305
- Victoria Lucas (Sylvia Plath) 304
- Voltaire (François-Marie Arouet) 304

Q

Quantenmechanik 27
Quarks, Antiquarks und 28
Quintana Roo, Andrés 195

R

Raum, Unfassbarkeit des 34
Rauschen (Farbe) 336-340
- blaues 339
- braunes (Brown'sches) 339

- graues 338
- rosa 338
- rotes 339
- weißes 337

Religion, monotheistische 23
Richter, Charles 228 f.
Ridley, Matt 227
Riesengalaxie 41
Rimet, Jules 324

S

Sagan, Carl 31
Santa und Co. 342-346
- Basilius der Große 346
- Christkind 344 f.
- Father Christmas 343 f.
- Jólasveinar (Weihnachtsgesellen) 345
- Julbock/Joulopukii 346
- Père Noël 344
- Santa Claus 343
- Sinterklaas 344
- Väterchen Frost 345
- Viejito Pascuero 345
- Weihnachtswichtel 346

Säugetiere 30
Schoolcraft, Henry 94
Schöpfungsmythos 21-25
Schriftsteller, verbannte (NS-Deutschland) 307 f.
Sedgwick 377
Sellar, W. C. 133
Shatner, William 38
Shiva (Gott) 52
SI (Système international d'unités) 108
SI-Einheit 118
Sindelar, Matthias 322
Sintflut 26

SI-Präfix 118
Sirotta, Milton 119
SI-System 111
Smith, Adam 376
SMPAG (Space Mission Planning Advisory Group) 358
Sonnengott 51 ff.
- Amaterasu-ō-mi-kami 53
- Chepre 51
- Huitzilopochtli 52
- Re 51
- Sól (Sunna) 53
- Surya 52

Sonnensystem 57
- Planeten des 54, 57

Spezielle Relativitätstheorie 36
Spielsachen, beliebte 325 ff.
Spiel- und Sportart (Kombination) 318 f.
- Disc Golf 318
- Fußballgolf 318
- Futnet 319
- Schachboxen 318
- Teqball 319
- Vigoro 318
- Wasserball 318 f.

Sprache 31, 245-255
- asymmetrische gegenseitige Verständlichkeit 245
- beliebteste Zweitsprache 250 f.
- gegenseitige Verständlichkeit 246, 253 ff.
- meiste Muttersprachler 248 f.
- meiste Sprecher 252 f.

Staat 72 f.
- Abchasien 74
- Aruba 75
- Bergkarabach 75

- Bermuda 75
- Cook-Inseln 75
- Kosovo 74
- Nordzypern 74
- Palästina 74
- Puerto Rico 75
- Somaliland 75
- Taiwan 74
- Transnistrien 75
- Westsahara 74

Stadt 69 ff.
- Bronzezeitkollaps und 70 f.
- große (Liste) 70
- in Ägypten 69
- in Mesopotamien 69

Stalin, Josef 145, 378
Steinbrinck, Kasey 314
Sternensystem 48
- Alpha Centauri 48
- Barnards Pfeilstern 48
- Lalande 21185 50
- Luhmann 16 49
- Luyten 726-8 50
- Ross 154 50
- Sirius 50
- WISE 0855-0714 49
- Wolf 359 49

Supergalaxienhaufen 41

T
Tamerlan siehe Timur Lenk
Tepeu (Gott) 26
Thatcher, Margret 353
Thomson, William Lord Kelvin 109
Timur Lenk 145, 147
Titius-Bode-Gesetz 59
Tourismus-Werbeslogans 258 ff.
Triplett, Irene 350

Tsukuyomi (Mondgott) 53
Tyler, John 95

U
Überlichtgeschwindigkeit 37-40
Unabhängigkeitstage 136-142
Unendlicher Unwahrscheinlichkeitsdrive 39
Universum 27, 29 ff., 35, 41
- als Singularität 27
- als vierdimensionale Brane 28
- Anfänge des 28
- Ausdehnung des 28
- Durchmesser des 36
- Geschichte des 31
- Geschwindigkeitsbegrenzung und 36
- Gravitation und 29
- Größe des 33
- Naturgesetze des 37
- Rekombinationsära und 28
- Sterne im 43
- zyklisches 28

Urknall 27

V
Vatikan siehe Heiliger Stuhl
Vergil 371
Verkaufszahlen (Musiker) 295-299
Victoria, Guadalupe 95
Vishnu (Gott) 52
Volksglaube 340 ff.
- Argentinien 342
- Dänemark 342
- Indien 340
- Island 341 f.
- Korea 341
- Kuba 341
- Nigeria 341

- Philippinen 340
- Portugal 341
- Russland 341
- Türkei 341

Vorzeit-Kreationismus 22

W

Wang Zhen 175
Weinreich, Max 247
Weltwunder, sieben 182–187
- Cheops-Pyramide, Gizeh 187
- Hängende Gärten der Semiramis 186
- Koloss von Rhodos 184
- Leuchtturm, Alexandria 184 f.
- Mausoleum von Halikarnassos 185 f.
- Tempel der Artemis in Artemis-Tempel, Ephesos 185
- Zeus-Statue des Phidias 183 f.

White, Matthew 144, 146
WHO (World Health Organisation) 366
Wort des Jahres 331 f.
Wren, Christopher 189
Wright, Jane Cooke 170
Wright, Orville 261
Wright, Wilbur 261
Wurmloch 39

Y

Yeatman, R. J. 133

Z

Zahl, große 101–106
- arab 106
- Billion 102, 104
- Conway-Folge und 122
- crore 105 f.
- Dezillion 106
- Googol 119 ff.
- Googolplex 120 ff.
- Hyper-Operatoren und 122
- kurze Skala und 103 f.
- lakh 105
- lange Skala und 103 f.
- Myriade 101 f.
- nil 106
- Potenztürme und 122
- Steinhaus-Moser-Notation und 122
- Trillion 104
- Verkettete Pfeilschreibweise und 122

Zaiger, Floyd 312
Ziegenbock 346 ff.
Zivilisation 29
Zivilisation, vergangene afrikanische 177–182
- Königreich Kongo 181
- Königreich Simbabwe 181
- Königreich von Aksum 178
- Königreich Zululand 182
- Königreich Benin 180 f.
- Nok-Kultur 177 f.
- Reich Mali 179 f.
- Reich von Ghana 179
- Songhai-Reich 180

Zwerggalaxie 41
Zwergplanet 58–64
- Ceres 59
- Eris 61
- Haumea 62
- Makemake 62
- Pluto 57–60
- Sedna 63

Unsere Leseempfehlung

352 Seiten
Auch als E-Book
erhältlich

Dieses Buch bietet Ihnen in 999 spannenden Fakten aus dem Fundus der Weltgeschichte nicht nur den Schlüssel zu Bildung und Macht, es ist Ihr kluger Begleiter für die ruhigen Momente des Tages. Lassen Sie sich inspirieren und besteigen Sie den Thron des Wissens.

goldmann-verlag.de

GOLDMANN